Sachverstand und Verantwortung in der öffentlichen Verwaltung

Schriftenreihe der Hochschule Speyer

Band 30

Sachverstand und Verantwortung in der öffentlichen Verwaltung

Vorträge und Diskussionsbeiträge
des 34. Staatswissenschaftlichen Fortbildungskursus
der Hochschule für Verwaltungswissenschaften Speyer
1966

DUNCKER & HUMBLOT / BERLIN

Gedruckt 1966 bei Alb. Sayffaerth, Berlin 61
Printed in Germany

Inhalt

Aus der Begrüßung durch den Rektor Professor Dr. Hans Ryffel

Meine Damen und Herren, es besteht aller Anlaß, unsere heutige Thematik in Ihrem Kreise zu behandeln. Trotz breiter bisheriger Auseinandersetzung sind die zur Erörterung stehenden Probleme nicht geklärt. Einige glauben, daß die Bedeutung des Sachverstandes und die personelle Spaltung zwischen dem Sachverständigen einerseits und dem Politiker und Verwaltungsmann andererseits zu einer eigentlichen „Herrschaft der Experten" führe, wie es schon Theodor Geiger formuliert hat. Ja, die Rede von allmächtigen, unser ganzes Dasein durchziehenden „Sachgesetzlichkeiten" oder von der „Verwissenschaftlichung" sämtlicher Lebensgebiete, wodurch dem Politiker und dem nichtspezialisierten Verwaltungsmann, also vor allem auch dem leitenden Beamten, die Entscheidungssubstanz entzogen werde, ist schon beinahe ein Gemeinplatz. Andererseits führen die Intensivierung und Verbreitung des Sachverstandes zugleich zur Vervielfältigung und Lockerung der den Sachverstand vertretenden Instanzen, und die vermeintliche „Herrschaft der Experten" könnte sich dann als voreilige abstrakte Konstruktion erweisen. Denn aller Sachverstand ist, wie die Wissenschaften und ihre Technologien, denen er entspringt, fragmentarisch. Er trägt Aspektcharakter und führt aus sich selbst zu keinem Ganzen, wie es, wenn auch stets in vorläufiger Form, alle politische Gestaltung des Daseins darstellt. Der Sachverstand ist zudem nicht selten bestimmten einseitigen Perspektiven verhaftet und zuweilen mit handfesten Interessen in praktisch unlöslicher Weise verknüpft.

Deshalb sind die praktischen Gestaltungsprobleme, wie sie sich vor allem der Verwaltung stellen, durch Sachverstand allein wohl nicht zu lösen. Und es stellt sich die Frage, ob nicht gerade in unserer Zeit, in der dem Sachverstand in seiner spezialisierten und wissenschaftlich fundierten Form steigende Bedeutung zukommt, zugleich die Entscheidungen jenseits solchen Sachverstandes nicht nur schwieriger, sondern auch bedeutsamer werden. Es könnte gar den Anschein haben, daß sie jetzt erst recht ihren genuinen Charakter zeigen.

Nur unter dieser Voraussetzung, daß nämlich Politik und Verwaltung mit bloßem Sachverstand nicht bewältigt werden können, bezeichnet die in unserem Tagungsthema enthaltene Gegenüberstellung von Sachverstand und Verantwortung der Verwaltung ein echtes und kein bloßes Scheinproblem. Es geht darum, wie der Sachverstand für die Verwaltung genutzt werden kann, ohne die demokratisch legitimierten und rechtsstaatlich gestalteten Strukturen des Staates und im besonderen auch der Verwaltung auszuhöhlen und die Verwaltung zum bloßen Reflex ziellosen Sachverstandes werden zu lassen. Wir können auch so sagen: Es erhebt sich die Frage, wie die Zusammenarbeit zwischen der Verwaltung und den Trägern des Sachverstandes sowie zwischen den Berufsbeamten und den speziellen Sachverständigen innerhalb der Verwaltung zu gestalten sei. Die Zielsetzung der Verwaltung ist und bleibt aber die menschliche Einrichtung unseres Daseins für die Menschen einer bestimmten politischen Gemeinschaft im Rahmen der jeweils geltenden Rechtsordnung.

Vielleicht darf man sagen, daß die wachsende Bedeutung des Sachverstandes und die immer ausgeprägtere planende Bedachtnahme auf die Schaffung humaner Daseinsbedingungen für alle Menschen ein und demselben Grundantrieb entspringen. Erlauben Sie mir, dies mit zwei Worten nur anzudeuten und damit unsere Thematik in weitere gesellschaftliche Zusammenhänge hineinzustellen. Es sind dies Zusammenhänge, die nach meinem Dafürhalten bei der Erörterung der Einzelfragen gegenwärtig bleiben sollten.

Die Wissenschaften und deren rational-empirische Methodik prägen in einem großen, immer weiter laufenden Prozeß, dessen Ende schlechterdings nicht abzusehen ist, die Lebensgestaltung in zunehmendem Maße. Sie machen spezialisierten, wissenschaftlich fundierten Sachverstand nötig. In diesem Sinne kann man mit Fug von einer „Verwissenschaftlichung" der Praxis sprechen.

Zum anderen ist aber festzustellen, daß sich eben dieser Prozeß als notwendig erweist für das, was ich die Entfaltung des Menschen nennen möchte, weil er erst es ermöglicht, daß für alle Menschen menschenwürdige Daseinsbedingungen geschaffen werden können. Die allgemeinen „Menschenrechte" sind erst realisierbar dank der Errungenschaften der Wissenschaften und der in ihrem Gefolge entstehenden Technik und Industrie. Das von den Wissenschaften Festgestellte ist zugleich auch das in der Technik Machbare, und die Industrie erzeugt das Machbare in unbegrenzter Weise, um es dem Menschen zur Verfügung zu stellen, das heißt aber, um die allseitige Entfaltung des Menschen zu ermöglichen.

Vermutlich sind diese beiden Zusammenhänge — der Aufschwung der Wissenschaften im Verein mit Technik und Industrie sowie die Schaffung der Voraussetzungen für die Entfaltung des Menschen, und zwar aller Menschen, — Aspekte eines einheitlichen Gesamtprozesses.

Dieser Prozeß kommt vornehmlich in der Neuzeit in Gang und befindet sich heute dermaßen in vollem Schwang, daß viele am Gesamtsinn dieses Prozesses verzweifeln oder den Prozeß selbst, zuweilen im Vergleich mit dem Daseinsstil vergangener Zeiten, gar verwerfen.

Freilich, wie unsere Welt im Hinblick auf die Entfaltung aller Menschen einzurichten sei, ist kein Rechenexempel. Keine Sachverständigengremien werden den Politikern und Verwaltungsleuten die eigentliche Entscheidung abnehmen — so sehr Politik und Verwaltung heute ohne Sachverständige auch nicht einen Schritt verantwortlich zu tun vermögen. Die Substanz dieser Entscheidungen, die den Politikern und den Verwaltungsleuten obliegen, ist heute in demokratischen Prozessen und in der offenen und kritischen Bedachtnahme auf das in der Geschichte erscheinende Wesen des Menschen jeweils auszuarbeiten.

Möge unsere Tagung dazu beitragen, die Wege zu ebnen, damit aller Sachverstand, den die Wissenschaften und die von ihnen hervorgetriebenen Technologien und Kunstlehren in immer reicherem Ausmaß bereitstellen, in vollem Umfang in die verantwortliche Gestaltung der Praxis eingeht, ohne diese zu beeinträchtigen oder gar zu verderben. Diesen Wunsch möchte ich unserer Tagung auf den Weg geben.

Sachverstand und Verantwortung

Versuch einer Typologie

Von Fritz Duppré

Sachverstand und Verantwortung scheinen heutzutage zwei Schuhe zu sein, die paarweise ein- und demselben Träger nicht immer an die Füße passen, um in zeitgemäßem Tempo bei mancherlei Konkurrenz dem gesteckten Ziele näher zu kommen. Sie werden mich sicher verstehen: Die Träger der Schuhe sind die in den öffentlichen Ämtern stehenden Personen — angefangen vom Bürgermeister bis hinauf zum Regierungschef —; unter den Schuhen hätten wir die Mittel zu verstehen, mit denen die Amtspersonen sich über das Terrain ihrer Aufgaben vorwärts bewegen; das gesteckte Ziel dürfte im Gemeinwohl zu erkennen sein; das Tempo bestimmt schließlich der Fortschritt unseres Saeculums; und die Konkurrenz wird von denjenigen dargestellt, die jeweils nicht im Regimente sitzen und trotzdem ihren Sachverstand anzubieten haben.

Das Problem

Das ist die Lage, die wir untersuchen und beurteilen wollen, gleichgültig, ob wir den Sachverstand am linken und die Verantwortung am rechten Fuße des jeweiligen Trägers vermuten — oder umgekehrt. Das Problem bleibt dasselbe: In welchem Verhältnis sollen Sachverstand und Verantwortung zweckmäßigerweise zueinander stehen und wie verhalten sie sich in der Wirklichkeit unserer öffentlichen Verwaltung zueinander? Dabei werden wir auch dahinterkommen wollen, ob facultas und potestas notwendigerweise auseinanderfallen und — bejahendenfalls — aus welchen Gründen.

Zum rechten Verständnis der von mir bezogenen Ausgangsstellung setze ich die für meine Untersuchung notwendige Begriffsklärung an den Anfang, wobei ich mich unter weitgehendem Verzicht auf lexikographische Nachweise im wesentlichen der phänomenologischen Methode bedienen möchte.

Der Sachverstand

Als sachverständig gilt jemand, der irgendeine Sache oder einen Sachverhalt unseres Erfahrungsbereiches mit den Kräften seines Verstandes so erfaßt, daß er hinsichtlich Ursache und Wirkung zum gedanklichen oder tatsächlichen Nachvollzug befähigt ist. Auch das Deutsche Wörterbuch der Gebrüder Grimm ist der Meinung, daß ein Sachverständiger „von eindringender Spezialkenntnis, von berufsmäßiger Fertigkeit auf einem bestimmten Gebiet"[1] sein müsse.

Es geht also um das konkrete Wissen um eine bestimmte Sache und nicht um das Ausmaß individueller Intelligenz. Bezogen auf unseren Gegenstand bedeutet das, daß der Sachverstand auf die Aufgaben der öffentlichen Verwaltung, die sich hier und heute dem jeweiligen Amtsträger in seinem Wirkungsbereich stellen, gerichtet sein muß.

Es kommt allerdings noch ein weiteres Merkmal hinzu: Damit sich der personale Sachverstand für die öffentlichen Angelegenheiten und ihre Erledigung qualifiziert, muß er publice anerkannt sein. Es ist sehr wichtig, daß unsere Definition des Sachverstandes das Etikett öffentlicher Anerkennung trägt. Der Sachverstand, den wir meinen, muß sich entweder nach amtlich bestätigter Befähigung oder praktischer Bewährung — am besten durch beides — so ausgewiesen haben, daß zumindest die Vermutung dafür spricht, ihm Verantwortung im öffentlichen Leben aufbürden zu können.

Die Verantwortung

Wenn wir uns bei der Ausdeutung des Begriffs „Verantwortung" ebenfalls an den durch eigene Erfahrung belegten Wortsinn halten, dann stellt sich der Verantwortliche als jemand dar, der innerhalb der hierarchisch gegliederten Verwaltungsorganisation ein Amt inne hat und einer übergeordneten Instanz jederzeit hinsichtlich seiner Amtsführung eine Antwort schuldet. Max Weber drückt das so aus: „Es besteht das Prinzip der Amtshierarchie und des Instanzenzuges, d. h. ein fest geordnetes System von Über- und Unterordnung der Behörden unter Beaufsichtigung der unteren durch die oberen — ein System, welches dem Beherrschten die festgeregelte Möglichkeit bietet, von einer unteren Behörde an deren Oberinstanz zu appellieren[2]." Dementsprechend muß der Bürgermeister seinem Rat, der Landrat seinem Regierungspräsidenten und dieser wieder seinem Minister Rede und

---

[1] Deutsches Wörterbuch von *Jakob Grimm* und *Wilhelm Grimm*, 8. Bd., 1. Lieferung, Leipzig 1886.

[2] *Max Weber*, Wirtschaft und Gesellschaft, 4. Aufl., Tübingen 1956, 2. Halbband, S. 559.

Antwort stehen, der seinerseits für den gesamten Geschäftsbereich — soweit nicht durch die Richtlinienkompetenz gebunden — dem Parlament verantwortlich ist. Der Untergeordnete bleibt stets der Kontrolle des Übergeordneten unterworfen, womit das Prinzip aufgezeigt, aber nichts über die Effizienz ausgesagt ist. Die Kontrolle beschränkt sich keineswegs auf die Rechtmäßigkeit des Verwaltungshandelns; sie erstreckt sich vielmehr auch auf die Zweckmäßigkeit, auf Unterlassen und Versäumen oder Fehlgreifen in der Wahl der Mittel, insbesondere im Bereiche der nichtgesetzes-akzessorischen Verwaltung, deren Umfang mit der Höhe der Verwaltungsebene zuzunehmen pflegt.

Ob und wie und mit welchen Mitteln die Kontrolle ausgeübt wird, steht auf einem anderen Blatt. Auf den „Zustand der Verantwortlichkeit" und auf das Bewußtsein, in der Verantwortung zu stehen, kommt es an.

Deshalb leisten alle Beamten, vom Amtsgehilfen bis zum Staatssekretär und alle Amtsträger, vom Landesminister bis zum Bundespräsidenten, einen Dienst- oder Amtseid, der trotz variantenreicher Formulierungen allen in gleicher Weise die Respektierung von Gesetz und Recht, die gewissenhafte Erfüllung der Pflichten und den Einsatz von Kraft und Fähigkeit für das öffentliche Wohl abverlangt und zum Ausdruck bringt, daß Verantwortlichkeit in dem persönlichen Engagement wurzelt, wenn man das Ethos zu bemühen sich scheut.

Der Idealfall: Kongruenz

Wenn wir nun die Frage stellen, wie der von mir beschriebene Sachverstand und die ebenfalls descriptiv vorgestellte Verantwortung in einer am „Telos" orientierten Ordnung sich zueinander verhalten sollen, dann — so glaube ich — haben wir das Problem in der Hand, um das es geht. Daß es sich dabei nicht um die Rechtfertigung „der Ämter als Pfründe der durch Bildungspatent Qualifizierten"[3] handelt, habe ich wohl in meiner Exposition bereits hinreichend klargestellt. So können wir also in aller phänomenologischen Unbefangenheit feststellen, daß ein öffentliches Amt einen erfaßbaren Kreis von Aufgaben umschließt, zu deren sachgerechter Erledigung der Amtsinhaber über bestimmbare Kenntnisse verfügen muß. Wo diese Potenz nicht vorhanden ist, vermag sie durch eine Amtsübertragung auch nicht aktualisiert zu werden. Die Chancen bleiben des schönsten Postens ungenutzt, wenn der Inhaber nicht seines Amtes zu walten versteht. Sachverstand und Verantwortung sind nicht nur aufeinander angewiesen, sie gehören zusammen.

---

[3] *Max Weber*, Wirtschaft und Gesellschaft, 4. Aufl., Tübingen 1956, 2. Halbband, S. 564.

Es ergibt sich aus der Natur der Sache, daß die Übernahme öffentlicher Verantwortung anerkannte Befähigung zur Amtsausübung voraussetzen sollte. Sachkenntnis und Verantwortung sollen adäquat sein. Der Idealfall stellt die völlige Kongruenz von Sachverstand und Verantwortung dar. Jede andere Hypothese wären offenkundiger Unfug.

Die Geschichte

Freilich lehrt die Geschichte unseres Kulturkreises, daß sich die menschliche Gesellschaft recht lange mit praktischen Lösungen herumplagt. Schon Platon ist dem Problem auf die Spur gekommen, als er in seiner Politeia die berühmt gewordene Maxime aufstellt, daß entweder die Philosophen Könige oder die Könige und Gewalthaber sich aufrichtig und grundsätzlich mit der Philosophie befassen sollten und dies beides in eins zusammenfallen müsse[4]. Historisch belegt ist auch die Empfehlung an den Staatsmann, „daß er in allen Fragen, die ein spezielles Fachwissen erfordern, sich auf sachkundige Minister berufen kann, die zu finden seine Aufgabe ist“. Dieser Rat stammt indes nicht etwa von Mc. George Bundy oder Walt W. Rostow aus der Zeit der Kennedy-Administration, sondern steht in dem Traktat „de re publica“, den der in öffentlichen Angelegenheiten sehr versierte Rechtsanwalt Marcus Tullius Cicero vor nunmehr zweitausend Jahren veröffentlicht hat[5]. Es wäre auch ein Wunder, wenn uns die Alten, denen wir Namen und Begriff von Polis und Res publica verdanken, nicht auch die damit zusammenhängenden Probleme mitvererbt hätten, wie diese eben zutiefst mit der conditio humana zusammenhängen.

Mit diesem Exkurs in historische Gefilde soll es aber schon sein Bewenden haben; denn wo uns heute der Schuh drückt, spüren wir selber und merken, daß Sachverstand und Verantwortung — facultas und potestas — sich in unserer Staatswirklichkeit nicht immer die Waage halten. Die Fälle sogenannten menschlichen Versagens möchte ich von vornherein ausschließen und nur den Gründen nachgehen, die es dem Sachverstand heutzutage schwer machen, die Verantwortung kraft gegebener Fähigkeit in vollem Maße auszuschöpfen, oder gar sich in der Verantwortung vollkommen zurechtzufinden. Mit anderen Worten: Was macht das Thema heute so aktuell?

Die Aktualität

Wenn der Leiter eines Gesundheitsamtes, der Vorsteher eines Finanzamtes, der Direktor eines Wasserwirtschaftsamtes — ich nenne diese

---

[4] *Platon:* Staat 473 D.

[5] *Cicero:* De re publica, 5. Buch.

Funktionäre nur beispielshalber und fernab jeder Animosität — über die wachsende Arbeitslast klagen, so handelt es sich, wenn man der Sache auf den Grund geht, in der Regel um die Kumulation von Verwaltungshandlungen typischer Prägung; das Schema liegt immer noch zugrunde, wenn auch die Zahl der Fälle zugenommen hat und das Atypische vor den Amtszimmern dieser Behörden keineswegs halt macht. Wenn der Arbeitsanfall des Finanzamtes X infolge gestiegener Einwohnerzahl zu groß wird, muß man halt rechtzeitig an eine Teilung denken.

Quantitative Probleme

Auch wird die sachgerechte Amtsführung eines Bürgermeisters in einer Klein- und Mittelstadt noch keine besondere Erregung verursachen, hat er doch ein spezifisches Wissen um administrative Vorgänge und deren Bewältigung im Hinblick auf seinen Beruf erworben, in dem er sich nun bewährt. Der Bürgermeister einer im Wachsen begriffenen Großstadt von einigen hunderttausend Einwohnern sieht sich jedoch zwischen den Problemen des Müllanfalls und der Müllbeseitigung, der Kanalisation, der Wasserversorgung, des Straßenbaues, der Altstadtsanierung, der Krankenversorgung, der Altenpflege, des Schulbaues usw. auch noch mit der Finanzierung all dieser Maßnahmen konfrontiert, so daß auch bei einem auf der Höhe der Zeit befindlichen Sachverstand die Überschaubarkeit, das Maß für Sein und Zeit und die damit verbundenen Kategorien, die sich in Prioritäten niederschlagen, verloren zu gehen droht. Ähnliches mag für den Landrat gelten, der in seinem großflächigen Kreis unterschiedlicher Bodenqualität über relativ wenig Einwohner in weit verstreuten Siedlungen verfügt und sich durch Verbesserung der zivilen Infrastruktur um die Grundlagen für die Steigerung der Wirtschaftskraft seines Verwaltungsbezirks bemüht. Das Bemerkenswerte für diesen Vorgang aber ist die Tatsache, daß die Verantwortung nicht geteilt werden kann. Ich glaube, daß ein jeder aus seinem Erfahrungsschatz in der Lage ist, diese wenigen Beispiele quantitativer Steigerung der Anforderung an den Sachverstand zu bestätigen. Daraus möchte ich einen ersten Grundsatz ableiten, der für die Problematik, vor der wir stehen, ursächlich ist: *Je umfangreicher und differenzierter der Verantwortungsbereich ist, desto grössere Anforderungen werden an den Verantwortlichen gestellt. Der Sachverstand kann in quantitativer Hinsicht überfordert werden.*

Qualitative Probleme

Ein weiterer Faktor bringt eine von Tag zu Tag stärker wirksame Dynamik in unsere Situation hinein; und der hängt mit den in den letzten Jahrzehnten vollzogenen Wandlungen des Staatsbegriffes und der Staatsaufgaben zusammen: „Die Verwaltung, bisher wesentlich Ordnungsgarant, wurde jetzt auch Leistungsträger[6].“ An diesem Zitat erkennen Sie unschwer die Diktion von Ernst Forsthoff. Vergleichen Sie hierzu einmal — wie wir es im Zusammenhang mit den Vorarbeiten zu unserer Verwaltungsreform getan haben — den Geschäftsverteilungsplan eines Landratsamtes aus 1914 mit dem Jahre 1933 oder gar aus dem Jahre 1960; dann werden Sie feststellen, wie im Rahmen der oft beschriebenen Daseinsvorsorge die Verwaltungsaufgaben sich ausgefächert haben. Infolgedessen ist die öffentliche Verwaltung mit Mitteln tätig, die ihren klassischen Instrumentarien kaum noch gleichen und die früher kein Verwaltungsmann noch so avantgardistischer Gesinnung gehandhabt hätte. Entscheidend ist, daß die Verwaltung mit vielen differenzierten und empfindlichen Instrumenten operieren muß, die eine äußerst fachkundige Hand verlangen. Und aus diesen Umständen möchte ich meinen zweiten Grundsatz ableiten, der mir für die entstandene Problematik ebenso ursächlich zu sein scheint: *Je intensiver und subtiler die Verantwortung mit der Gestaltung der Lebensverhältnisse befaßt ist, desto speziellere Anforderungen werden an den Verantwortlichen gestellt. Der Sachverstand kann in qualitativer Hinsicht überfordert werden.*

Zu dem quantitativen tritt also noch das qualitative Element. Damit bin ich aber noch nicht am Ende. Ich glaube nämlich noch einen weiteren Faktor, der für unsere Problemstellung kausal ist, mit in Rechnung stellen zu müssen, den ich einmal — da mir bislang nichts Treffenderes eingefallen ist —, den Verflechtungsfaktor nennen möchte.

Der Verflechtungsfaktor

Die Aufgaben der zuständigen Verwaltungsträger pflegen an den Verwaltungsgrenzen nicht halt zu machen. Und außerdem ist die Gleichwertigkeit der Lebensverhältnisse eine viel zu populäre Forderung, als daß sie von der Verantwortung in Bund, Land und Gemeinde negligiert werden könnte. Also ist es notwendig, diese Aufgabe auf der ersten, zweiten und meinetwegen auf der dritten Ebene zu koordinieren und zu harmonisieren. Einige wenige aus der Phantasie gewählten Beispiele werden genügen: Wenn die Stadt A daran gehen sollte, ihre städtischen Verkehrsbetriebe zu modernisieren und zu rationalisieren, könnte das effektvoll nur im Zusammenwirken mit der Schwesterstadt B geschehen, mit der sie zu einem Verdichtungsgebiet zusammengewachsen ist. Ob, wann und wie das geschieht, hängt mit der Har-

---

[6] *Ernst Forsthoff*, Lehrbuch des Verwaltungsrechts, I. Bd. 3. Aufl., München und Berlin 1952.

monisierung von Verantwortung und Sachverstand auf beiden Seiten ab. Wenn das Land X es für notwendig hält, die über einem Ort liegende Dunstglocke zu lüften, dann kann das sinnvoll nur geschehen, wenn sich das Land Y hinsichtlich der auf seiner Stromseite befindlichen Industrie nach Umfang, Mittel und Tempo den Maßnahmen anschließt. Wenn die Bundesrepublik es unternimmt, den mittlerweile zur Kloake gewordenen Rhein wieder zu reinigen, dann muß sie sich mit allen Anliegern verständigen, wenn nicht die für Baggerung, Tieferlegung, Begradigung, Kanalisation und Kläranlagen aufzubringenden Riesensummen fehl investiert sein sollen. Dabei könnte einer der beteiligten Verantwortlichen in die Zwangslage kommen, seinen eigenen Sachverstand dem eines Partners hintansetzen zu müssen, weil die Verantwortung zu einer schnellen Lösung drängt. Wenn es schließlich nach einer Mitteilung von Carl Friedrich Freiherr von Weizsäcker zutrifft, „man werde in etwa zehn Jahren das Zustandekommen von Großwetterlagen, von denen unsere Ernten abhängen, wissenschaftlich verstehen und in etwa zwanzig Jahren solche Wetterlagen willkürlich technisch hervorbringen können“[7], dann wird von dieser Zukunftsvision apokalyptischen Ausmaßes allzu deutlich, daß der eigene Sachverstand und die eigene Verantwortung auf den Nachbarn angewiesen sind. Und daher komme ich zu meinem dritten, zur Erklärung der Problemlage notwendigen Grundsatz: *„Bei der Lösung sogenannter grenzüberschreitender Aufgaben sind der eigene Sachverstand und die eigene Verantwortung allein nicht aktionsfähig, sondern auf die Mitwirkung der Partner angewiesen. Hierdurch können Konflikte zwischen Sachverstand und Verantwortung entstehen.“*

Der „Szientismus“

Auf einen vierten Beweggrund, der in unsere Problematik hineinspielt, muß ich noch aufmerksam machen, obwohl er weniger dem rationalen Begreifen als vielmehr der emotionalen Bewertung zugänglich ist. Es geht um das unbestreitbare Phänomen, daß sich eine unbändige Wissenschaftsgläubigkeit in Herzen und Hirnen unserer Zeitgenossen festgesetzt hat, die so tun, als wäre mit atomarer Sprengkraft, Raketenantrieb und Elektronik sozusagen die Himmelsleiter angelegt, auf deren Sprossen die Menschheit gefahrlos und unentwegt aufwärts steigen könne. Wohlgemerkt, ich kritisiere nicht die Forderung nach Versachlichung der Verwaltung, nach Verwissenschaftlichung der Politik — um diese Modeworte an dieser Stelle ja nicht auszulassen! —, sondern jene Mentalität, die glaubt, bei rechtem Ansatz und Einsatz der

---

[7] *Carl Friedrich Freiherr von Weizsäcker*, Über weltpolitische Prognosen, in: Europa-Archiv, Folge 1/1966, S. 2.

Wissenschaften, vornehmlich der Naturwissenschaften, die Menschheit zielsicher ihrem Wohl zuzuführen. Genau wie die Schüler Pasteurs von einer keimfreien Welt träumten, wird heute der Traum von einer absolut fehlerfreien Entwicklung der Menschen und der menschlichen Gemeinschaft geträumt, wenn man nur die Wissenschaften gewähren lasse. Diese Einstellung wird heutzutage als „Szientismus" bezeichnet. Das in seinem Anliegen ernstzunehmende Buch von Wilhelm Fucks, das Prognosen über die Völkerentwicklung, über Stahl und Energien und über die politischen Potentiale enthält, ist bezeichnenderweise mit der Überschrift „Formeln zur Macht"[8] ausgestattet worden, nachdem bereits 1964 das Buch des Amerikaners Donald W. Cox über die im ersten Akt des „Raumzeitalters" tätigen Wissenschaftler die Aufforderung ausgesprochen hat, daß „alle Macht den Eierköpfen"[9] zu überantworten sei. Was bleibt mir anderes übrig, als ein viertes Axiom zu wagen: *Der herkömmliche auf die Erfüllung spezifischer Aufgaben bezogene Sachverstand der Verantwortlichen droht durch den „Szientismus" in Frage gestellt, vielleicht sogar aus den Angeln gehoben zu werden.* Unnötig, zu betonen, daß ich damit niemanden den Fehdehandschuh zuwerfen möchte. Wer weiß, wie sich die Dinge in der Zukunft entwickeln.

Vielleicht war Ihnen das Hineinführen in die Problemstellung und deren Aktualität zu umwegig und langatmig. Auch könnten Sie — etwas voreilig — versucht sein, meine Axiome in den Schlußteil zu verweisen, für den ich sicherheitshalber mir dennoch Ihre Aufmerksamkeit erbitten möchte. Ich glaubte jedenfalls so weit ausholen zu müssen, um Ihnen die Bewegung zu schildern, die lebt und webt und wirkt und treibt hinter der eigentlichen Typologie, die ich unter Zuhilfenahme soziologischer Methoden — eher entdeckt als erdacht — Ihnen heute vorzustellen nach einigem Zögern unternommen habe.

Von dem Postulat einer möglichst vollkommenen Kongruenz von Sachverstand und Verantwortung ausgehend, möchte ich jetzt das Verhältnis dieser beiden Elemente öffentlicher Wirkweise zueinander untersuchen und nach charakteristischen Typen darstellen. Fast automatisch fällt der Blick auf die institutionelle und organisatorische Seite der Beziehungen. Es stellt sich die Frage, mit welchen Mitteln die Wirkung erzielt werden kann, daß Sachverstand und Verantwortung in der Wirklichkeit möglichst eng zueinander finden.

---

[8] Stuttgart 1965.

[9] *Donald W. Cox,* Alle Macht den Eierköpfen. Wissenschaft übernimmt die Führung. Deutsche Ausgabe: München 1965.

Coincidentia

An der Spitze steht der Idealfall vollkommener Verschmelzung der beiden Elemente, die ich typologisch als coincidentia bezeichnen möchte, weil der Sachverstand vollkommen in die Verantwortung hineingenommen ist. Das geschieht derart, daß auf den unteren, mittleren und höheren — wenn auch nicht immer auf den höchsten — Rängen der öffentlichen Ämter diese Wirkung durch zwingende Vorschriften erzielt wird. Jahrzehnte hindurch haben sich die Kandidaten für die öffentlichen Ämter den Zugang nur durch einen amtlichen Befähigungsnachweis zu erwerben vermocht, der nach der erfolgreichen Absolvierung von Studium, Ausbildung und Prüfung erteilt wurde. Damit ziele ich keineswegs speziell auf das sogenannte Juristenmonopol, vielmehr auf die allgemeine Ordnung des Laufbahnrechts als Grundlage des Berufsbeamtentums, die mittlerweile auch Bewerbern wirtschafts- und sozialwissenschaftlicher Vorbildung den Zugang zum Dienst nicht nur in den Fachverwaltungen, sondern auch in der klassischen allgemeinen inneren Verwaltung eröffnet hat. Auch der Außenseiter steht nicht mehr als singuläre Erscheinung im öffentlichen Dienst; bei ihm vermag die durch Lebens- und Berufserfahrung innerhalb und außerhalb des öffentlichen Dienstes erworbene Befähigung die laufbahnrechtliche Qualifikation zu ersetzen und das geltende Recht beginnt diesen zweiten Bildungsweg für den öffentlichen Dienst zu respektieren. Es besteht kein Zweifel, daß die hergebrachten — zeitgemäß fortentwickelten — Grundsätze des Berufsbeamtentums am besten geeignet sind, den benötigten Sachverstand in die jeweilige Verantwortung hineinzubringen.

Die politischen Beamten

Dieselben Grundsätze sind auch durchweg für die in Spitzenstellungen befindlichen sogenannten politischen Beamten maßgeblich, die ihrer Herkunft nach der großen Phalanx der Berufsbeamten entstammen, aber ihrem Status nach — ohne Politiker zu sein — mit dem Schicksal der Politik und der für sie Verantwortlichen eng verbunden sind, weil ihnen in besonderem Maße die Umsetzung politischer Intentionen der Staatsleitung in administrative Maßnahmen mit ihren sachverständlichen Methoden anvertraut ist. Fachmann vom Scheitel bis zur Sohle ist ihr berufliches Schicksal mit der Politik verknüpft; das ist ihr entsprechend honoriertes Berufsrisiko. Langsam beginnen aber übertriebenes Proporzdenken und Ambitionen in diese Domäne des Berufsbeamtentums einzubrechen; dann sind natürlich die Laufbahnqualifikationen und die Zustimmung unabhängiger Personalausschüsse hinderliche Requisiten. Sollten daher die Ämter der politischen Beamten laufbahnfrei gestaltet sein? — Ich möchte der Entwicklung nicht vorgreifen.

Die Wahlbeamten

Auf einigen Strecken erhält das Problem der Institutionalisierung des Sachverstandes noch eine besondere Einfärbung durch die Wahl, die insbesondere im kommunalen Bereich für die Berufung in die Verantwortung maßgeblich ist. Sehen wir einmal von den besatzungsrechtlichen Relikten in einigen Teilen unseres Vaterlandes ab, die uns eine recht originelle und kaum mehr ausrottbare Zweigleisigkeit beschert haben, so bleibt auch in anderen Regionen die Tendenz zur voraussetzungsfreien Kandidatur in rechtlicher und tatsächlicher Hinsicht spürbar, wennschon die Sachorientierung der Wahlorgane beispielsweise bei der Stellenausschreibung dafür sorgt, daß der Unverstand nicht allzu üppig ins Kraut schießt. Immerhin hat die derzeitige, in der Loslösung von den hergebrachten Grundsätzen begriffene Entwicklung bereits für ein beachtliches Revirement gesorgt.

Die Staatsleitung

Ganz anders geartet ist die Investitur in die Ämter der eigentlichen Staatsleitung. Formell gesehen geht es zwar auch nur um die Wahl auf Zeit — aber unter viel härteren Konditionen und sehr viel strengeren Noten —, wobei der charismatische Zug der Kandidaten stark die Szene beherrscht, der bei der Wahl auf den tieferen Etagen kaum die entscheidende Rolle spielt. Zu dem zwar nicht immer zu durchlaufenden cursus honorum kommt der sicher unvermeidliche concursus candidatuum, bis das Ziel erreicht ist. Und dann bleibt in allen Tagen der Amtssessel der für die Regierung Verantwortlichen permanent den Erschütterungen durch die öffentliche Kritik ausgesetzt. Weniger die Lauigkeit einer mittelmäßigen Amtsführung, als vielmehr der offenkundige einmalige Mißgriff lösen zuweilen plötzlich den Sturz aus. Reden wir jedoch nicht von Fortune. Glück hat auf die Dauer nur der Sachverständige, obwohl Sachgerechtigkeit allein auf diesem Level nicht genügt.

Participatio

Ich wende mich der nächsten Stufe zu. Wenn schon Sachverstand und Verantwortung nicht in eins zusammenfallen können, dann ist die Teilhabe des einen an dem Geschäft des anderen — also die participatio, wie ich es in meiner Typologie nennen möchte — doch sehr vorteilhaft.

Das Kollegium

Das Modell für diese Teilhabe scheint mir das Kollegium zu sein. Als erstes greife ich mir das Kollegium der Regierung heraus, in dem zwar der Chef kraft seiner Kompetenz die Richtung bestimmt, die anderen Mitglieder ihr Stimmrecht um so stärker ausüben, je überzeugender sie ihren Sachverstand ins Feld führen. Synthesen von großer Festigkeit lassen sich in diesem Kollegium erzielen, wenn der Sachverstand gebührend eingebracht und mit der Verantwortung richtig verschmolzen wird. Bei diesem Verfahren müssen die Werkleute aufeinander eingestellt sein; die Verantwortung muß akzeptieren, wenn der Sachverstand überzeugend offeriert. Daß sich in ergänzender Weise genügend Sachverstand und Entschlußkraft in einem Kabinett zusammenfinden, hängt nicht immer am glücklichen Griff des Chefs, sondern weit häufiger von der Garnitur der Ministrablen ab.

Die Mitarbeiter

Eine graduell schwächere Spielart der participatio stellt das Verhältnis des Mitarbeiters zu seinem Vorgesetzten dar. Also: Das Verhältnis des Staatssekretärs zum Minister, des Dezernenten zum Regierungspräsidenten, des Sachbearbeiters zum Behördenchef — insbesondere des Fachreferenten zu dem juristisch vorgebildeten Vorgesetzten. Auch diese Beispiele tragen wiederum das Merkmal der Differenziertheit in sich; gemeinsam ist ihnen der Boden des Vertrauens, wenn die Zusammenarbeit ersprießlich sein soll. In unseren monokratisch organisierten Behörden hat der Verantwortliche nicht nur für sein persönliches Un- oder Mißgeschick geradezustehen, sondern auch für die Irrtümer und Fehlleistungen seiner Mitarbeiter. „Eine derartige Erstreckung der Verantwortung auf Vorgänge, die der Beeinflussung durch den betreffenden Beamten entzogen sind, bedeutet eine Abstellung auf die Außenwirkung, den Erfolg, das Prestige. Diese Erfolgshaftung des Chefs ist in ihrer Bedeutung stark umstritten. Wo sie überspannt wird, deutet sie — wie jede Empfindlichkeit in äußeren Dingen — auf innere Schwäche.“ So ein Verwaltungspraktiker[10].

Consultatio

In dem nächsten degressiv fortgeführten Abschnitt geraten der Sachverstand und die Verantwortung schon erheblich auseinander, ohne allerdings die Beziehung miteinander zu verlieren. Auch innerhalb dieser Bandbreite gibt es graduelle Unterschiede, je nachdem, ob es sich um eine obligatorische oder facultative, eine rechtlich relevante oder eine ad hoc herbeigeführte Beratung — consultatio möchte ich diese Stufe nennen — handelt. Auch wird der Wert dieser Beratung sehr wesentlich von ihrem Effekt abhängen, d. h. ob die Verantwortung

---

[10] *Ernst von Harnack*, Die Praxis der öffentlichen Verwaltung. Schwenningen 1951, S. 132.

den Sachverstand verpflichtet oder ihm nur Anschauungsmaterial unverbindlich ins Haus liefert.

Die Beiräte

In einer ganzen Reihe von Rechtsvorschriften ist die Bildung von Beratungsorganen — meistens als Beiräte bezeichnet — zwingend vorgeschrieben. Als Modell möchte ich lediglich den Beirat beim Statistischen Bundesamt herausgreifen, an dem sich auch die Beiräte auf Landesebene orientiert haben. Auch die Größe derartiger Beiräte sagt über ihren Wert einiges aus. Kleine, von hohem Sachverstand getragene Gremien vermögen zuweilen eine außerordentliche Durchschlagskraft zu erzielen, während allzu große Institutionen gewöhnlich zu Debattierclubs herabsinken. Auch die individuelle Zusammensetzung ist für die Leistungsfähigkeit interessant. Es ist nicht dasselbe, ob zu einem hohen Maße von Objektivierung befähigte unabhängige Fachleute beratende Funktionen ausüben, oder ob der eingebrachte Sachverstand von einem ganz bestimmten Interesse eines Verbandes oder einer Organisation dirigiert wird.

Wissenschafts- und Bildungsrat

Es gibt aber nicht nur Sachverständigengremien, die der Exekutive von dem immer etwas mißtrauischen Gesetzgeber ins Haus gesetzt werden, sondern auch — denken Sie daran, was ich über den „Szientismus" gesagt habe — von der Regierung oder der Verwaltung selber herbeigerufene Gehilfen, die sich in Kollegien organisieren und deren Effizienz völlig unabhängig von der zugestandenen Kompetenz allein auf Grund der Reputation außerordentlich wirksam sein kann. Ich denke hier in erster Linie an Einrichtungen wie den Wissenschaftsrat und neuerdings auch den Bildungsrat, die Bund und Länder im Wege des Verwaltungsabkommens gemeinsam ins Leben gerufen haben. Durch Abkommen vom 5. September 1957 wurde der Wissenschaftsrat errichtet und mit der Ausarbeitung von Gesamtplänen sowie der Erstattung konkreter Empfehlungen für die Förderung der Wissenschaft beauftragt, zu deren Berücksichtigung sich die Bundesregierung und die Landesregierungen bei der Aufstellung ihrer Haushaltspläne im Rahmen der Möglichkeiten verpflichten. Etwas vorsichtiger wurde bei dem durch Abkommen vom 15. Juli 1965 errichteten Bildungsrat verfahren, dessen einer Teil — nämlich die Bildungskommission — zwar mit dem Entwurf von Bedarfs- und Entwicklungsplänen und mit der Vorlage von Vorschlägen für die Struktur des Bildungswesens betraut wurde, über deren Effektuierung jedoch Konkretes nicht ausgesagt ist. Ich glaubte gerade diese beiden Institutionen, die vielleicht noch unter anderen Aspekten heute ausgeleuchtet werden, als sehr bemerkenswerte Beispiele einer von der Exekutive selber gewünschten und herbeigeführten consultatio mit der Folge einer gewissen Selbstbindung in meiner Typologie nicht entbehren zu können, weil sie sich gegenüber der Vielzahl der anderen innerhalb der Exekutive etablierten Beiräte doch sehr deutlich abheben.

Die Kommissionen

Eine weitere in ihrem Wesen und vielleicht auch in ihrer Wirkung schwächere Einrichtung innerhalb der Bandbreite der consultatio präsentiert sich in den sogenannten unabhängigen Kommissionen, die mit einem sachlich genau umschriebenen und zeitlich befristeten Auftrage ausgestattet, sich um die Untersuchung und Lösung von aktuellen Fragen bemühen. Dabei denke ich beispielsweise an die von der Bundesregierung in Auftrag gegebene Untersuchung über die Wettbewerbsgleichheit von Presse, Rundfunk, Fernsehen und Film, wie ebenso an die jüngst vorgelegte Denkschrift von fünf Sachverständigen über die Reform der Finanzverfassung, deren Thematik allen geläufig ist. Gegen derartige Kommissionsarbeiten ist sicherlich nichts einzuwenden, jedoch könnte die Häufigkeit des Vorganges nachdenklich stimmen. „Wenn man bedenkt, daß es 1965 und 1966 eine stattliche Zahl ähnlicher Untersuchungen gab und gibt, der alljährliche Rentenbericht, das Wirtschaftsgutachten der Sachverständigen, die Sozialenquete, das Postgutachten, die Enquete über die Situation der Frau, der Jugendbereiche des Bundesministeriums für Familien- und Jugendfragen, von anderen, die weniger Publizität haben, ganz zu schweigen, dann kann man sich ausrechnen, was der Steuerzahler alles bezahlen muß." Soweit das Zitat aus einer im Rheinischen Merkur vom 28. Januar d. J. veröffentlichen Glosse. Abgesehen von der Schlußfolgerung, auf die ich nicht hinaus will, scheint mir das Zitat insofern sehr beachtlich, weil der Glossator daran die Frage knüpft: „Sind die vielen Fachreferenten in den Ressorts nicht sachverständig und unabhängig genug, daß sie *auch* einmal ein kompetentes Urteil abgeben könnten?" Die Frage kann man nicht pauschal abtun. Denn es gibt der Fälle genug, in denen gar nicht genug Sachverstand investiert werden kann, um Entscheidungen von großer Tragweite in Wirtschaft, Wissenschaft, Technik und Politik vorzubereiten; und es gibt häufig Zweifel und berechtigte Fragen, deren Klärung und Lösung nicht auf der Hand liegt. Ich möchte nur ganz kurz an den Gutachteraufwand im Zusammenhang mit dem deutschen Wehrbeitrag und im Fernsehstreit erinnern, um anzudeuten, was ich meine.

Gutachten

Es gibt aber auch der Fälle genug, in denen das Gutachten oder besser die Gutachten — denn auf ihre Kumulation kommt es meistens an —

lediglich als taktisches Mittel ins Feld geführt werden. Wir wissen doch alle, daß Gutachter zuweilen bemüht werden, um das zu sagen, was die Behörde auszusprechen sich scheut, um unpopuläre Maßnahmen vorzubereiten oder das eigene Verwaltungshandeln zu motivieren, abzustützen oder gar zu rechtfertigen. Oft genug wird fremder Sachverstand wohlberechnend von der Verantwortung bemüht und ebenso oft drängt ungebetener Sachverstand in die Verantwortung hinein. Geschickt gehandhabt, kann sich das Gutachten sowohl als Treibladung als auch als Verzögerungssatz entwickeln. Das können wir in diesem Zusammenhang nicht übersehen; erst recht nicht, wenn einem nach Beruf und Neigung darum zu tun ist, daß der Sachverstand und die Verantwortung zusammenbleiben. Seitdem die Jagd auf öffentliche Sündenböcke zu einer nahezu risikofreien Art von Sport aller voraussetzungslosen Amateure geworden ist, schleicht die Timidität wie ein Virus durch die Amtsstuben. Das ist für eine Demokratie nicht gut. Halten wir daher den Sachverstand und die Verantwortung zusammen.

Discrepantia

Als vierte und letzte typische Verhaltensweise von Sachverstand und Verantwortung ist dann noch das Auseinanderfallen beider — discrepantia von mir benannt — zu beschreiben, das total oder partiell sein kann. In unserer aufgeklärten Mentalität will uns dieser Zustand ziemlich unwahrscheinlich dünken. Doch er existiert um uns und zuweilen auch mitten unter uns.

Wir haben doch am eigenen Leibe verspürt, was in dieser Hinsicht ideologische Borniertheit zu leisten vermag. Auch heute noch setzen sich Ideologien über Daten und Fakten von unbestreitbarer Gültigkeit ebenso hinweg wie über wissenschaftliche Institutionen und lassen nur das gelten, was ihnen nutzt oder zumindest in den Kram paßt. In dieser Atmosphäre werden sowohl Wissenschaftseinrichtungen als auch naturwissenschaftliche Experimente zwangsweise in den Mantel der vorgefaßten Ideologie gepreßt oder eliminiert. Der Sachverstand wird der Verantwortung, die sich dann autoritär gebärdet, unterworfen und hat seine Eigengesetzlichkeit und Eigenständigkeit eingebüßt. Daneben und darunter gibt es aber auch die fehlerhafte Organisation, die aus Trägheit, Indolenz, mangelndem Überblick Sachverstand und Verantwortung gar nicht oder nur mangelhaft aufeinander einstellt. Auf der kleinen Ebene äußert sich das als Mangel der Geschäftsverteilung und des Geschäftsablaufs. Auf der obersten Ebene werden dann aber solche Auswüchse wie unübersichtliche Ressorteinteilung, Ressortegoismus und Ressortrivalität erzeugt, die dann nach unten fortzeugend Böses gebären.

Tragweite des Sachverstandes

Nun kann diese Darstellung der typischen Verhaltensweisen von Sachverstand und Verantwortung in institutioneller Hinsicht nicht abgeschlossen werden, zumindest der Verläßlichkeit bzw. der Tragweite des Sachverstandes Erwähnung zu tun. Sonst könnte leicht der Eindruck entstehen, als seien bei vollständiger oder ausreichender Kongruenz der beiden Elemente alle Übel und Mängel aus der öffentlichen Verwaltung gebannt. Das ist jedoch nicht der Fall und wird trotz aller Anstrengungen auch nicht der Endzustand sein.

Denn unter der Evidenz, die der Hydrologe bei der Bezeichnung eines Wasservorkommens, der Geologe bei der Feststellung der Fündigkeit eines Erzvorkommens, oder meinetwegen der Mediziner bei der Diagnose einer Seuche für die verantwortliche Entscheidung des Verwaltungshandelns zu liefern vermag, steht die Gewißheit, die meinethalben ein Statiker bei der Berechnung eines Staudammes bereithält, und darunter wieder die Prognosen, die ein Wissenschaftler parat haben muß, wenn er beispielsweise den amerikanischen Präsidenten bei der Aufstellung und Durchführung des Raumfahrtprogramms beraten will. Das letzte Beispiel nenne ich in der Absicht, um Ihnen bewußt zu machen, wie sehr selbst in dem Bereich mehrfach erprobter physikalischer Gesetzlichkeit die Prognosen fehlschlagen können, so daß trotz allem aufgewandten Sachverstand die Verantwortung allein von dem Verantwortlichen zu tragen ist. Dort, wo der Sachverstand sich um die Aufklärung menschlicher Verhaltensweisen und erst recht um Meinung, Markt und Stimmung abmüht, sinkt die Aussagekraft zuweilen gar unter die Wahrscheinlichkeit hinab. Ich möchte dabei nur die Schwierigkeit zum Ausdruck bringen, die mit der Beurteilung des Menschen und seiner Bedingungen zusammenhängt. „Wie einfach sind doch Atomreaktionen verglichen mit den turbulenten Strömungen der Atmosphäre und wie einfach ist die Atmosphäre verglichen mit den Lebensumständen und Willensentscheidungen von Millionen Menschen, von denen Wirtschaft und Politik abhängen. Wie oft sind wirtschaftliche Prognosen gescheitert. Und politische Prognosen, die sich als Wissenschaft ausgeben, sind uns vor allem als Ideologien politischer Machtgruppen und als Phantasien von Weltverbesserern bekannt und in beiden Formen gleich suspekt." Soweit das Zitat von Karl Friedrich Freiherr von Weizsäcker aus dessen Aufsatz über weltpolitische Prognosen[11].

---

[11] *Karl Friedrich Freiherr von Weizsäcker*, Über weltpolitische Prognosen, in: Europa-Archiv, Folge 1/1966, S. 2—3.

Verhaltensweisen der Verantwortlichen

Schließlich wäre auch etwas über die in der Verantwortung stehenden Personen zu sagen, die sich — bei allem Sachverstand, der ihnen persönlich eignet, oder von der Institution oder der Organisation dargeboten werden — aus ihrer menschlichen Veranlagung diesem Sachverstand gegenüber nicht immer richtig verhalten. Es kommt dann ebenfalls zu einer Diskrepanz von Sachverstand und Verantwortung, die aber im Verhalten des Verantwortlichen ihren Grund hat. Die harmloseste Form ist wohl das Steckenpferd, das der Verantwortliche manchmal mit einer liebenswürdigen Verspieltheit, manchmal aber auch mit halsbrecherischem Eifer reitet und den Sachverstand links und rechts des Weges liegen läßt. Weit gefährlicher ist die vorgefaßte Meinung, die die Aussage des Sachverstandes verbiegt oder entstellt. Trotz aller Bedenken und trotz des schlechten Gewissens will die vorgefaßte Meinung sich vom Sachverstand nicht überzeugen lassen und nimmt durchweg an, daß sich dieser dem Wunschdenken in irgendeiner Form anpaßt. Aus dieser Mentalität heraus können sowohl Fehlentscheidungen bei der Ortsplanung oder bei der Festsetzung der Ausmaße eines Theaters, als auch völlig unrealistische Ansätze von Einnahmen in ganzen Staatshaushalten vorkommen. Das Schlimmste aber, was dem Sachverstand passieren kann, ist, wenn er einfach dem Prestige von Personen oder Institutionen geopfert wird, weil eben nicht sein kann, was nicht sein darf. Trotz besseren Wissens und Könnens und wider alle Vernunft geht dann das Prestige-Denken mit dem Verantwortlichen einfach in die Irre. Dafür Belege zu bringen, kann ich mir wohl ersparen.

Ich könnte zwar jetzt — zu meiner Anfangsthese zurückkehrend — noch einmal unterstreichen, daß Sachverstand und Verantwortung zur Erreichung optimaler Ergebnisse kongruent sein müssen. Daran ist zweifellos nicht zu rütteln. Aber es ist noch nicht die volle Wahrheit, wie mir scheint. Im Bereich der technischen Wissenschaften ist vieles vorausberechenbar, im Bereich der normativen Wissenschaften sind viele Sachverhalte subsumtionsfähig und der Verantwortliche wird bedenkenlos die Erkenntnisse des Sachverstandes seinen Entscheidungen zugunde legen, wenn er eben nicht mit Defekten der von mir beschriebenen Art behaftet ist. Trotzdem vermag auch die vollkommenste Kongruenz den letzten Rest von Ungewißheit nicht abzusichern, wenn die Entscheidungen „transzendentaler Natur" sind, d. h. in den Bereich hineinragen, der trotz aller wissenschaftlicher Prognosen letzten Endes von der freien Willensentscheidung des Einzelnen beherrscht ist, die vor dem Gewissen getroffen wird. Unter solchen Aspekten erscheinen beispielsweise Prognosen über die Bevölkerungsentwicklung und deren Regulierung ebenso fragwürdig wie das vorausberechnete Risiko einer bestimmten politischen oder militärischen Aktion. Es gibt eben keine prästabilierte Harmonie auf unserer Welt und auch die vollkommenste Coincidenz von Sachverstand und Verantwortung wird diese zu etablieren nicht im Stande sein. Darum bleibt unsere menschliche Existenz im Großen und im Kleinen ein Wagnis. Wenn das Weltanschauung sein soll, dann bekenne ich mich dazu.

Leitsätze

1. Aus der Natur der Sache ergibt sich, daß Sachverstand und Verantwortung zur Erreichung optimaler Ergebnisse innerhalb der öffentlichen Verwaltung *kongruent* sein sollen.
2. Je umfangreicher und differenzierter der Verantwortungsbereich ist, desto größere Anforderungen werden an den Verantwortlichen gestellt. Der Sachverstand kann in *quantitativer* Hinsicht überfordert werden.
3. Je intensiver und subtiler die Verantwortung mit der Gestaltung der Lebensverhältnisse befaßt ist, desto speziellere Anforderungen werden an den Verantwortlichen gestellt. Der Sachverstand kann in *qualitativer* Hinsicht überfordert werden.
4. Bei der Lösung grenzüberschreitender Aufgaben sind der eigene Sachverstand und die eigene Verantwortung allein nicht aktionsfähig, sondern auf die Mitwirkung der Partner angewiesen. Hierdurch können *Konflikte* zwischen Sachverstand und Verantwortung entstehen.
5. Der herkömmliche auf die Erfüllung spezifischer Aufgaben bezogene Sachverstand der Verantwortlichen droht durch den „*Szientismus*" in Frage gestellt, vielleicht sogar aus den Angeln gehoben zu werden.
6. Unter institutionellen und organisatorischen Gesichtspunkten stellt sich das Verhältnis von Sachverstand und Verantwortung *typologisch* wie folgt dar:

   coincidentia = Zusammen-fall

   Modell: Die allgemeine Ordnung des Laufbahnrechts als Grundlage des Berufsbeamtentums.

   participatio = Teilhabe

   Modell: Das Kollegium der Regierung, in dem unter der Richtlinienkompetenz jedes Mitglied mit seinem Sachverstand an der Verantwortung teilhat.

   consultatio = Ratgebung

   Modell: a) (institutionell) Beirat bei dem Statistischen Bundesamt;
   b) (ad hoc) Sachverständigenkommission für die Finanzreform.

   discrepantia = Auseinander-fall

   Modell: Entartete Herrschaftsform:
   Der Sachverstand wird der Diktatur der Verantwortung unterworfen; er hat seine Eigenständigkeit verloren.
7. Die *Tragweite* des gesamten Sachverstandes reicht nicht aus, um alle Verantwortung abzusichern; bei „transzendentalen Entscheidungen" steht der Verantwortliche allein.

Sachverstand und Verantwortung im Hinblick auf die Aufgabenkomplikation in der Ministerialverwaltung

Von Josef Kölble

I. Aufgaben der Ministerialverwaltung

In Anbetracht dessen, daß die überwiegende Mehrzahl von Ihnen, wie ich wohl annehmen darf, die — vielfach verketzerte, mitunter aus Zweckmäßigkeitsgründen auch etwas dämonisierte — Ministerialverwaltung nicht selbst aus eigener unmittelbarer Anschauung kennt, erscheint es mir angebracht, zunächst einige Bemerkungen über ihre Aufgaben voranzustellen. Ich beschränke mich dabei auf die Ministerialverwaltung des Bundes — im vollen Bewußtsein dessen, daß meine Darstellung möglicherweise mehr oder weniger weitergehender Korrekturen in der Diskussion bedarf, soweit es sich um die Ministerialverwaltungen der Länder handelt. Vorausschicken darf ich außerdem, daß ich hier nicht in amtlicher Eigenschaft als Angehöriger eines Ministeriums spreche, sondern an einer Stätte freier verwaltungswissenschaftlicher Forschung und Lehre lediglich meine private wissenschaftliche Meinung äußere.

1. Die Aufgaben der Ministerialverwaltung des Bundes sind vor allem dreifacher Art:

a) Sie hat zunächst bestimmte Verwaltungsentscheidungen zu treffen. Soweit das Grundgesetz die Verwaltungskompetenzen den Ländern zuweist — und dies ist bekanntlich die Regel — handelt es sich auf Bundesebene in der Hauptsache um Entscheidungen verwaltungsinterner Art — also z. B. um den Erlaß von allgemeinen Verwaltungsvorschriften oder um Maßnahmen im Bereich der „verwaltungsinternen Fondswirtschaft“[1], gelegentlich auch einmal um solche der Bundesaufsicht oder um Einzelweisungen gegenüber den Länderverwaltungen. Nach außen wirkende Verwaltungsmaßnahmen der Bundesministerien bilden hier die Ausnahme. Sog. „überregionale Verwaltungsakte“ im Bereich der gesetzesakzessorischen Verwaltung sind — entsprechend der Rechtsprechung des Bundesver-

---

[1] *Köttgen*, Fondsverwaltung in der Bundesrepublik Deutschland. — res publica — Beiträge zum öffentlichen Recht, Bd. 14 (1965), S. 20 f.

fassungsgerichts[2] — äußerst selten. Häufiger kommt es schon zu einem überregionalen Verwaltungshandeln der Bundesministerien im Bereich der sog. „gesetzesfreien" Verwaltung, vor allem auf dem Gebiet der Fondswirtschaft, also insbesondere durch Gewährung von Subventionen. Auch im Bereich der bundeseigenen Verwaltung stehen auf der Ministerialebene die verwaltungsinternen Verwaltungsmaßnahmen im Vordergrund.

b) Die Hauptfunktion der Ministerialverwaltung des Bundes besteht in der Beratung der Bundesregierung und in der Vorbereitung ihrer Entscheidungen. Dabei ist nicht nur an die Einbringung von Gesetzentwürfen, sondern auch an den Erlaß von Rechtsverordnungen durch das Bundeskabinett oder einen Bundesminister und an sonstige politische Entscheidungen sowie an den gesamten Verkehr der Bundesregierung mit Bundestag und Bundesrat zu denken.

Zunehmende Bedeutung gewinnt als Aufgabe der Minsterialverwaltung des Bundes die Aufstellung von Gesamtplänen namentlich auf den Gebieten der Wirtschaftslenkung, der Wissenschaftsförderung und der Raumordnung.

c) Einen wesentlichen und — wie mir scheint — ebenfalls zunehmenden Raum innerhalb der Aufgaben der Ministerialverwaltung des Bundes nimmt die Hilfstätigkeit gegenüber dem Bundestag ein. Sie erfolgt einmal mittelbar dadurch, daß die Gesetzentwürfe der Bundesregierung von der Ministerialverwaltung erarbeitet werden. Aber auch bei Initiativgesetzentwürfen sowie während des Gesetzgebungsverfahrens in den Ausschüssen wird von der Ministerialverwaltung des Bundes unmittelbar mannigfache Formulierungshilfe geleistet. Außerdem steht die Ministerialverwaltung den Abgeordneten des Bundestages in zunehmendem Maße auch für sonstige Hilfstätigkeiten zur Verfügung.

Eine, die Ministerialverwaltung neuerdings immer mehr — zum Teil sehr stark — in Anspruch nehmende Hilfstätigkeit stellt die Erstellung von Regierungsberichten aller Art dar.

Das Bild wäre unvollständig, wollte man unerwähnt lassen, daß die Ministerialverwaltung des Bundes neuerdings in zunehmendem Maße auch eine gewisse Öffentlichkeitsarbeit für den jeweiligen Geschäftsbereich der einzelnen Bundesressorts zu leisten hat.

2. Von den Akten der Ministerialverwaltung wird — ebenso wie von denen aller anderen Verwaltungsbehörden — erwartet, daß sie folgende Voraussetzungen erfüllen:

---

[2] BVerfGE 11, S. 6 (17 f.). Vgl. auch *Schmitt-Lermann*, DÖV 1962, S. 667 f., sowie *Kölble*, DÖV 1963, S. 660 f.

a) Sie müssen zunächst tatsachenrichtig sein;
b) sie müssen weiter sachrichtig sein;
c) gewährleistet sein muß ferner ihre Rechtsrichtigkeit;
d) schließlich müssen sie auch formrichtig sein.

3. Aus dem Gesagten ergibt sich, daß in der Ministerialverwaltung — ebenso wie in der öffentlichen Verwaltung überhaupt — vor allem vier Arten von Kenntnissen und Erfahrungen vonnöten sind, und zwar:

a) Tatsachenkenntnis,
b) Sachverstand,
c) Rechtskunde und — last but not least —
d) Verwaltungserfahrung.

Unter Sachverstand wird dabei ein spezielles Wissen auf einem bestimmten — außerrechtlichen — Fachgebiet verstanden, und zwar ohne Rücksicht darauf, auf welche Weise dieses Wissen erworben werden kann bzw. erworben worden ist, also insbesondere ohne Rücksicht darauf, ob es auf einer wissenschaftlichen Ausbildung an einer Hochschule beruht oder in langjähriger Verwaltungspraxis als Dienst- oder Amtserfahrung entstanden ist.

4. Die Darstellung der Aufgaben der Ministerialverwaltung würde der gebotenen Vollständigkeit entbehren, wollte ich zwei Spannungsfelder unerwähnt lassen, in denen sich die Funktionen der Ministerialverwaltung abspielen oder doch abspielen können.

a) Das Spannungsfeld Nr. 1 wird dadurch gekennzeichnet, daß der Ministerialbeamte — ebenso wie jeder andere Beamte — weisungsgebunden ist, daß also auch der Sachverständige und der Rechtskundige den Direktiven des Ministers unterworfen sowie an Kabinettbeschlüsse und Richtlinienentscheidungen des Regierungschefs gebunden ist — somit u. U. Weisungen auszuführen hat, die — wie es bei politischen Entscheidungen mitunter nicht anders sein kann — nicht allein unter Gesichtspunkten des reinen Sachverstands oder der abstrakten Rechtskunde zustande gekommen sind.

b) Das Spannungsfeld Nr. 2 hängt ebenfalls mit der Weisungsgebundenheit der Ministerialbeamten zusammen. Es wird dadurch charakterisiert, daß der Ministerialbeamte, ebenso wie jeder andere Beamte, nicht nur kraft Gesetzes — hingewiesen sei auf § 52 Abs. 1 des Bundesbeamtengesetzes —, sondern auch nach dem traditionellen Berufsethos des Beamtentums zu unparteiischer Amtsführung und zur Wahrung des Gemeinwohls verpflichtet ist[3]. Andererseits

---

[3] *Morstein-Marx*, Hierarchie und Entscheidung, in: Verwaltung — eine einführende Darstellung —, Berlin 1965, S. 109 ff.; sowie *Ryffel*, Unparteilichkeit, ebd. S. 264 ff. — *Morstein-Marx*, Das Dilemma des Verwaltungsmannes, 1965.

hat er jedoch die politischen Direktiven des Ministers ebenso wie Kabinettbeschlüsse oder Richtlinienentscheidungen des Regierungschefs, also Weisungen von Personen zu beachten, die im parlamentarischen Regierungssystem in der Regel einer bestimmten Partei angehören und gerade wegen ihres politischen Programms vom Volke in die betreffenden Ämter berufen worden sind.

Der Gesetzgeber hat in § 56 Abs. 2 des Bundesbeamtengesetzes nur den — erfreulicherweise äußerst seltenen — Fall eines Konfliktes zwischen Weisungsgebundenheit und Rechtsunterworfenheit des Beamten in bestimmter, verhältnismäßig restriktiver Weise geregelt[4]. Eine positiv-rechtliche Regelung von Konfliktsituationen, die sich aus der Weisungsgebundenheit und dem Sachverstand oder der Verpflichtung zu unparteiischer Amtsführung und zur Wahrung des Gemeinwohls ergeben können, enthält das Gesetz bis jetzt nicht[5].

II. Zunahme des „Bedarfs" der Ministerialverwaltung an Sachverstand

Die Ministerialverwaltung, wie die öffentliche Verwaltung überhaupt, hatte seit eh und je einen nicht unerheblichen „Bedarf" an Sachverstand.

Die Entscheidung über die Einführung des 15-mm-Zündnadelgewehrs in die preußische Armee setzte ebenso Sachverstand voraus wie die

---

[4] § 56 Abs. 2 des Bundesbeamtengesetzes hat folgenden Wortlaut: „Bedenken gegen die Rechtmäßigkeit dienstlicher Anordnungen hat der Beamte unverzüglich bei seinem unmittelbaren Vorgesetzten geltend zu machen. Wird die Anordnung aufrechterhalten, so hat sich der Beamte, wenn seine Bedenken gegen ihre Rechtmäßigkeit fortbestehen, an den nächsthöheren Vorgesetzten zu wenden. Bestätigt dieser die Anordnung, so muß der Beamte sie ausführen, sofern nicht das ihm aufgetragene Verhalten strafbar und die Strafbarkeit für ihn erkennbar ist oder das ihm aufgetragene Verhalten die Würde des Menschen verletzt; von der eigenen Verantwortung ist er befreit. Die Bestätigung hat auf Verlangen schriftlich zu erfolgen."

[5] Vgl. dazu *Ryffel*, a.a.O. S. 264 ff., insbes. S. 270: „Die Unparteilichkeit des Beamten wird vor allem durch den Einfluß mächtiger Einzelpersonen und Gruppen, heute insbesondere der Interessenverbände und der politischen Parteien, und durch den Druck der öffentlichen Meinung in Frage gestellt. Abgesehen von solchen im Vordergrund stehenden Einflüssen darf der Beamte auch sonst weder eigene Interessen zur Geltung bringen noch irgend welche Drittinteressen einseitig begünstigen"; S. 271: „Der aufgrund eines öffentlich-rechtlichen Dienstverhältnisses auf Lebenszeit verpflichtete, fachlich ausgewiesene und gegen willkürliche Entlassung und Disziplinierung gesicherte Berufsbeamte, der aus den Interessenverflechtungen, den Auseinandersetzungen der Parteien und den Fluktuationen der öffentlichen Meinung herausgehoben ist, bietet am ehesten Gewähr für Unparteilichkeit". Zur Frage der parteipolitischen Neutralität des Beamten vgl. S. 278 f., insbes. S. 280: „Wir bleiben deshalb realistisch, wenn wir vom Beamten parteipolitische Neutralität im Amt verlangen, ihn aber als Bürger nicht zu neutralisieren versuchen."

über die Einführung des Starfighters in die Bundeswehr. Die Entscheidung über Bau und Linienführung des Kaiser-Wilhelm-Kanals war ebensowenig ohne Sachverstand möglich wie es heute die Planung des Bundesfernstraßennetzes oder der Verkehrsverhältnisse in den Gemeinden ist. In bestimmten Zweigen der öffentlichen Verwaltung — genannt seien nur die Bau-, die Medizinal- oder die Veterinärverwaltung — waren schon immer zahlreiche Sachverständige tätig, noch bevor es Hochhäuser, Tiefgaragen, Schutzräume, hochwirksame Drogen, Schädlingsbekämpfungs-, Konservierungs- oder Aufzuchtmittel gab. Zur Stabilisierung der Reichsmark nach der Inflation bedurfte es ebenso des Sachverstandes wie zur Währungsreform und zum Übergang von der Planwirtschaft alten Stils zur sozialen Marktwirtschaft.

Aber schon diese wenigen Beispiele lassen die Veränderung der Dimensionen erkennen, die vor sich gegangen ist. Die Zunahme des „Bedarfs" der Ministerialverwaltung, wie der öffentlichen Verwaltung überhaupt, an Sachverstand ist unverkennbar. Dies gilt sowohl in quantitativer als auch in qualitativer Hinsicht.

Im einzelnen sind die Gründe für die Zunahme der Bedeutung des Sachverstands der Behörden zahlreich und mannigfaltig.

1. Als allgemeiner Grund ist zunächst die außerordentliche Ausweitung des Aufgabenkreises des modernen Sozialstaats zu nennen.

In den übervölkerten Regionen der Industriegesellschaft unserer Tage muß der Staat Aufgaben bewältigen, die früher für ihn nicht oder nur in geringem Maße bestanden. Erwähnt sei nur die Sicherung des Verkehrs, die Reinhaltung des Wassers und der Luft oder die Bekämpfung des Lärms — sämtlich Aufgaben, die ohne behördlichen Sachverstand nicht bewältigt werden können.

Hatte der Staat schon früher — sei es aus traditionellen, sei es aus weltanschaulichen Gründen — bestimmte öffentliche Einrichtungen wie Bahn und Post, Schulen und Hochschulen zu unterhalten, so liegt es der öffentlichen Hand heute ob, darüber hinaus das Vorhandensein einer komplizierten allgemeinen Infrastruktur zu gewährleisten, die aus öffentlichen Wasser-, Gas-, Elektrizitäts- und Wärmeversorgungsunternehmen, Abwässerbeseitigungsanlagen, Müllvernichtungseinrichtungen u. a. m. besteht. Auch die Erfüllung dieser Aufgaben der Ver- und Entsorgung setzt behördlichen Sachverstand voraus.

Der Aufgabenzuwachs des Staates hat aber noch einen anderen, tiefer liegenden Grund. Immer mehr erwartet der Bürger von seinem Staat, daß er die soziale Sicherheit, die Vollbeschäftigung, die Währungsstabilität, das stetige Wirtschaftswachstum, die Daseinsvorsorge im weitesten Sinn gewährleistet, daß er schlechthin den Lebensstandard des einzelnen — ja mehr noch — ein weitgehend risikofreies Leben garantiert.

Wie qualifiziert die Anforderungen sind, die diese Aufgaben an den behördlichen Sachverstand stellen, lassen in anschaulicher Weise die Jahresgutachten des Sachverständigenrats zur Begutachtung der gesamtwirtschaftlichen Entwicklung erkennen. Darin ist nach dem Gesetz[6] laufend zu untersuchen, wie im Rahmen der marktwirtschaftlichen Ordnung gleichzeitig Stabilität des Preisniveaus, hoher Beschäftigungsstand und außenwirtschaftliches Gleichgewicht bei stetigem und angemessenem Wachstum gewährleistet werden können. Dementsprechend wird im Zweiten Jahresgutachten zunächst die gesamtwirtschaftliche Lage vor dem Hintergrund des konjunkturellen Geschehens im vorausgegangenen Wachstumszyklus und dann die voraussichtliche Entwicklung im Zahlenwerk einer volkswirtschaftlichen Gesamtrechnung dargestellt. In einem dritten Kapitel wird aufgezeigt, auf welchem Weg einer sog. „konzertierten Aktion" gegen den Geldwertschwund vorgegangen werden könnte bzw. sollte und schließlich, wie eine Strukturpolitik orientiert sein müßte, wenn auch sie zu stetigem und angemessenem Wachstum und zur Stabilität des Geldwertes beitragen soll.

2. Eine weitere Ursache des erhöhten „Bedarfs" an behördlichem Sachverstand ist die zunehmende Unübersichtlichkeit der Lebensverhältnisse. Sie macht es erforderlich, Sachverstand bereits anzuwenden, um die notwendige Übersicht über die tatsächliche Lage zu erhalten, sich also die unerläßliche Tatsachenkenntnis zu verschaffen, die die Grundlage jedes Verwaltungshandelns bildet. Dabei ist durchaus nicht nur an methodologischen Sachverstand — etwa an statistische Kenntnisse — zu denken.

Dies kommt deutlich in der Zunahme an amtlichen Berichten aller Art zum Ausdruck. Sie werden zum größten Teil vom Parlament angefordert, um eine Grundlage für seine Gesetzgebungs- oder Kontrolltätigkeit zu erhalten, zum Teil aber auch von der Regierung aus eigener Initiative erstellt. Genannt seien hier: der Finanzbericht[7], der Wirtschaftsbericht[8], der Konjunkturbericht[9], der Sozialbericht[10], der Mittel-

---

[6] Gesetz über die Bildung eines Sachverständigenrates zur Begutachtung der gesamtwirtschaftlichen Entwicklung vom 14. August 1963, BGBl. I S. 685.

[7] Z. B. Finanzbericht 1966, hrsg. vom Bundesministerium der Finanzen.

[8] Z. B. Wirtschaftsbericht 1964 nebst Nachtrag, BT-Drucks. IV/1752 und zu BT-Drucks. IV/1752.

[9] Z. B. Konjunkturbericht über die wirtschaftliche Lage in der Bundesrepublik im Dezember 1965, Bulletin des Presse- und Informationsamtes der Bundesregierung, Nr. 23 vom 17. 2. 1966.

[10] Z. B. Sozialbericht 1965, BT-Drucks. IV/3795.

standsbericht[11], der Raumordnungsbericht[12], der Unfallverhütungsbericht[13], der Jugendbericht[14], der demnächst zu erwartende Familienbericht[15], der vor seinem Abschluß stehende Bericht über die Lage der Frauen in der Bundesrepublik[16], dem vielleicht ein Altenbericht[17] folgen wird, der Forschungsbericht[18] und demnächst der Bildungsbericht[19], der Bericht des Bundesamtes für gewerbliche Wirtschaft über die Konzentration der Wirtschaft[20] und der Bericht des Bundeskartellamtes über seine Tätigkeit[21] sowie der Bericht über den Stand der Flugsicherung[22]. Seit kurzem liegt dem Bundestag ein Antrag der Regierungsfraktionen vor, der die Erstattung eines Berichtes über die finanzielle Lage der Krankenhäuser vorsieht[23].

3. Vor allem aber erfordert die Komplizierung und Technisierung der modernen Lebensverhältnisse immer mehr behördlichen Sachverstand, um die Sachrichtigkeit einer staatlichen Maßnahme zutreffend beurteilen zu können. Dies sei an folgenden Beispielen aus jüngster Zeit verdeutlicht:

Nach einem Antrag der Fraktion der SPD soll die Bundesregierung ersucht werden, den Entwurf eines Pflanzenschutzgesetzes vorzulegen, das dem „Schutz von Mensch und Tier gegen gesundheitliche Schädigungen durch Pflanzenschutz- und Schädlingsbekämpfungsmittel einschließlich Vorratsschutz-, Unkraut- und Keimhemmungsmitteln sowie der Präparate zur Beeinflussung des Fruchtansatzes oder Fruchtabfalls und der Fruchtreife dienen soll"[24].

In einer Verordnung des Bundesministers für Wirtschaft über technische Anforderungen an Getränkeschankanlagen[25] wird in Form einer

---

[11] BT-Drucks. IV/1475.

[12] Z. B. Erster Raumordnungsbericht, BT-Drucks. IV/1492.

[13] BT-Drucks. V/152.

[14] Z. B. Jugendberichte 1965 bzw. 1966, BT-Drucks. IV/3515 bzw. V/302.

[15] Vgl. BT-Drucks. IV/2500, IV/2924, IV/3474.

[16] Beschluß des BT vom 9. 12. 1964, BT-Drucks. IV/2771.

[17] Der im Jahre 1964 dem Institut für Selbsthilfe und Sozialforschung e. V. Köln erteilte Auftrag ging dahin, Daten zur Lebenslage älterer Menschen zusammenzustellen. Der Bericht des Instituts liegt nunmehr vor (vgl. *H. Breuer*, Bundesarbeitsblatt 1966, S. 17 f.).

[18] Z. B. Bundesbericht Forschung I, BT-Drucks. IV/1247.

[19] Der Bericht wird zur Zeit von der Bundesregierung vorbereitet. Mit seiner alsbaldigen Vorlage kann gerechnet werden.

[20] BT-Drucks. IV/2320.

[21] Z. B. der Bericht 1964, BT-Drucks. IV/2752.

[22] BT-Drucks. V/493.

[23] BT-Drucks. V/389.

[24] BT-Drucks. V/395.

[25] Verordnung des Bundesministeriums für Wirtschaft vom 15. 3. 1966 über technische Anforderungen an Getränkeschankanlagen, Bundesanzeiger Nr. 56 vom 22. 3. 1966, S. 1.

umfangreichen Anlage eingehend geregelt, welche Anforderungen Getränkeschankanlagen im einzelnen erfüllen müssen. Dabei werden u. a. die Werkstoffe genau bestimmt, die für Getränkeleitungen und andere mit Getränken in Berührung kommende Anlageteile verwendet werden dürfen, sowie Regelungen der Lage und der sonstigen Beschaffenheit der Getränkeleitungen, über den Förderdruck und über die Armaturen für den Druckgasteil und den Getränketeil sowie den Schanktisch, die Zapfstelle und die Spülanlage getroffen.

Aus jüngster Zeit datiert auch eine Kleine Anfrage an die Bundesregierung, in der von dieser Auskunft darüber verlangt wird, wie viele unserer Mitbürger in den letzten Jahren als Folge des modernen Verkehrs gesundheitliche Dauerschäden — insbesondere Querschnittlähmungen, Amputationen und schwere Schädelverletzungen — beklagen müssen, wie hoch die durchschnittlichen berechenbaren Unfallfolgen bei einem einzelnen Dauerpflegefall sind und wie hoch die materiellen Unfallfolgen insgesamt, getrennt nach Schiene und Straße, veranschlagt werden müssen[26].

Besonders kennzeichnend für die modernen Lebensverhältnisse ist die hohe gegenseitige Interdependenz der einzelnen Erscheinungen und Vorgänge, deren sachgerechte Beeinflussung durch staatliche Maßnahmen daher immer mehr Sachverstand auf verschiedenen Gebieten voraussetzt.

Wie komplex die Probleme in der modernen Verkehrswirtschaft geworden sind und wie vielfältige Zusammenhänge bei grundsätzlichen verkehrspolitischen Entscheidungen heute berücksichtigt werden müssen, läßt in anschaulicher Weise der Bericht der Sachverständigenkommission über eine Untersuchung von Maßnahmen zur Verbesserung der Verkehrsverhältnisse der Gemeinden[27] erkennen. Dieser Bericht hatte sich mit Fragen wie den folgenden zu befassen:

Wie können durch Maßnahmen der Raumordnung und des Städtebaus die Verkehrsverhältnisse der Gemeinden verbessert, insbesondere die Ballungsgebiete vom Verkehr entlastet werden?

Wie können die Verkehrsplanungen der Länder und der Gemeinden (Gemeindeverbände) aufeinander abgestimmt und dem Ausbauplan für die Bundesfernstraßen unter Berücksichtigung der voraussichtlichen Verkehrsentwicklung bis 1975 angepaßt werden?

Wie können der Massenverkehr mit öffentlichen Mitteln und der Individualverkehr unter gleichzeitiger Berücksichtigung des Fußgänger- und Radfahrverkehrs so aufeinander abgestimmt werden, daß ein flüssiger und wirtschaftlicher Gesamtverkehr sichergestellt ist?

---

[26] BT-Drucks. V/443.
[27] BT-Drucks. IV/2661 und IV/3602.

Wie können die Schwierigkeiten bei der Unterbringung des ruhenden Verkehrs behoben werden?

Wie kann die private Initiative zur Errichtung von Anlagen für den ruhenden Verkehr gefördert werden?

In welchem Umfang können die innerstädtischen Verkehrswege durch die Erschließung weiterer Verkehrsebenen entlastet werden?

Früher gab es im Bereich der Regierungstätigkeit zahlreiche Gebiete, in denen es niemandem eingefallen wäre, einen Sachverständigen um Rat zu fragen. Sie galten als reine Domäne der Politik und damit der persönlichen Erfahrung, des Talents, der Intuition, wenn nicht gar des Genies des Staatsmanns. Heute ist das anders. Immer mehr setzen sich die Erkenntnis und das Bewußtsein durch, daß es kaum noch einen Bereich der Regierungstätigkeit gibt, der ohne hoch spezialisierten Sachverstand gemeistert werden könnte. Dies gilt nicht nur auf Gebieten, die erst die jüngste Entwicklung von Wissenschaft und Technik zu einem Betätigungsfeld der Politik werden ließen, wie im Weltraum, sondern auch für so klassische Domänen der großen Politik wie die Verteidigung und die internationalen Beziehungen[28].

Auf dem Gebiet der Sicherheit, der Abrüstung und der Rüstungskontrolle sind zahlreiche Aufgaben nur mit subtilem Sachverstand zu lösen. Erinnert sei lediglich an die Frage der Erweiterung des Teststoppabkommens auf unterirdische Versuche oder die Nichtverbreitung von Kernwaffen.

Sowohl die Maßnahmen der militärischen als auch der zivilen Verteidigung sind wesentlich von den Vorstellungen über das sog. Kriegsbild abhängig, dessen Erarbeitung ein Zusammenwirken von Experten verschiedener Wissenschaftsgebiete voraussetzt. Zu erinnern ist hier an das berühmt gewordene Hearing mit Professor Weizsäcker u. a. vor dem Innenausschuß des Bundestages aus Anlaß der Behandlung des Entwurfs eines Schutzbaugesetzes[29].

Wieviel Sachverstand nicht nur die Handhabung, sondern auch die gesamte Unterhaltung moderner hochkomplizierter Waffensysteme heute erfordert, hat die Starfighter-Debatte demonstriert[30].

---

[28] Vgl. die Ausführungen von *Speidel* in seinem Vortrag vor der Gesellschaft für Auswärtige Politik, Bad Godesberg, am 18. 9. 1965, abgedruckt in FAZ Nr. 278 vom 30. 11. 1965.

[29] Sitzung des Ausschusses für Inneres gem. m. d. Ausschuß für Kommunalpolitik und Sozialhilfe am 17. Dez. 1964, Prot. Nr. 118 (6. Aussch.) und Nr. 63 (9. Aussch.), S. 12 f.

[30] Vgl. BT-Drucks. V/351 sowie die Debatte des Deutschen Bundestages in der 33. Sitzung vom 24. 3. 1966, StenBer S. 1510 f.

Sachverstand wird auch im Bereich der Außenpolitik immer unentbehrlicher. Mit der reinen diplomatischen Erfahrung alten Stils ist es immer weniger getan. Sachverstand besonderer Art erfordern zahlreiche Bündnisprobleme, insbesondere solche der Integration und der partnerschaftlichen Zusammenarbeit sowie die Beurteilung und Beeinflussung der Verhältnisse im Bereiche der UNO, des afro-asiatischen Raumes und des Ostblocks. Erfolgreiche Außenpolitik wird in zunehmendem Maße von der richtigen Einschätzung struktureller Veränderungen innerhalb dieser Staatenwelt abhängig, wobei nicht nur an Veränderungen auf wirtschaftlichem und kulturellem Gebiet, sondern auch an die Zusammensetzung der führenden Schichten in den einzelnen Staaten zu denken ist. Die Beobachtung und Beurteilung der „Weiterentwicklung der Sowjetwirtschaft im Spannungsfeld zwischen Ideologiebedingtheit und Reformbedürfnis" stellt in zunehmendem Maße einen Gegenstand wirtschaftswissenschaftlicher, kybernetischer, soziologischer und auch sowjetologischer — nicht kremlastrologischer! — Forschung dar[31].

4. Auch die fortschreitende Integration Europas und die darüber hinausgehende internationale Verflechtung wirken im Sinne einer Steigerung des Bedarfs an einschlägigem behördlichen Sachverstand.

5. Zu erwähnen ist weiter die Tatsache, daß in zunehmendem Maße — insbesondere auf dem Gebiet der Wirtschaftslenkung und der Wissenschafts- und Bildungsförderung sowie der Raumordnung — eine vorausschauende staatliche Planung erforderlich ist, die in hohem Maße Sachverstand erfordert. Als Beispiele solcher Planungen seien hier lediglich der Kohle-Erdöl-Plan[32], die verschiedenen, im Werden begriffenen Verkehrspläne[33] sowie die Planungen auf dem Gebiet der Forschungs- und Bildungsförderung und der Raumordnung genannt[34].

6. Einen ganz anders gearteten Grund für die Zunahme des „Bedarfs" an behördlichem Sachverstand stellt die zunehmende Bildung von Sachverstand im Bereich der organisierten Interessenvertretungen dar. Der von diesen vielfach ausgehenden Pression auf Organe und Dienststellen des Staates kann oft nur unter Einsatz eines Gegengewichts an zumindest gleichwertigem, wenn nicht überlegenem amtlichen Sachverstand begegnet werden, um die Interessen des Gemeinwohls durchzusetzen.

---

[31] So *Speidel*, a.a.O.

[32] Entwurf eines Gesetzes zur Sicherung des Steinkohlenabsatzes in der Elektrizitätswirtschaft, BR-Drucks. 163/66.

[33] Vgl. *Kölble*, Pläne im Bundesmaßstab oder auf bundesrechtlicher Grundlage, in *Kaiser*, Planung I, 1965, S. 91 ff., insbes. S. 105 f.

[34] Vgl. *Kölble*, ebd., S. 110 f. und S. 112 f.

7. Zu erwähnen ist schließlich noch die zwangsläufige Technisierung und Automatisierung der Verwaltungsorganisation sowie der Hinzutritt gänzlich neuer Tätigkeitsarten — wie etwa der Öffentlichkeitsarbeit —, die zusätzlichen behördlichen Sachverstand auf besonderen Gebieten erfordern.

III. Zunehmende Bedeutung der Rechtskunde

Neben dem wachsenden „Bedarf" an — außerrechtlichem — Sachverstand registrieren wir in der Ministerialverwaltung heute auch eine zunehmende Bedeutung der Rechtskunde auf verschiedenen Spezialgebieten.

1. Der Hauptgrund ist in der wachsenden Zahl der Gesetze und der Rechtsverordnungen zu suchen. Diese Entwicklung kommt anschaulich in einem Vergleich des Umfangs der Jahrgänge des Bundesgesetzblattes zum Ausdruck. Im Jahre 1949/50 umfaßte das Bundesgesetzblatt 826 Seiten, im Jahre 1960 waren es bereits mehr als 1000 und im Jahre 1965 weit über 2000 Seiten!

2. Ein weiterer Grund für die wachsende Bedeutung spezialisierter Rechtskunde im Bereich der Ministerialverwaltung ist die, weitgehend verfassungsrechtlich bedingte, Entwicklung der Gerichtsbarkeit — namentlich der Verwaltungs- und Verfassungsgerichtsbarkeit — und die dementsprechende Entfaltung der höchstrichterlichen und sonstigen Rechtsprechung.

3. Jede Zunahme des Bestands an Rechtsnormen und an Judikatur zieht zwangsläufig ein gewisses Anwachsen des Rechtsschrifttums nach sich. Dabei muß leider auch die magische Wirkung in Rechnung gestellt werden, die ein weißes Blatt Papier durch den Anreiz auszuüben pflegt, es mittels eines den eigenen Kreislauf und den der Leser gefährdenden komplexen Vorgangs in ein Stück bedruckten Papiers zu verwandeln. Als gelegentlich schreibender Praktiker — um einen liebenswürdig-maliziösen Ausdruck Ipsens zu verwenden — kann ich dies sagen, ohne mich dem Vorwurf böswilliger Kritik an den Vertretern des Rechtsschrifttums auszusetzen.

4. Der innerstaatliche, ohnehin schon äußerst umfängliche Rechtsstoff wird weiter vermehrt durch die Zunahme der unmittelbar wirkenden oder der wenigstens von der Verwaltung zu berücksichtigenden Rechtsnormen des Europarechts[35] sowie des herkömmlichen Völkerrechts, dessen Umfang durch den fortlaufenden Abschluß neuer, zum Teil äußerst detaillierter bilateraler und multilateraler internationaler Verträge ständig zunimmt.

---

[35] Vgl. *Ophüls*, Quellen und Aufbau des Europäischen Gemeinschaftsrechts, NJW 1963, S. 1697.

5. Erwähnt sei in diesem Zusammenhang schließlich noch die Kompliziertheit unserer Verfassungsordnung, die immer speziellere Kenntnisse erfordert, um die Rechts- und Formrichtigkeit der staatlichen Maßnahmen zu gewährleisten. Dies gilt nicht nur für die nach außen wirkenden Maßnahmen, sondern auch für den verwaltungsinternen Verkehr, namentlich im Verhältnis des Bundes zu den Ländern. Interessant ist in diesem Zusammenhang, daß die Zunahme zentraler staatlicher Gesamtplanungen zwar in erster Linie den behördlichen „Bedarf" an außerrechtlichem Sachverstand steigert. In gewissem Sinne erhöht diese Entwicklung aber auch die Bedeutung der Rechtskunde, da die Planung in zunehmendem Maße sowohl rechtsstaatliche Probleme im Verhältnis der öffentlichen Gewalt zum Staatsbürger als auch solche der innerstaatlichen Koordination aufwirft, die sich aus unserer bundesstaatlichen Ordnung und der Gewährleistung der kommunalen Selbstverwaltung ergeben.

Alles in allem genommen erweist sich somit, daß der Rechtskundige in der Verwaltung, soweit er über besonders spezialisierte Rechtskenntnisse auf dem einen oder anderen Gebiet verfügt, mehr und mehr zu einem juristischen Sachverständigen wird und damit an dem Glanz — vielleicht aber auch an dem Elend — des Sachverständigen innerhalb der Verwaltung teilnimmt — ein Vorgang, auf den bereits Forsthoff[36] hingewiesen hat.

IV. Hypertrophie des Rechtsstoffs und mangelnde Verwaltungserfahrung der Ministerialinstanz?

Diejenigen unter Ihnen, die nicht selbst der Ministerialverwaltung angehören, werden — wie ich annehmen möchte — spätestens an dieser Stelle meiner Ausführungen die Frage nicht länger unterdrücken können, ob es nicht in der Ministerialverwaltung des Bundes zwar viel subtilen Sachverstand und spezialisierte Rechtskunde, aber zu wenig an praktischer Verwaltungserfahrung und gesundem Verwaltungsverstand gebe. Dies wirke sich, so werden Sie vielleicht sagen, in einer dauernden Zunahme und Perfektionierung des von oben nach unten fließenden Stroms an Gesetzen, Rechtsverordnungen, allgemeinen Verwaltungsvorschriften, Plänen und sonstigen Willensimpulsen aus, die von den zur Ausführung berufenen Verwaltungseinrichtungen der mittleren und unteren Stufen schlechthin nicht mehr bewältigt werden können.

---

[36] Der Jurist in der industriellen Gesellschaft, in: Rechtsstaat im Wandel, Stuttgart 1964, S. 185 ff.

Die angebliche Hypertrophie und Überperfektionierung der Rechtsetzung ist wiederholt kritisiert worden[37]. Auch ich möchte mich hier beileibe nicht zu ihrem Verteidiger machen. Die Gerechtigkeit gebietet es jedoch, zu erwähnen, daß die Ursachen dieser Entwicklung sehr verschiedenartige sind.

Sie hat zunächst einmal einen verfassungsrechtlichen Grund, und zwar den sog. Vorbehalt des Gesetzes. Seinem herkömmlichen Inhalt nach besagt er zwar nur, daß Eingriffe in Freiheit und Eigentum durch Gesetz oder Rechtsverordnung sanktioniert sein müssen[38]. Bekanntlich wird aber von Vertretern der Staatsrechtslehre, einer Erweiterung des traditionellen Umfangs des Gesetzesvorbehalts über die Eingriffsverwaltung hinaus bis weit hinein in die Bereiche der leistungsgewährenden Verwaltung das Wort geredet[39]. Der hierin zum Ausdruck kommende Argwohn gegen die öffentliche Verwaltung geht m. E. mitunter über das unserer freiheitlich demokratischen Verfassungsordnung und dem Rechtsstaatsprinzip entsprechende Maß an gesundem Mißtrauen gegen den Menschen als Träger öffentlicher Gewalt hinaus. Jedenfalls führt er nicht selten dazu, daß Regierungsentwürfe durch die parlamentarische Behandlung keine „Entschlackung", sondern eine weitere Komplizierung und Perfektionierung erfahren.

Eine weitere Ursache der Gesetzeshochflut ist aber auch das Verlangen des Bürgers danach, daß die seine soziale Sicherheit betreffenden Vorschriften so umfassend und genau wie möglich in Rechtssätzen niedergelegt und damit stabilisiert und justitiabel gemacht werden.

Schließlich stellt sich die Fülle des Rechtsstoffs auch insofern als das Ergebnis einer zwangsläufigen Entwicklung und als eine notwendige Begleiterscheinung der Moderne dar, als sich in ihr nur die immer komplizierter werdenden allgemeinen Lebensverhältnisse widerspiegeln.

Es bedeutet daher eine nicht ganz zutreffende Vereinfachung des Problems, wenn die Gesetzeshochflut im wesentlichen allein mit dem Hang der an der Gesetzgebung beteiligten Bürokratie zum Perfektionismus „erklärt" wird. Damit soll nicht geleugnet werden, daß ein solcher Hang, wo er bestehen sollte, dringend der Remedur bedarf. In An-

---

[37] Z. B. von *Helmut Schmidt*, in: „Die Zeit" Nr. 3 vom 14. 1. 1966, und von *Claussen*, in: „Die Zeit" Nr. 11 vom 11. 3. 1966.

[38] Vgl. BVerfGE 8 S. 155 f., insbes. S. 167.

[39] S. neuerdings zu dem Thema das Referat von *Vogel* über „Gesetzgeber und Verwaltung" auf der Staatsrechtslehrertagung vom Oktober 1965, sowie *H. Peters*, Die Verwaltung als eigenständige Staatsgewalt, 1965; vgl. auch *Ipsen*, Öffentliche Subventionierung Privater, 1956, S. 41 f., sowie *Köttgen* a.a.O. S. 53 f.

betracht der komplexen Gründe der Gesetzeshochflut darf man aber davon allein keine Wunderwirkungen erhoffen.

Ich verkenne dabei durchaus nicht, daß die Gesetzeshochflut sowohl für die Verwaltung als auch für den Staatsbürger Probleme aufwirft, die schon heute zum Teil nicht mehr gemeistert werden können und daß Abhilfe daher dringend geboten ist. Vielleicht haben wir es hier allerdings weniger mit einem Problem der Überfülle des Rechtsstoffes als vielmehr mit einem solchen des Fehlens einer modernen Dokumentation zu tun. Eine solche müßte es ermöglichen, den immer umfänglicher werdenden Rechtsstoff unter Entlastung des in der Tat allmählich überforderten menschlichen Gehirns schnell, vollständig und zuverlässig zu erfassen und auf die richtige Stellung einer Frage zwar nicht immer die fertige Antwort, wohl aber eine übersichtliche Zusammenstellung aller für die Beantwortung in Betracht kommenden Rechtsnormen und — soweit möglich — auch der einschlägigen gerichtlichen Entscheidungen und rechtswissenschaftlichen Meinungsäußerungen zu liefern — und zwar nur dieser, also befreit von dem Ballast, den wir alle beim Nachschlagen des Gesetzestextes oder beim Nachlesen einer Entscheidung oder eines Kommentars immer wieder ohne Nutzen mit zu verarbeiten gezwungen sind. Die Schaffung einer solchen Dokumentation scheint mir im übrigen auch ein Erfordernis des Rechtsstaats zu sein, dessen Wesen u. a. in der Überschaubarkeit des Rechtsstoffs und in der Voraussehbarkeit der Entscheidung besteht. Die herkömmlichen Methoden, wie Register, Fundstellen-Verzeichnisse, Bibliographien oder Karteien alten Stils reichen, so gut und verdienstvoll sie im einzelnen sein mögen, auf die Dauer nicht mehr aus. Was wir brauchen, ist eine nach einheitlichen Gesichtspunkten organisierte laufende Dokumentation des gesamten Rechtsstoffs, die mittels moderner technischer Hilfsmittel wie der Lochkarte oder vielleicht noch besser des Lochstreifens allen mit dem Recht befaßten Stellen zur Verfügung steht und auch von dem an der Beantwortung einer ihn betreffenden Rechtsfrage interessierten Staatsbürger nutzbar gemacht werden kann.

Wenn gelegentlich kritisiert wird, daß es mitunter an einer ausreichenden Verbindung des subtilen Sachverstands der Ministerialinstanz mit der praktischen Verwaltungserfahrung und dem gesunden Verwaltungsverstand der mittleren und unteren Verwaltungsbehörden fehle, so mag diese Kritik hier und da durchaus berechtigt sein. Lassen Sie mich aber zugleich hinzufügen, daß, soweit bei der Ministerialverwaltung des Bundes ein solcher Mangel bestehen sollte, er seinen Grund jedenfalls nicht in der Unterschätzung der Bedeutung der praktischen Verwaltungserfahrung gerade auch für die Tätigkeit der Ministerialverwaltung hat. Der Hauptgrund dürfte vielmehr in der — ich möchte fast sagen: schottendichten — Abkapselung der Beamtenkörper des

Bundes, der Länder und der Gemeinden untereinander zu suchen sein. Diese Abkapselung wird nur wenig dadurch aufgelockert, daß in dankenswerter Weise die Personalverwaltungen namentlich einzelner Länder dazu bereit sind, jüngere Landesbeamte vorübergehend in den Bundesdienst abzuordnen. Einen nur unvollkommenen Ausgleich der fehlenden Kommunikation zwischen den einzelnen Beamtengruppen stellt auch die durch meinen verehrten früheren Staatssekretär Ritter von Lex eingeführte sog. „Kinderlandverschickung" dar, die darin besteht, von jedem jungen Beamten, der in den Dienst des Bundesinnenministeriums eintritt, zunächst einen mindestens einjährigen Dienst in einer mittleren oder unteren Verwaltungsbehörde zu fordern. Es wäre daher wünschenswert, wenn es gelänge, die Kommunikation zwischen den Beamtenkörpern des Bundes, der Länder und der Gemeinden auf die Dauer stärker als es bisher der Fall ist, zu intensivieren. Ich bin mir dessen bewußt, wie viele nicht nur rechtliche und organisatorische, sondern auch beamtenpolitische, psychologische und sonstige Gründe einer solchen Kommunikation entgegenstehen. Gleichwohl erschiene es mir verfrüht, die Hoffnung darauf aufzugeben, daß sie im Laufe der Zeit bei ehrlichem beiderseitigen Bemühen erreicht werden kann. Auf ein solches Bemühen verzichten, hieße den Gedanken der ideellen Einheit der deutschen öffentlichen Verwaltung endgültig preisgeben, einer Einheit, die — wie gerade die Veranstaltungen dieser Hochschule zeigen — immer noch eine lebendige Realität darstellt.

V. Verwaltungseigener Sachverstand und Verantwortung

1. Die „traditionelle" Form der Deckung des „Bedarfs" der Ministerialverwaltung an Sachverstand stellt die Spezialisierung der Verwaltungsorganisation durch Einrichtung entsprechender Fachreferate, Fachunterabteilungen oder Fachabteilungen innerhalb der einzelnen Ministerien — gegebenenfalls unter Bildung von Sonderministerien — dar. Die Organisationsübersichten der einzelnen Bundesministerien — die sog. „Spinnen", die mitunter mehr an Tausendfüßler erinnern — vermitteln davon ein anschauliches Bild.

Die Spezialisierung stellt eines der beiden fundamentalen Struktur- und Funktionsprinzipien der deutschen Ministerialverwaltung dar. Sein Sinn läßt sich kurz so charakterisieren: Gewährleistung der Tatsachen-, Sach-, Rechts- und Formrichtigkeit der ministeriellen Maßnahmen durch Prüfung des Gegenstands unter sämtlichen praktisch in Betracht kommenden Gesichtspunkten seitens verschiedener, jeweils für den einzelnen Gesichtspunkt besonders spezialisierter Beamter. Es handelt sich also um eine Art von Mosaik-Prinzip.

Dieses System findet in den Akten der Ministerien seinen sinnfälligen Ausdruck in den sog. Mitzeichnungskästchen am Fußende der Entwürfe, deren Zahl einen sicheren Anhalt für Schwierigkeit und Kompliziertheit der betreffenden Entscheidung liefert.

Soweit eine Angelegenheit den Geschäftsbereich eines einzelnen Bundesressorts überschreitet, wird das System der Mitzeichnung ergänzt durch das der Ressortbesprechungen, das zum Teil in Gestalt interministerieller Ausschüsse institutionalisiert ist. Dabei ergibt sich durch die gleichzeitige Betrachtung eines Gegenstandes unter ganz verschiedenen Gesichtspunkten nicht nur eine Abrundung des Bildes, sondern nicht selten auch ein ganz neuer Aspekt, der u. U. zu einer anderen Beurteilung des Gesamtkomplexes zwingt.

2. Das andere fundamentale Struktur- und Funktionsprinzip der deutschen Ministerialverwaltung stellt das sog. hierarchische Prinzip dar. Nicht ganz verständlich ist mir dabei, warum sich für dieses Prinzip keine andere als diese Bezeichnung eingebürgert hat. Denn mit einer „Herrschaft der Heiligen", wie es dem Wortsinn entsprechen würde, hat es, wenn überhaupt, dann wohl nur in ganz wenigen säkularen Ausnahmefällen etwas gemein.

Seinen äußeren Ausdruck findet auch dieses Prinzip auf den schon erwähnten Organisationsübersichten in Gestalt der durchlaufenden Striche, die vom Minister über den Staatssekretär und die Abteilungsleiter und Unterabteilungsleiter bis hinab zu den Referenten als den kleinsten, bis zu einem gewissen Grade verselbständigten, Einheiten des Ministeriums führen. Die Organisationsübersichten lassen zugleich auch die für den Führungsstil des betreffenden Ministers oder Staatssekretärs recht aufschlußreichen Abweichungen von dem allgemeinen Prinzip in Gestalt der dem Minister oder Staatssekretär unmittelbar unterstellten Referate erkennen. Zumeist handelt es sich dabei — abgesehen von den persönlichen Referenten — um Kabinettreferate oder Referate für Öffentlichkeitsarbeit sowie um Prüfungsstellen.

In den ministeriellen Akten manifestiert sich das hierarchische Prinzip sinnfällig in der Farbe der Paraphen in den Mitzeichnungskästchen sowie in den Leit- und Randvermerken, da Grün dem Minister, Rot dem Staatssekretär, Blau den Abteilungsleitern und Braun den Unterabteilungsleitern vorbehalten ist, während die Referenten, Hilfsreferenten und Sachbearbeiter sich mit dem schlichten Schwarz oder Grau des Kugelschreibers behelfen müssen.

3. Das Nebeneinander dieser beiden Struktur- und Funktionsprinzipien — des Prinzips der Spezialisierung und des Prinzips der Hierarchie — bezeichnet ein weiteres Spannungsfeld, das im Rahmen dieser Darlegungen von besonderem Interesse ist.

Das hierarchische Prinzip schließt es zwar nicht aus, daß der Sachverständige — als Referent, Unterabteilungsleiter, Abteilungsleiter, evtl. auch als Staatssekretär — eine sein Fachgebiet betreffende Entscheidung selbst verantwortlich trifft oder selbst verantwortlich darüber befindet, ob ein Entwurf vorgelegt, ein Vorschlag gemacht, eine Mitteilung herausgegeben werden soll oder dergleichen.

Oft wird die verantwortliche Entscheidung jedoch nicht bei dem Sachverständigen, sondern bei einem seiner für die eine oder andere Einzelfrage nicht oder weniger sachverständigen Vorgesetzten liegen.

Das kann drei Gründe haben:

a) Es kann darauf zurückzuführen sein, daß der Inhalt der betreffenden Entscheidung „wichtig", „besonders wichtig" oder „von grundsätzlicher politischer Bedeutung" ist und sie daher von der Gemeinsamen Geschäftsordnung der Bundesministerien[40] dem Unterabteilungsleiter, Abteilungsleiter, Staatssekretär oder Minister vorbehalten wird.

b) Es kann sich um eine komplexe Entscheidung handeln, bei der außer einem bestimmten fachlichen Gesichtspunkt auch noch andere Aspekte zu berücksichtigen sind und daher mehrere Referate, Unterabteilungen oder Abteilungen beteiligt werden müssen, so daß eine Koordinierung auf höherer Ebene erforderlich ist. Reicht die Angelegenheit über den Geschäftsbereich eines Bundesministeriums hinaus, so kann sich die Notwendigkeit einer Koordinierung in interministeriellen Abteilungsleiterbesprechungen oder, wenn es sich um sog. „Chefpunkte" handelt, auf noch höherer Ebene ergeben. Auch hier haben sich zum Teil institutionalisierte Formen der Koordination in Gestalt von interministeriellen Ausschüssen, Staatssekretärausschüssen oder Kabinettausschüssen herausgebildet.

c) Schließlich kann ein besonderer Schlußzeichnungsvorbehalt durch den Vorgesetzten — evtl. auch in der etwas milderen Form des „Vor Abgang" — vorliegen.

Auf diese Weise soll sichergestellt werden, daß das analytische Prinzip der Spezialisierung durch das konstruktive der Synthese ergänzt wird. Auch zur Veranschaulichung dieses Vorgangs scheint mir das Mosaik-Bild verwendbar zu sein.

Das Spannungsfeld, von dem hier die Rede ist, hat gewissermaßen zwei Seiten, je nachdem, ob es von dem sachverständigen Untergebenen oder dem verantwortlich entscheidenden Vorgesetzten her gesehen wird.

---

[40] GGO I, §§ 37 f.

Auf der einen Seite wird es dadurch gekennzeichnet, daß der Sachverständige nicht nur, wie bereits eingangs ausgeführt wurde, an die politischen Direktiven des Ministers, des Kabinetts oder des Regierungschefs gebunden, sondern darüber hinaus auch in die „Linie“ der Beamtenhierarchie eingeordnet ist, und damit den Weisungen seiner in der Regel für Einzelfragen nicht im eigentlichen Sinne sachverständigen, jedenfalls aber nicht gleichermaßen spezialisierten Vorgesetzten auch dann unterliegt, wenn seine Beurteilung von der ihren mehr oder weniger weitgehend abweicht.

Von der Seite der Vorgesetzten her erscheint das Problem als die je nach der Veranlagung des Einzelnen mehr oder weniger schwer empfundene Last, über Einzelfragen verantwortlich entscheiden zu müssen, deren ganze Tragweite man aus eigener unmittelbarer Sachkenntnis nicht oder wenigstens nicht in dem gleichen Maße zu übersehen und zu beurteilen vermag wie der sachverständige Untergebene, auf dessen Votum man sich verlassen muß, ohne dadurch der eigenen Verantwortung nach oben und nach außen ledig zu werden, oder von dessen Votum man u. U. sogar gezwungen ist abzuweichen, wenn andere vorrangig erscheinende Gesichtspunkte, insbesondere solche des Gemeinwohls, dazu zwingen.

Ich bin mir dabei dessen bewußt, damit schon zum zweitenmal im Rahmen dieser Ausführungen einen Begriff verwandt zu haben, dessen Inhalt nicht evident ist und dessen Bestimmung in einer pluralistischen Gesellschaftsordnung wie der unseren besondere Schwierigkeiten bereitet. Ohne damit den Versuch einer abschließenden Definition unternehmen zu wollen, sei hier lediglich bemerkt, daß mir eine materielle Inhaltsbestimmung des Begriffs, die des consensus omnium gewiß sein könnte, kaum noch möglich erscheint. Erfolgversprechender dürfte es daher m. E. sein, sich um eine formelle Begriffsbestimmung zu bemühen. Danach würde man unter einer am Gemeinwohl — oder dem „Wohl der Allgemeinheit“ im Sinne des § 52 Abs. 1 des Bundesbeamtengesetzes — orientierten Betrachtungsweise eine solche zu verstehen haben, bei der gewährleistet ist, daß bei einer Entscheidung nicht nur ein bestimmter fachlicher, politischer, interessenbedingter oder sonstiger einzelner Gesichtspunkt zum Tragen kommt, sondern alle Gesichtspunkte, die Berücksichtigung verdienen, angemessen gewürdigt und soweit als möglich zum Ausgleich gebracht werden.

Es erweist sich somit, daß es neben der Verantwortung des Sachverständigen, als eine solche anderer Art, die des verantwortlich entscheidenden Vorgesetzten gibt. Entscheidet der Sachverständige nicht selbst verantwortlich, so trägt er nur die Verantwortung für die Sachrichtigkeit seines Votums, wobei die Frage der Realisierung dieser Verantwortung im gegebenen Fall hier auf sich beruhen mag. Den verantwortlich entscheidenden Vorgesetzten dagegen trifft die — ganz anders geartete — Verantwortung für die angemessene Berücksichtigung der Gesamtheit der verschiedenen in Betracht kommenden Gesichtspunkte, für ihre sachgerechte Koordination und am Gemeinwohl orientierte Integration. Von dem Inhalt der Gesamtverantwortung des Behördenchefs in den Fällen, in denen er nicht selbst verantwortlich entscheidet, sei hier lediglich so viel bemerkt, daß sie einer Haftung für die culpa in eligendo et custodiendo vergleichbar erscheint[41].

4. Die Erkenntnis von der Verschiedenartigkeit der Sachverantwortung und der — sit venia verbo — Koordinations- bzw. Integrationsverantwortung legt die Frage nach den personalpolitischen Konsequenzen nahe. Ich komme damit zu dem Problem des sog. Juristenmonopols in der Ministerialverwaltung. Bei näherem Zusehen erweist sich, daß von einem Juristenmonopol im strengen Wortsinn nicht gesprochen werden kann, daß aber wohl ein gewisses Übergewicht der Juristen in den leitenden Funktionen der Ministerialverwaltung des Bundes besteht.

Von 25 amtierenden Bonner Staatssekretären sind zur Zeit nur 8 keine Juristen. Die Abteilungen innerhalb der Bonner Ministerien werden ebenfalls zum überwiegenden Teil von Juristen geleitet. Im Bundesministerium des Innern, im Bundesministerium der Justiz und im Bundesministerium der Finanzen — also in drei klassischen Ressorts — ist dies sogar ausnahmslos, im Auswärtigen Amt weitestgehend der Fall. Im Bundesministerium der Verteidigung — dem fünften klassischen Ressort — lag die Leitung sämtlicher zivilen Hauptabteilungen und Abteilungen bis vor kurzem ebenfalls in den Händen von Juristen. Erst neuerdings ist die Leitung der Personalabteilung mit einem Offizier besetzt worden, wobei jedoch der Vorbehalt gemacht wurde, daß es sich dabei um eine Wechselstelle handele. Etwas anders ist das Bild in den übrigen Bundesressorts. Im Bundesministerium für Verkehr sind von 9 Abteilungsleitern 3, im Bundesministerium für Wirtschaft von 8 Abteilungsleitern 3, im Bundesministerium für Ernährung, Landwirtschaft und Forsten von 7 Abteilungsleitern 4 und im Bundesministerium für wissenschaftliche Forschung von 4 Abteilungsleitern 2 Nichtjuristen. Was den Gesamtanteil der Juristen und der anderen akademischen Berufe am höheren Dienst in den Bundesministerien angeht, so dürfte er nach Abzug von im Schnitt ca. 10 % Aufstiegsbeamten etwa bei 70 bis 75 % Juristen und ca. 25 bis 30 % Nichtjuristen liegen. Dabei ist eine gewisse Tendenz zur Zunahme des Anteils der Nichtjuristen unübersehbar, die

---

[41] Zum Begriff der Verantwortung und der Verantwortlichkeit vgl. *N. Luhmann*, Funktion und Folgen formaler Organisation — Schriftenreihe der Hochschule für Verwaltungswissenschaften Speyer, Bd. 20, Berlin 1964, S. 172 f.

auch bereits in gewissen Erleichterungen der Übernahmebedingungen für Nichtjuristen in den höheren öffentlichen Dienst im Bereich der allgemeinen inneren Verwaltung ihren Ausdruck gefunden hat.

Wenn bisher überwiegend Juristen mit leitenden Funktionen innerhalb der Ministerialverwaltung betraut werden, so hat dies seinen Grund jedenfalls nicht darin, daß die Betreffenden über besonders spezialisierte Rechtskenntnisse verfügen, also juristische Sachverständige sind. Die Gewähr für die Rechts- und Formrichtigkeit ministerieller Maßnahmen bietet nicht die Betrauung eines Juristen mit einer leitenden Funktion, sondern die Einschaltung des Justitiars oder des für das betreffende Rechtsgebiet in Betracht kommenden Spezialjuristen.

Die Bevorzugung von Juristen bei der Besetzung leitender Stellen hat vielmehr ihren Grund darin, daß man sie auf Grund ihrer Ausbildung im allgemeinen für besonders geeignet zur Wahrnehmung der an diesen Stellen zu erfüllenden ausgleichenden Koordinations- und Integrationsfunktionen hält.

Der Sachverständige für das eine oder andere Fachgebiet gilt in der Regel nicht zuletzt deshalb als weniger berufen zur Wahrnehmung dieser Funktionen, weil er als Fachmann naturgemäß mehr dazu neigt, die besonderen Gesichtspunkte seines Spezialgebiets zu berücksichtigen und überzubewerten, ja u. U. sogar für schlechthin ausschlaggebend zu halten.

In diesem Zusammenhang ist von Interesse, daß ähnliche Überlegungen offenbar auch hier und da in der Wirtschaft angestellt werden, wie das folgende, kürzlich in der Tagespresse erschienene[42] Stellenangebot zeigt:

„Wir wollen die Leitung unseres Lebensmittelforschungslabors einem Nichtchemiker übertragen. Was ist der Grund? Wir haben bisher mit gutem Erfolg an der Verbesserung unserer Produkte gearbeitet. Jetzt wollen wir etwas völlig Neues: Forschen nach neuen Erzeugnissen, die der Markt braucht. Wir benötigen jemanden, der das im Teamwork aus den Chemikern herausholt. Wir haben Anregungen und suchen jemanden, der sie mit Hilfe der Wissenschaftler verwirklicht. Einen Mann, der organisieren kann, koordinieren, begeistern mit Fingerspitzengefühl, Takt und doch natürlicher Autorität. Dies könnte noch am ehesten ein Wirtschaftler mit Kenntnissen in Operations-research-Techniken."

Das schließt selbstverständlich nicht aus, daß im Ausnahmefall auch der spezialisierte Fachmann im engeren Sinne sich gut für die Wahrnehmung einer leitenden Ministerialfunktion eignet. Dies wird

[42] FAZ Nr. 299 vom 24. 12. 1965.

u. U. in Zukunft deshalb in höherem Maße der Fall sein als bisher, weil — wie bereits verschiedentlich angedeutet wurde — die zentrale Gesamtplanung innerhalb der Aufgaben der Ministerialverwaltung immer mehr und mehr an Bedeutung gewinnt und hier, wie mir scheint, primär eine Domäne des Sachverständigen gegeben ist. Auch insoweit scheint eine gewisse Parallelität der personalpolitischen Problematik in der Ministerialverwaltung und beim sog. top-management der Wirtschaft zu bestehen. Dafür spricht jedenfalls ein kürzlich in der Tages- und Fachpresse[43] veröffentlichtes Stellenangebot, in dem es u. a. wörtlich heißt:

„Analytisches und konstruktives Denken, realistische Phantasie, praktische Veranlagung sowie Fähigkeit zu überzeugen, das sollten wesentliche Eigenschaften des künftigen Leiters unserer Stabsabteilung Langfristige Unternehmensplanung sein. Wir meinen, daß Sie eine akademische Ausbildung mit guten Examina haben sollten. Ob sich ein Dr. Ing. (Dipl. Ing.) mit ökonomischem Sinn oder ein Volks- oder Betriebswirt mit technischem Einfühlungsvermögen bewirbt, oder ob Sie über einen anderen Ausbildungsweg der Aufgabe gewachsen sind, ist nicht entscheidend ..."

Ob deshalb schon von einer „Juristendämmerung" in der Ministerialverwaltung gesprochen werden kann, erscheint mir allerdings zweifelhaft, und zwar nicht zuletzt deshalb, weil auch die zentrale Gesamtplanung aus den bereits dargelegten Gründen der Mitwirkung des Juristen bedarf.

Dagegen zeichnet sich eine andere Entwicklung am Horizont ab, die auf die Dauer möglicherweise die gesamte Situation auch in personalpolitischer Hinsicht grundlegend verändern kann. Ich meine die Entwicklung der Wissenschaft und Technik von der mathematisch exakten Stellung und der ebenso exakten Lösung der Probleme nicht nur der Wirtschaft, sondern auch der Regierung und Verwaltung, die namentlich in den USA unter der Bezeichnung operations research bekannt geworden ist. Das Bundesministerium der Verteidigung hat in der Z. O. R. — Zentrale Operations Research — damit begonnen, sich die amerikanischen Erfahrungen zunächst vor allem durch Schulung von Führungskräften auf dem Gebiet des Verteidigungswesens zunutze zu machen. Es bleibt abzuwarten, welche Erfahrungen sich hier ergeben, und ob damit in der Tat eine Entwicklung eingeleitet worden ist, die auf die Dauer u.U. zu grundlegenden Veränderungen der Führungsstruktur auch der Ministerialverwaltung führen wird. Wird am Ende sowohl der Jurist als auch der Sachverständige durch das sog.

---

[43] Ebd., sowie in: Der Volkswirt 1966, S. 33.

scientific management und den Operations-research-Techniker abgelöst?

5. Es ist nicht die Aufgabe dieses Referats, auf die Frage der Notwendigkeit und der Möglichkeiten der Reform der Organisation der Ministerialverwaltung einzugehen. Es sei daher hier lediglich angedeutet, daß es eine Reihe organisatorischer Probleme in der Ministerialverwaltung gibt, die zum Teil im Zusammenhang mit Fragen einer etwaigen Reform der Kabinettsorganisation und letztlich auch einer Parlamentsreform gesehen werden sollten.

Zu erwähnen ist z. B. die Frage, ob es sich empfiehlt, in einzelnen Ministerien — ähnlich wie es das Auswärtige Amt bereits versucht hat — Planungsabteilungen — besser sollte man vielleicht von Planungsstäben sprechen — einzurichten[44]. Dabei kommt es u. a. darauf an, daß die diesen Stäben angehörenden Beamten einerseits den Kontakt mit der praktischen Alltagsarbeit des Ressorts nicht verlieren, andererseits aber genügend Zeit, Arbeitskraft und inneren Abstand behalten, um vorausschauende, schöpferische Planungskonzeptionen zu entwickeln.

Von anderer Seite[45] ist bereits auf die in den USA entwickelte sog. Staff-line- oder Line-staff-Form der Verwaltungsorganisation hingewiesen worden, deren Wesen offenbar darin besteht, eine Zusammenarbeit zwischen mit Entscheidungsbefugnissen und Weisungsgewalt ausgestatteten Beamten bzw. Managern einerseits und nicht in die hierarchische Ordnung eingebauten spezialisierten Experten andererseits in unmittelbarer Nähe der Verwaltungs- bzw. Betriebsspitze zu institutionalisieren.

Erwähnt sei weiter die Frage der zweckmäßigsten Organisation der sog. Kabinettsreferate, die dafür zu sorgen haben, daß sämtliche von dem einzelnen Ressort zu berücksichtigenden oder zu wahrenden Gesichtspunkte durch die jeweils zuständigen Referate geprüft und das Ergebnis sowie etwaige Anregungen dem Minister rechtzeitig vor der Kabinettsitzung zugeleitet werden.

Ein einschlägiges Problem stellt schließlich auch die Frage dar, inwieweit es möglich und angebracht ist, die Befugnis zur verantwortlichen Entscheidung, also zur sog. Schlußzeichnung, auch innerhalb der Ministerialinstanz stärker als bisher zu delegieren[46].

---

[44] Vgl. *Emil Guilleaume,* Regierungslehre, in: Der Staat, Zeitschrift für Staatslehre, öffentliches Recht und Verfassungsgeschichte, Bd. 4 (1965), S. 177 ff.

[45] *Emerich Francis,* in seinem Vortrag auf der beamtenpolitischen Arbeitstagung des Deutschen Beamtenbundes im Januar 1966 auf Bühlerhöhe, abgedruckt in FAZ Nr. 62 vom 15. 3. 1966.

[46] *Francis,* a.a.O.

VI. Ergänzung des eigenen Sachverstands der Ministerialverwaltung von außen

Obwohl die Ministerialverwaltung durch eine fortschreitende Spezialisierung einen immer größeren Vorrat an Sachverstand in ihren eigenen Reihen angesammelt hat und weiter ansammelt, ist gleichwohl festzustellen, daß sie in zunehmendem Maße darüber hinaus auch noch auf die großen Reservoire an Sachverstand im gesellschaftlichen Raum — namentlich im Bereich der Wissenschaft, aber auch der organisierten Interessenvertretungen — zurückgreift, um sie bei der Erfüllung staatlicher Aufgaben nutzbar zu machen.

Die Ursachen dieser Entwicklung im einzelnen zu untersuchen, würde hier zu weit führen. Es kann an dieser Stelle lediglich versucht werden, eine kurze Übersicht darüber zu geben, wie diese Entwicklung in Erscheinung tritt und welche Erfahrungen bis jetzt feststellbar sind.

Die Ergänzung des eigenen Sachverstands der Ministerialverwaltung von außen vollzieht sich in verschiedenen Formen.

1. Zunächst ist an die Einholung von Sachverständigengutachten zu denken. Als ein Beispiel aus jüngster Zeit sei hier das sog. Bahngutachten[47] genannt. Soweit die Autorität eines einzelnen Sachverständigen oder Instituts als nicht ausreichend erscheint, kommen Gemeinschaftsgutachten in Betracht. Ein Beispiel stellt die von der Arbeitsgemeinschaft deutscher wirtschaftswissenschaftlicher Forschungsinstitute erstellte Untersuchung über die Entwicklung der gegenwärtigen und zukünftigen Struktur von Angebot und Nachfrage in der Energiewirtschaft der Bundesrepublik unter besonderer Berücksichtigung des Steinkohlenbergbaus dar[48].

2. Die nächsthöhere Stufe stellt die Einsetzung von Ad-hoc-Sachverständigenkommissionen dar. Als Beispiele mögen hier die Parteienrechtskommission, die Wahlrechtskommission, die Staatsangehörigkeitskommission, die Kommission für die große Strafrechtsreform, die Kommission zur Untersuchung der Verkehrsverhältnisse in den Gemeinden und aus letzter Zeit namentlich die Kommission für die Finanzreform dienen.

3. Eine Weiterentwicklung der Form der Ad-hoc-Kommission im Sinne einer Institutionalisierung stellt die Einrichtung ständiger Sachverständigenbeiräte dar. Hier sind als Beispiele vor allem die wissenschaftlichen Beiräte der einzelnen Ministerien zu nennen. In diesen Zu-

---

[47] Erstattet von der Deutschen Revisions- und Treuhand AG, s. Bulletin des Presse- und Informationsamtes der Bundesregierung Nr. 55 und 56 vom 27. und 29. 4. 1966.

[48] In Buchform erschienen im Duncker & Humblodt Verlag, Berlin 1962.

sammenhang gehören außer den wissenschaftlichen Beiräten im engeren Sinne auch solche Einrichtungen wie die Deutsche Atomkommission oder die Deutsche Kommission für Weltraumforschung. Eine bewußt gegenüber der Ministerialverwaltung auch in äußerlicher Hinsicht verselbständigte Form stellt der durch das Gesetz vom 14. August 1963[49] ins Leben gerufene Sachverständigenrat zur Begutachtung der gesamtwirtschaftlichen Entwicklung dar.

4. Eine eigene Gruppe innerhalb der ständigen Sachverständigenbeiräte bilden die sachverständigen Preisrichtergremien. Als Beispiele seien hier lediglich die beim Bundesministerium des Innern bestehenden Preisrichterausschüsse für die Vergabe des Deutschen Filmpreises und für die Vergabe von Kulturfilmprämien des Bundes sowie der sog. Kulturfilmausschuß und der paritätische Ausschuß zur Auswahl der Filme für die Internationalen Filmfestspiele Berlin genannt.

5. Ambivalente Einrichtungen stellen diejenigen Gremien dar, deren Zweck sich nicht darin erschöpft, den behördeneigenen Sachverstand von außen her zu ergänzen, sondern die gleichzeitig auch Kontaktgremien bilden, in denen die Angehörigen der Ministerialverwaltung des Bundes nicht nur mit außerhalb stehenden Sachverständigen, sondern auch mit Repräsentanten verschiedener gesellschaftlicher Gruppen zusammentreffen. Von dem Angehörigen eines Ministeriums wurde das dort bestehende Kontaktgremium daher auch als eine Art Ständeparlament charakterisiert, in dem die beratende Funktion — nicht zuletzt allerdings wegen seiner Größe — sogar zurücktrete. Bemerkenswert ist, daß in diesen Kontaktgremien außer Beamten anderer Bundesbehörden vor allem auch Angehörige der Verwaltungen der Länder und Gemeinden vertreten sind, so daß hier auch eine Möglichkeit der Ergänzung der praktischen Verwaltungserfahrung der Ministerialverwaltung des Bundes besteht. Als Beispiele im einzelnen sehr unterschiedlich zusammengesetzter Gremien dieser Art seien neben dem Sozialbeirat und dem Bundesjugendkuratorium, die beide auf gesetzlicher Grundlage beruhen, vor allem der Beirat für Fragen des gewerblichen Mittelstandes, der Energiekreis, der Bundesgesundheitsrat, der Ständige Ausschuß für die zivile Notstandsplanung, der Verbraucherausschuß, der Ausschuß zur Verbesserung der Agrarstruktur und der Länderfachausschuß Kraftfahrzeugverkehr genannt.

6. Eine Stellung besonderer Art nehmen der Wissenschaftsrat und der Bildungsrat insofern ein, als es sich hier um Einrichtungen handelt, deren Struktur und Funktion durch unsere bundesstaatliche Ordnung und die Kompetenzverteilung zwischen Bund und Ländern auf dem

---

[49] Vgl. Fußnote 6.

Gebiete des Kulturwesens vorgezeichnet sind. Ihr Charakteristikum besteht darin, daß sie gewissermaßen im Niemandsland zwischen Bund und Ländern angesiedelt, also vor allem nicht der Ministerialverwaltung des Bundes zugeordnet sind. Während im Wissenschaftsrat die Angehörigen der Administration und die Vertreter der Wissenschaft auch in organisatorischer Hinsicht eng zusammenarbeiten, ist im Bildungsrat auf Wunsch der Länder demgegenüber eine gewisse Desintegration erfolgt.

7. In gewissem Sinne sind in diesem Zusammenhang auch die sog. ressorteigenen Forschungseinrichtungen zu nennen, die u. a. ebenfalls zu einer Ergänzung des Sachverstandes der Ministerialverwaltung beitragen. Als Beispiele solcher Einrichtungen seien hier lediglich das Bundesinstitut für Reaktor-Sicherheit, die Physikalisch-technische Bundesanstalt, das Bundesamt für Materialprüfung, das Bundesamt für Bodenforschung sowie die Biologische Bundesanstalt für Land- und Forstwirtschaft erwähnt.

8. Die Übersicht wäre unvollständig, wollte man Einrichtungen wie die Stiftung „Wissenschaft und Politik" unerwähnt lassen.

Die Erfahrungen, die bisher mit den geschilderten Einrichtungen gemacht worden sind, wird man im großen und ganzen als durchaus positiv bezeichnen können. So ist vor allem die Tatsache zu werten, daß es auf diese Weise ermöglicht wird, den Sachverstand der besten Fachkenner eines jeden Gebiets bei der Erfüllung staatlicher Aufgaben unmittelbar nutzbar zu machen, ohne sie zu „bürokratisieren".

Weniger positiv ist die gelegentlich erkennbare Tendenz der zu verantwortlicher Entscheidung berufenen staatlichen Instanzen zu beurteilen, sich der erwähnten Institutionen nicht nur als sachverständiger Berater und Diskussionsforen, sondern zugleich auch als einer Art von Rückversicherungseinrichtungen zu bedienen, um sich von der Schwere der eigenen Verantwortung zu entlasten. Es darf daher nicht wundernehmen, wenn hier und da in der Öffentlichkeit der Eindruck entstanden zu sein scheint, daß eine gewisse Verschiebung der Entscheidungsbefugnis von staatlichen Organen und Dienststellen zu Einrichtungen oder Persönlichkeiten des — keiner unmittelbaren demokratischen Verantwortung unterliegenden — gesellschaftlichen Raums stattfinde. Dabei mag hier dahingestellt bleiben, inwieweit mitunter auch gewisse Bestrebungen gesellschaftlicher Kräfte in dieser Richtung bestehen[50].

---

[50] Vgl. den Bericht über die Debatte des Deutschen Bundestages zum Thema „Zweites Jahresgutachten des Sachverständigenrates über die gesamtwirtschaftliche Entwicklung", 21. Sitzung vom 16. 2. 1966. Bundesanzeiger Nr. 34 vom 18. 2. 1966, S. 4 f.

VII. Verlagerung der Verantwortung der Behörden?

Neben Erscheinungen einer unbewußten und nicht gewollten — oder jedenfalls nicht als gewollt eingestandenen — Verlagerung der Verantwortungs- und Entscheidungsbefugnis gibt es andere, bewußte und gewollte — in ihrer Tragweite allerdings offenbar nicht immer ganz übersehene — Vorgänge ähnlicher Art. Die Erwähnung dieser Vorgänge gehört insofern zu unserem Thema, als das Problem „Sachverstand und Verantwortung der öffentlichen Verwaltung" sich nur solange stellt, als die Verantwortung für eine — Sachverstand erfordernde — Entscheidung bei der Behörde liegt und mit der Verlagerung der Entscheidungsbefugnis aus dem staatlichen in den gesellschaftlichen Bereich in dieser Form zu bestehen aufhört.

1. An erster Stelle seien hier solche Institutionen genannt, wie etwa die Frachtenausschüsse der Binnenschiffahrt, die Tarifkommissionen des Straßengüterverkehrs, die Haupt- und Fachausschüsse nach dem Gesetz über die Festsetzung von Mindestarbeitsbedingungen, die Tarifausschüsse nach dem Tarifvertragsgesetz oder die Heimarbeits- und -entgeltausschüsse nach dem Heimarbeitsgesetz. Dabei bin ich mir durchaus dessen bewußt, daß es sich hier im einzelnen um zum Teil sehr verschiedenartige Phänomene handelt, bei denen nicht immer gewiß ist, inwieweit schon die Grenze zwischen der bloß beratenden und der de jure mitentscheidenden oder sogar mehr oder weniger allein entscheidenden Funktion überschritten ist.

2. Des weiteren sind in diesem Zusammenhang solche — gewissermaßen schon traditionellen — Erscheinungen wie Dampfkesselüberwachungsvereine und Technische Überwachungsvereine zu erwähnen, wobei die Kontroverse, inwieweit es sich hier nicht nur um öffentliche, sondern auch um staatliche Aufgaben handelt[51] und somit von „beliehenen Unternehmern" gesprochen werden kann, an dieser Stelle nicht erörtert zu werden braucht.

3. Darüber hinaus zeichnen sich gewisse weitergehende Bestrebungen ab, bisher von Trägern öffentlicher Gewalt wahrgenommene Funktionen zu „privatisieren", ohne daß sich der Umfang, die Intensität und die Dauerhaftigkeit dieser Tendenzen schon hinreichend übersehen oder gar sagen ließe, inwieweit sich hier eine Entwicklung von grundsätzlicher Bedeutung und größerer Tragweite ankündigt. Ich denke hier etwa an eine Kleine Anfrage über die Mitwirkung der frei schaffenden Architekten bei der Planung und Durchführung öffentlicher

---

[51] Vgl. *H. Peters*, Öffentliche und staatliche Aufgaben, in: Festschrift für *H. C. Nipperdey*, Bd. II, München und Berlin 1965, S. 877 ff., insbes. S. 883 ff.

Bauvorhaben[52]. Pressemeldungen zufolge soll z. B. auch erwogen werden oder doch jedenfalls erwogen worden sein, die Finanzierung und bauliche Planung und Errichtung einer neuen Hochschule dem privaten Kredit- und Baugewerbe zu übertragen. In der Tagespresse wird wiederholt gefordert, das staatliche Monopol auf dem Gebiet des Bildungswesens abzubauen und z. B. private Einrichtungen zur Heranbildung von Führungskräften der Wirtschaft zu schaffen. In diesen Zusammenhang gehören endlich auch die gelegentlich immer wieder geäußerten Zweifel, ob es auf die Dauer angebracht ist, solche öffentlichen Einrichtungen wie die Bundesbahn und die Bundespost auch weiterhin in dieser oder nicht besser in der Form eines privaten Wirtschaftsunternehmens zu betreiben.

Die Frage, inwieweit es verfassungsrechtlich zulässig ist, die Wahrnehmung bestimmter Aufgaben, namentlich soweit sie bisher vom Staat wahrgenommen worden sind, dem gesellschaftlichen Bereich zu überlassen oder bewußt in ihn zu verlagern, hängt zunächst davon ab, wie man diese Aufgaben ihrem Wesen nach rechtlich zu qualifizieren hat[53]. Des weiteren sind die Grenzen der Zulässigkeit der Schaffung sog. ministerialfreier — d. h. der Verantwortung gegenüber Regierung und Parlament entzogener — Räume[54] sowie die Grundsätze zu beachten, die für die Institution des sog. „beliehenen Unternehmers“[55] gelten.

Nicht unerwähnt bleiben sollte in diesem Zusammenhang schließlich, daß es neben Erscheinungen einer offenen Verlagerung von Aufgaben aus dem staatlichen in den gesellschaftlichen Bereich auch noch eine versteckte Art einer solchen Verlagerung gibt, die sich vornehmlich mittels unbestimmter Rechtsbegriffe zu vollziehen scheint. Als Beispiel sei hier lediglich der Entwurf eines Bundesgesetzes über technische Arbeitsmittel[56] genannt. Er sieht vor, daß Hersteller oder Einführer technischer Arbeitsmittel diese nur in den Verkehr bringen dürfen, wenn sie nach den „allgemein anerkannten Regeln der Technik“ so beschaffen sind, daß Benutzer bei ihrer Anwendung gegen Gefahren für Leben oder Gesundheit so weit geschützt werden, als es die Art der Verwendung gestattet. Fragt man sich, welches der Inhalt dieser „allgemein anerkannten Regeln der Technik“ im allgemeinen ist, so stellt

---

[52] BT-Drucks. IV/3720 und IV/3768, sowie Antwort des Bundesschatzministers vom 25. 2. 1966, BT-Drucks. V/342.

[53] S. Fußnote 51.

[54] Vgl. BVerfGE 9 S. 268, insbes. S. 281 f.

[55] Vgl. *H. J. Wolff*, Verwaltungsrecht II, München und Berlin 1962, S. 304 ff. — *Dagtoglou*, Der Private in der Verwaltung als Fachmann und als Interessenvertreter. Heidelberger Rechtswissenschaftliche Abhandlungen, N.F. 12. Abhdlg. 1964.

[56] BR-Drucks. 141/66.

sich heraus, daß durch Verwaltungsvorschriften die technischen Normen näher bezeichnet werden sollen, in denen diese Regeln ihren Niederschlag gefunden haben. Letztlich entscheidet also ein außerhalb der Verwaltung stehendes und damit keiner Verantwortung gegenüber Regierung und Parlament unterliegendes Fachgremium technischer Sachverständiger darüber, was im einzelnen Inhalt nicht nur einer Verwaltungsvorschrift, sondern letztlich eines Gesetzes ist. Es soll nicht verkannt werden, daß es schwer ist, eine andere praktikable Lösung zu finden. Ich möchte aber andererseits auch nicht unterlassen, darauf hinzuweisen, daß mir hier eine verfassungspolitisch und verfassungsrechtlich nicht ganz unbedenkliche Verlagerung eines Teils der Entscheidungsgewalt von den zuständigen Organen des Staates auf Sachverständigengremien vor sich zu gehen scheint. Man wird daher gut daran tun, Entwicklungen dieser Art mit Aufmerksamkeit zu beobachten, um ihnen gegebenenfalls rechtzeitig Einhalt gebieten zu können.

VIII. Gefahr einer Expertokratie?

Das Thema „Sachverstand und Verantwortung der öffentlichen Verwaltung" legt es nahe, am Schluß noch kurz auf die Frage einzugehen, inwieweit die — in der öffentlichen Diskussion gelegentlich immer wieder beschworene — Gefahr besteht, daß wir einer Machtergreifung durch die „Eierköpfe"[57] und einer Denaturierung der Demokratie durch eine „Expertokratie" entgegengehen.

Mit dem Schlagwort „Expertokratie" wird in der öffentlichen Diskussion oft auf das Verhältnis zwischen Parlament und Ministerialverwaltung angespielt und einer gewissen Befürchtung Ausdruck verliehen, das Gewicht der Ministerialverwaltung an spezialisiertem Sachverstand, verbunden mit ihrer straffen Organisation und ständigen Präsenz führe allmählich dazu, daß letztlich auch die der Volksvertretung vorbehaltenen Entscheidungen entgegen dem Gewaltenteilungsprinzip mehr und mehr von der Exekutive getroffen würden. Ich möchte mich hierzu auf die Bemerkung beschränken, daß mir diese Befürchtungen aus meiner persönlichen Sicht aus folgenden Gründen nicht gerechtfertigt erscheinen. Einmal steht der Sachverstand der Ministerialverwaltung in zunehmendem Maße auch den Abgeordneten zur Verfügung[57a]. Soweit er als zu stark in die Verwaltung integriert

[57] Vgl. *D. W. Cox*, Alle Macht den Eierköpfen — Wissenschaft übernimmt die Führung. Deutsche Ausgabe 1965. S. z. B. auch *K. O. Pöhl*, Die Herrschaft der Experten — Die Politiker müssen das letzte Wort behalten, in: Der Volkswirt 1964, Heft 36.

[57a] In diesem Zusammenhang ist auch auf die bundesstaatliche Ordnung unseres Staates hinzuweisen. Sie ermöglicht es z. B. einem zur parlamen-

erscheinen sollte, gibt es, wie meine Ausführungen gezeigt haben, zahlreiche Einrichtungen, die mehr oder weniger gegenüber der Exekutive verselbständigt oder sogar von vornherein von ihr gänzlich unabhängig sind und es dem Parlament ermöglichen, sich die für seine Entscheidungen und die Ausübung seiner Kontrollfunktion gegenüber der Exekutive erforderlichen Sachkenntnisse auch außerhalb der Ministerialverwaltung zu verschaffen. Wenn darüber hinaus die Ausstattung des Parlaments mit technischen Hilfskräften, insbesondere mit gut besetzten Sekretariaten der einzelnen Abgeordneten verbessert wird, so würde m. E. damit den Kassandrarufen von der drohenden „Expertokratie" weitgehend der Boden entzogen sein, ohne daß es unbedingt des Aufbaus eines eigenen umfassenden Sachverständigenapparates des Parlaments bedürfte — eine Vorstellung, die im übrigen schon aus praktischen Gründen kaum zu verwirklichen sein dürfte, da ein hinreichendes Reservoir an geeigneten, nicht bereits an anderer Stelle tätigen Kräften, bei denen es sich um hochqualifizierte Spezialisten handeln müßte, jedenfalls zur Zeit in Deutschland schwerlich zur Verfügung steht.

Das Schlagwort von der drohenden „Expertokratie" zielt aber auch noch auf ein Spannungsfeld anderer Art[58], und zwar auf die angebliche Verdrängung der zu politischer Entscheidung berufenen Parlamentarier oder der dem Parlament gegenüber verantwortlichen Regierungsinstanzen durch den außerhalb der Verwaltung stehenden unabhängigen Sachverständigen[59]. Diese Befürchtung hängt u. a. damit zusammen, daß die zunehmende Bedeutung des Sachverstandes für alle Bereiche auch des öffentlichen Lebens mitunter zu der Auffassung verführt, alle Probleme staatlichen Handelns seien ausschließlich unter fachlichen Gesichtspunkten zu betrachten und zu lösen und folglich auch am zweckmäßigsten allein durch die für die betreffenden Fachgebiete am meisten qualifizierten Sachverständigen zu entscheiden[60], und zwar um so besser, je „unabhängiger" sie seien.

Es liegt auf der Hand, daß eine solche Auffassung geeignet erscheint — gleichgültig, ob dies bewußt geschieht oder nicht —, die Grundlagen einer demokratischen Verfassungsordnung in Frage zu stellen. Eine derartige Vorstellung ist außerdem auch deshalb gefährlich, weil sie verkennt, daß zahlreiche Entscheidungen im Bereiche staatlichen Handelns — und zwar namentlich solche von grundsätzlicher, wenn

---

tarischen Opposition gehörenden Bundestagsabgeordneten, sich auch der Hilfe der Ministerialbürokratie eines Landes zu bedienen, in dem seine Partei die Regierung stellt.

[58] Vgl. hierzu das in Fußnote 57 zit. Schrifttum.

[59] Vgl. Fußnote 50.

[60] Vgl. *Forsthoff*, a.a.O. S. 191 ff.

nicht schicksalhafter Bedeutung —, wie dargelegt wurde, zwar nicht ohne Sachverstand getroffen werden können und sollen, daß die fachlichen Gesichtspunkte bei diesen Entscheidungen aber keineswegs die einzigen sind, die berücksichtigt werden müssen. U. U. wäre es sogar für das Schicksal der staatlichen Gemeinschaft geradezu verhängnisvoll, wenn eine solche Entscheidung nur unter fachlichen und nicht unter den maßgebenden politischen Gesichtspunkten getroffen würde. Dies gilt um so mehr, wenn in dem politischen Kräftespiel auf der anderen Seite nicht nach fachlichen, sondern allein nach politischen Gesichtspunkten entschieden und verfahren wird, so daß es eine gefährliche Fehleinschätzung der Gesamtsituation bedeuten und u. U. zu folgenschweren Fehlentwicklungen führen würde, wollte man selbst die Angelegenheit nur unter fachlichen Aspekten und Kategorien ansehen und behandeln. Als Beispiele von Entscheidungen, die nicht oder jedenfalls nicht allein oder überwiegend unter fachlichen Gesichtspunkten zu treffen sind, seien hier solche Entschlüsse der zuständigen staatlichen Instanzen wie die über die Aufstellung der Bundeswehr, den Beitritt zur NATO, die zur Wiedervereinigung Deutschlands zu ergreifenden Maßnahmen oder die Erhaltung des nationalen Kohlebergbaus genannt.

Die hier angesprochene Problematik verdient in Deutschland heute deshalb besondere Beachtung, weil der Sachverständige hier seit je in besonders hohem Ruf stand und heute noch steht. Dieses Prestige ist durch die neuere geschichtliche Entwicklung in unserem Land und den dadurch bedingten Rückgang des Ansehens staatlicher Instanzen noch erhöht worden. Es wird weiter laufend durch die Zunahme der Bedeutung des Sachverstands auf allen Lebensgebieten und die Erkenntnis seiner Bedeutung für Überleben und Wohlergehen der Bevölkerung auch in Krisensituationen gefördert.

Die Entwicklungen, die sich hier anbahnen, sind zur Zeit noch schwer zu übersehen und hinsichtlich ihres weiteren Verlaufs kaum richtig abzuschätzen. Man wird unerwünschten Auswirkungen auf die Dauer nur dadurch begegnen können, daß namentlich die zu verantwortlicher Entscheidung berufenen Instanzen, also Parlamentarier und Regierungsmitglieder, sich immer wieder in geeigneter Weise der öffentlichen Diskussion stellen und dartun, warum bei den jeweils zu treffenden Entscheidungen nicht nur fachliche Gesichtspunkte, sondern auch solche politischer Art berücksichtigt werden müssen, wenn die Entscheidung in einem höheren Sinn richtig sein soll. Jedenfalls gilt es, kein Vakuum an politischer Entscheidung entstehen zu lassen, das es anderen als den demokratisch legitimierten Instanzen ermöglichen könnte, von der Verfassung den verantwortlichen Regierungsstellen vorbehaltene Entscheidungen an ihrer Stelle zu treffen. Auch der

Ministerialverwaltung, wie der öffentlichen Verwaltung überhaupt, fällt hier, wie ich meine, eine bedeutsame Rolle zu. Sie besteht darin, zu ihrem Teil an der Unterrichtung der Öffentlichkeit darüber mitzuhelfen, welche verschiedenartigen Gesichtspunkte — außer den rein politischen, nicht von ihr zu vertretenden — bei der einen oder anderen Entscheidung berücksichtigt und gegeneinander abgewogen werden müssen, um ein dem Gemeinwohl entsprechendes Ergebnis zu erzielen[61].

Lassen Sie mich mit dieser Bemerkung schließen, um Ihre Geduld nicht über Gebühr zu beanspruchen und um nicht in Gefahr zu geraten, daß durch weitere Ausführungen auch noch ein besonderer Sachverstand der Behörden notwendig wird, um die Probleme des behördlichen Sachverstands zu meistern.

Leitsätze

I. *Aufgaben der Ministerialverwaltung* (des Bundes)

1. Sie hat
bestimmte zentrale Verwaltungsentscheidungen zu treffen, die Bundesregierung zu beraten und ihre Entscheidungen vorzubereiten, gewisse Hilfstätigkeiten für den Bundestag wahrzunehmen sowie neuerdings auch Öffentlichkeitsarbeit innerhalb des jeweiligen Geschäftsbereichs zu leisten.
2. Ihre Verwaltungsentscheidungen, Vorschläge und Mitteilungen sollen tatsachenrichtig, sachrichtig, rechtsrichtig und formrichtig sein, sich im Rahmen der Direktiven der — demokratisch legitimierten — politischen Führung halten (vgl. § 55 BBG) sowie den Interessen des Gemeinwohls (vgl. § 52 Abs. 1 BBG) entsprechen.
3. Die Erfüllung dieser Aufgaben setzt ein ausreichendes Maß an Tatsachenkenntnis, Sachverstand, Rechtskunde und Verwaltungserfahrung voraus. Hinzu kommen muß eine hinlängliche Orientiertheit über die politische Situation und die öffentliche Meinung.

II. *Zunahme des „Bedarfs" der Ministerialverwaltung an Sachverstand*

1. Der „Bedarf" der Ministerialverwaltung an Sachverstand nimmt unverkennbar zu. Die wichtigsten Gründe dafür sind:
   a) die wachsende Unübersichtlichkeit der Lebensverhältnisse,
   b) die Komplizierung und Technisierung der Lebensverhältnisse, insbesondere die zunehmende Interdependenz der Erscheinungen und Vorgänge des modernen Lebens,
   c) die fortschreitende europäische Integration und darüber hinausgehende internationale Verflechtung,
   d) die Zunahme zentraler staatlicher Planung,

---

[61] W. *Leisner*, Öffentlichkeitsarbeit der Regierung im Rechtsstaat, 1966. — G. *Sänger*, Funktion amtlicher Pressestellen in der demokratischen Staatsordnung, 1966. — *Krauthausen-Hämmerlein*, Publizistik als Mittel der Verwaltungsführung, Manuskript 1966.

e) die zunehmende Bildung von Sachverstand im Bereich der organisierten Interessenvertretungen sowie allgemein

f) der Aufgabenzuwachs des modernen Sozialstaates.

Notwendigkeit des Sachverstandes bereits zur Erfassung und Bewertung der Tatsachen sowie vor allem zur Beurteilung der Sachrichtigkeit staatlicher Maßnahmen, insbesondere auch im Hinblick auf ihre gegenwärtigen und zukünftigen Aus-, Neben- und Folgewirkungen.

Notwendigkeit behördlichen Sachverstandes zur Wahrung der Interessen des Gemeinwohls.

2. Auch die Bedeutung der Rechtskunde für die Erfüllung der Aufgaben der Ministerialverwaltung steigt. Die wichtigsten Gründe dafür sind:

a) das Anwachsen und die Perfektionierung der Gesetzgebung und sonstigen Rechtsetzung,

b) die Entwicklung der Rechtsprechung,

c) das Anwachsen des Rechtsschrifttums,

d) die Entwicklung des Europarechts und des Völkerrechts,

e) die Ausgestaltung des Grundrechtsschutzes sowie die Kompliziertheit der Verfassungsstruktur (horizontale Gewaltenteilung, bundesstaatliche Ordnung, kommunale Selbstverwaltung) und — dadurch bedingt — des staatsinternen Koordinationsinstrumentariums.

Die Rechtskunde ist damit zu einer besonderen Art von „Sachverstand" geworden, der zur Gewährleistung der Rechts- und Formrichtigkeit staatlicher Maßnahmen unerläßlich erscheint.

III. *Verwaltungseigener Sachverstand und Verantwortung*

1. Die „traditionelle" Form der Deckung des „Bedarfs" an Sachverstand ist die Einrichtung spezialisierter Fachreferate, Fachunterabteilungen oder Fachabteilungen, u. U. auch die Bildung von Spezialministerien.

2. Das innerhalb der Ministerialverwaltung geltende hierarchische Prinzip (vgl. §§ 37 ff. GGO I) schließt es nicht unbedingt aus, daß der Sachverständige — als Referent, Unterabteilungsleiter oder Abteilungsleiter, evtl. auch als Staatssekretär — eine sein Fachgebiet betreffende Verwaltungsentscheidung selbst verantwortlich trifft oder selbst verantwortlich darüber befindet, ob ein Vorschlag gemacht, eine Mitteilung herausgegeben werden soll oder dgl. Seine Vorgesetzten tragen dann lediglich die Gesamtverantwortung.

3. Oft wird die verantwortliche Entscheidung jedoch nicht bei dem Sachverständigen, sondern bei einem seiner nicht „sachverständigen" Vorgesetzten liegen, weil

a) ihr Inhalt „wichtig", „besonders wichtig" oder „von grundsätzlicher politischer Bedeutung" ist (Unterabteilungsleiter, Abteilungsleiter, Staatssekretär, Minister — vgl. §§ 37 ff. GGO I), oder

b) es sich um eine komplexe Entscheidung handelt, bei der außer einem fachlichen Gesichtspunkt auch noch andere zu berücksichtigen sind und daher mehrere Referate, Unterabteilungen oder Abteilungen beteiligt werden müssen, so daß eine Koordinierung auf höherer Ebene erforderlich ist.

Der mitzeichnende Sachverständige trägt in diesen Fällen lediglich eine interne Mitverantwortung.

Problematik der personellen Besetzung der Führungspositionen (Abbau des Juristenmonopols?)

4. Das System hat den Vorteil einer gewissen Integration aller von der Ministerialverwaltung zu beachtenden Gesichtspunkte, insbesondere der Interessen des Gemeinwohls (vgl. oben zu I, 2). Nachteilig daran ist die Gefahr einer gewissen Denaturierung des Sachverständigen, sei es infolge der Weisungsgebundenheit gegenüber nicht „sachverständigen" Vorgesetzten, sei es infolge des Zwangs, als verantwortlich entscheidender Vorgesetzter selbst auch andere als fachliche Gesichtspunkte zu berücksichtigen, sowie die notwendige Anonymität der lediglich intern durch ihre Mitzeichnung Mitverantwortlichen.

   Die Deckung des „Bedarfs" an Sachverstand durch Einverleibung von Sachverständigen in die Ministerialverwaltung findet ihre Grenze an der fortschreitenden Spezialisierung des Fachwissens. Konfliktsituation zwischen dem Sachverstand der Ministerialverwaltung und ihrer Verpflichtung auf das Gemeinwohl einerseits und ihrer Weisungsgebundenheit andererseits? (Vgl. § 56 Abs. 2 BBG.)

IV. *Ergänzung des verwaltungsinternen Sachverstandes von außen*

1. Einholung von Sachverständigengutachten (z. B. Bahngutachten).

2. Einsetzung von Ad-hoc-Sachverständigenkommissionen

   (Beispiele: Parteienrechtskommission, Wahlrechtskommission, Staatsangehörigkeitskommission, Kommission für die große Strafrechtsreform, Kommission für die Finanzreform).

3. Einrichtung ständiger Sachverständigenbeiräte

   (Beispiele: Wissenschaftliche Beiräte der Bundesministerien für Wirtschaft, der Finanzen, für Ernährung, Landwirtschaft und Forsten, für Verkehr, für wirtschaftliche Zusammenarbeit; Beirat für Fragen der inneren Führung, Wissenschaftlicher Beirat für Familienfragen, Sachverständigenkommission für gewerblichen Rechtsschutz beim Bundesministerium der Justiz, Forschungsbeirat für Fragen der Wiedervereinigung Deutschlands, Deutsche Atomkommission, Reaktorsicherheitskommission, Deutsche Kommission für Weltraumforschung u. a.)

   Gesetzlich vorgeschriebene Sachverständigengremien:

   Statistischer Beirat nach § 4 StatGes., Sachverständigenbeirat zur Begutachtung der gesamtwirtschaftlichen Entwicklung nach dem Gesetz vom 14. August 1963.

4. Insbesondere: Sachverständige Preisrichtergremien

   (Beispiele: Beratender Ausschuß für Auslandskunstausstellungen, Preisrichterausschuß für die Vergebung des Deutschen Filmpreises, Preisrichterausschuß für die Vergebung von Kulturfilmprämien des Bundes, Kulturfilmausschuß, Paritätischer Ausschuß zur Auswahl der Filme für die Internationalen Filmfestspiele Berlin, Beirat für die künstlerische Gestaltung der amtlichen Grafik der Deutschen Bundespost usw.).

5. Kontakt-Gremien unter Beteiligung von Sachverständigen, Vertretern anderer Behörden des Bundes, der Länder und Gemeinden, Sozialpartnern, Interessenverbänden und dgl.

   (Beispiele: Sozialbeirat nach der RVD, Bundesjugendkuratorium nach § 26 JWG, Bundesgesundheitsrat, Beirat für Fragen des gewerblichen Mittelstandes, Energiekreis, Konferenz über Fragen der deutsch-ausländischen wissenschaftlichen Beziehungen, Beratungsausschuß für die Betreuung ausländischer Studierender in der Bundesrepublik Deutschland, Ausschuß für das Auslandsschulwesen, Ständiger Ausschuß für die zivile Notstandsplanung, Verbraucherausschuß, Ausschuß zur Verbesserung der Agrarstruktur, Wirtschaftsausschuß für Außenhandelsfragen, Beirat für die Neuordnung der sozialen Leistungen, Wissenschaftlich-technischer Verteidigungsbeirat, Seeverkehrsbeirat, Länderfachausschuß „Kraftfahrzeugverkehr", Luftfahrtbeirat, Beirat für Städtebau und Raumordnung, Beirat für Bauforschung, Beirat für Entwicklungspolitik u. a.).

6. Insbesondere: Wissenschaftsrat und Bildungsrat.
7. Ressorteigene Forschungseinrichtungen.
8. Sonstige Einrichtungen.
   (Beispiel: Stiftung „Wissenschaft und Politik", vgl. auch: Deutsche Forschungsgemeinschaft).

Vor- und Nachteile der einzelnen Formen. — Problematik: Unerwünschte Verstärkung des ohnehin bestehenden Übergewichts der Ministerialverwaltung an Sachverstand gegenüber Regierung und Parlament? — Möglichkeiten für die Ministerialverwaltung zu unerwünschter Entlastung oder Abschiebung der Verantwortung? — Verselbständigung des „nichtverantwortlichen" Sachverstandes? — Beeinträchtigung der Integrationsfunktion der Ministerialverwaltung? — Sachverstand und demokratisches Prinzip.

V. *Verlagerung der Verantwortung der Behörden?*

1. Einschlägige Problematik der sog. „ministerialfreien Räume" und der „beliehenen Unternehmer".
2. „Kalte" Verlagerung auf dem Wege über unbestimmte Rechts- und Ermessensbegriffe?
3. Privatisierung bisher von der öffentlichen Gewalt wahrgenommener Funktionen?

VI. *Gefahren einer „Expertokratie"?*

Sachverstand und Verantwortung im Hinblick auf die Aufgabenkomplikation in den Behörden der Allgemeinen Verwaltung und der Sonderverwaltungen

Von Guido Zurhausen

Ich möchte eingangs zunächst auf eine methodische Eigenart des Themas hinweisen, die zum besseren Verständnis angesprochen werden muß. Ich werde mich, wie mir aufgetragen, soweit wie möglich auf den funktionellen Bezug des Themas beschränken und die personelle Seite, der ja zwei besondere Referate gelten, völlig aussparen. Dies geschieht, obwohl auf Tritt und Schritt immer wieder deutlich wird, wie beides eng miteinander verwoben ist und sich oft auch gegenseitig bedingt.

Meine Überlegungen sollen sich auf die staatlichen Behörden *unterhalb* der Ministerialinstanzen in Bund und Ländern beziehen, und zwar auf die Behörden sowohl der allgemeinen und inneren Verwaltung wie der Behörden der Sonderverwaltungen. Das ist nun ein ganzer Strauß, um nicht zu sagen ein Sammelsurium von Ämtern und Einrichtungen, mit jeweils ganz verschiedenen Kriterien in der Aufgabenstellung und Organisation. Schon eine Einzelaufzählung würde mich außer Atem und Sie zum Gähnen bringen. Es kann hier auch nicht darum gehen, ein detailliertes Zustandsbild über die Verhältnisse in den einzelnen Verwaltungszweigen und Behördentypen zu gewinnen. Ich müßte mich da auch überfordert fühlen, weil mir für viele Bereiche einfach die nötigen Kenntnisse fehlen — ein Eingeständnis, das ja bereits einiges mit der Problematik des Themas von Sachverstand und Verantwortung zu tun hat.

Nehmen Sie es also bitte hin, auch wenn Sie aus anderen Verwaltungsbereichen kommen, daß ich meine Überlegungen vornehmlich von den Verhältnissen der staatlichen Mittelinstanz ableite. Das sind also die Bezirksregierungen, und zwar von nordrhein-westfälischer Strickart, die mir nach meinem beruflichen Werdegang einigermaßen vertraut sind. Eine zu spezielle Betrachtungsweise ist deswegen nicht zu besorgen. Denn bei den Bezirksregierungen sind Aufgabenbereiche zusammengefaßt oder, wie man zu sagen pflegt, gebündelt, die — von Land zu Land verschieden — auch als selbständige Sonderverwaltungen organisiert sein können.

Nachdem in dem ersten Referat eine klärende Begriffsbestimmung im Sinne einer Typologie gegeben und damit bereits eine Basis allgemeinen Verständnisses gelegt worden ist, möchte ich mich vorweg dem Tatbestand der Aufgabenkomplikation zuwenden. Denn von dort bestimmt sich letztlich die Problematik der tatsächlichen Verhältnisse bei den Behörden in bezug auf ihren Sachverstand und ihre Verantwortung. Unter diesem Gesichtspunkt ist es wichtig, den wirklichen Gebrauchswert dessen zu bestimmen, was man sich hier unter Aufgabenkomplikation vorzustellen hat.

Wo immer der Zustand der heutigen öffentlichen Verwaltung reflektiert wird, taucht unweigerlich der Hinweis auf den gewaltigen Aufgabenzuwachs und die Ausweitung staatlichen Handelns bis hinein in alle nur halbwegs wichtigen Lebensbereiche des Volkes und des Einzelnen auf. Auf diesem Hintergrund ist es nur ein Schritt bis zu der Gleichung von den Kompliziertheiten eben dieser Lebensverhältnisse mit ihren so diffizilen sachlichen Bedürfnissen und verwirrenden Abhängigkeiten einerseits und den daraus resultierenden materiellen und organisatorischen Erschwernissen für die öffentliche Verwaltung andererseits. Dies alles sei hier nur angedeutet, weshalb Sie es mir bitte ersparen wollen, in zeitraubender Weise alle die staatsrechtlichen, gesellschaftlichen, technischen und wirtschaftlichen Faktoren zu erörtern, die diese Gleichung rechtfertigen könnten. Hierzu ist heute morgen schon das Nötige gesagt worden. Ich setze diesen Hintergrund einfach voraus und wende mich der hier allein interessierenden Frage zu: Wo und in welcher Weise erreichen die Sachverhalte, die den hier ins Auge gefaßten Behörden unterhalb der ministeriellen Instanz zur Aufgabe gestellt sind, tatsächlich einen Schwierigkeitsgrad, der sie in ihrem Sachverstand und in den Möglichkeiten ihrer Verantwortung vor Probleme besonderer Art stellt oder sie sogar überfordert?

Man wird mir sofort entgegenhalten: Was soll das? Was ist heute für die Verwaltung eigentlich nicht schwierig? Der Städteplaner einer Mittelbehörde wird sofort Bauplanungen als Beispiel zur Hand haben, die es mit ihren verwickelten Problemen vielfältigster Art in sich haben; der Bezirksplaner stöhnt über Gebietsentwicklungsplänen, in denen vorauserfaßt und festgelegt werden soll, was einmal in 10 oder mehr Jahren sein soll. Der Gewerbeaufsichtsdezernent erinnert sich seines Auftrages, möglichst noch in den nächsten 2 Jahren die Entstaubung bodenblasender Konverter in Thomasstahlwerken durchzusetzen, wobei er sich keineswegs so recht sicher ist, wie das technisch überhaupt erfolgversprechend vor sich gehen soll. Der Wasserwirtschaftler, der Straßenbauer, der Verkehrsplaner und andere mehr, einschließlich der beteiligten Juristen, stehen mit einschlägigen Problemen keineswegs zurück.

Wenn ich aber beinahe willkürlich gerade solche Beispiele hier herausgreife, dann wird sogleich offenbar, daß der Alltag in den Behörden unterhalb der Ministerialinstanzen damit allein nicht hinreichend zu deuten ist. Es ist nämlich keineswegs das Außergewöhnliche, die Grenzsituation, die ausschließlich den Stil der normalen Arbeit prägt, und nicht jeden Tag ist verwaltungsmäßiges Neuland zu erschließen. Wir müssen uns darüber klar sein, daß das Aufgabenbild der nachgeordneten Behörden selbst bei aller Ermessensfreiheit im Einzelfall weithin durch den gesetzesakzessorischen und vorschriftengebundenen Vollzug bestimmt ist. Sehr weitgehend haben wir es hier mit Sachbereichen zu tun, die für den Vollzug mehr oder weniger minutiös durchnormiert sind. Das ist das vorherrschende Bild, das freilich sofort näher differenziert werden muß. Denn offenbar ist hier — mit allem Vorbehalt in den Details — für das Verwaltungshandeln funktionell zwischen zwei Aufgabenarten zu unterscheiden:

1. In einer Vielzahl von Aufgabenbereichen hat der Gesetzgeber, der bekannten Tendenz zur Perfektion folgend, deren Ursachen uns hier nicht weiter interessieren sollen, die Materien für den eigentlichen Vollzug außerordentlich weitgehend vorgeregelt. Wo Lücken geblieben sind, können wir sicher sein, daß für das Übrige an Determinierung der Vollzugsbehörden die Ministerialinstanz mit ihren Erlassen sorgen wird. Nehmen Sie als kleines Beispiel nur das Mietpreis- und Mietbindungsrecht im öffentlich geförderten Wohnungsbau. Da können die Augen übergehen über das, was sich an Ausführungsbestimmungen über die Behörden ergießt. Aber selbst bei gesetzlich nur kaum vorweggeregelten Materien ist es gelegentlich beeindruckend, welche subtilen Handreichungen sich die Zentrale (Regierung und Fachministerien) in der Form von Erlassen und Verwaltungsvorschriften für die nachgeordneten Behörden einfallen läßt, damit diese auch ja genau wissen, was sie im Einzelfall zu tun oder zu lassen haben.

Diese Kategorie von Vollzugsgebieten möchte ich einmal für unsere Zwecke als den reglementierten oder streng vorschriftengebundenen Funktionsbereich bezeichnen.

2. Andererseits gibt es bei unseren Behörden wiederum eine Reihe von Materien, bei denen trotz aller gesetzlichen Gebundenheit dem Normierungsdrang natürliche Grenzen gesetzt sind. Bei Aufgabengebieten mit komplexen Entscheidungsverhältnissen kann es der Sache nach kein detailliert vorgeschriebenes Entscheidungsprogramm des Gesetz- oder Erlaßgebers geben. Raumordnung, Strukturförderung, Verkehrsplanung, Reinhaltung der Luft und des Wassers, kurzum vieles, was heute unter dem Begriff Gemeinschaftsaufgaben politisch so sehr im Schwange ist, entzieht sich einer allzu engmaschigen Reglementie-

rung. Der Auftrag an die Vollzugsbehörden für den Einzelfall oder Einzelkomplex besitzt die Form des unbestimmten Rechtsbegriffs (§ 1 BBauG, § 16 GewO, § 6 WHG) oder der allgemeinen Richtlinienweisung (z. B. bei bestimmten finanziellen Förderungsmaßnahmen). Hier nun kommt die Möglichkeit zu relativ freier Gestaltung und Beurteilung bei der einzelnen Vollzugshandlung wieder zu ihrem Recht, wobei der Grad des Bewegungsspielraumes freilich jeweils aus den verschiedensten Gründen sehr unterschiedlich sein kann.

Ungeachtet dessen möchte ich für unsere Zwecke diese Kategorie von Vollzugsaufgaben unserer nachgeordneten Behörden als den Funktionsbereich mit eigener Beurteilungs- und Gestaltungsmöglichkeit bezeichnen.

Betrachten wir zunächst den streng reglementierten Funktionsbereich. Dieser Kategorie begegnen wir in den Behörden unterhalb der Zentralinstanz heute auf vielen Arbeitsgebieten, vornehmlich im Bereich der sozialstaatlich bestimmten Leistungsfälle auf der Basis von Individualansprüchen, etwa im Rahmen des allgemeinen Sozialwesens und der Sozialhilfe, der kriegsfolgebedingten Sachbereiche, wie Lastenausgleich, Vertriebenen- und Flüchtlingswesen, Kriegsopferversorgung, Wiedergutmachung und andere mehr. Auch bei typischen Sonderverwaltungen, etwa der Steuerverwaltung, der Arbeitsverwaltung oder technischer Verwaltungen, liegen die Dinge ähnlich. Hier werden die Entscheidungsvorgänge einschließlich der oft umfänglichen Vorbereitungshandlungen durch ein dichtes Netz von Bestimmungen materieller und formeller Natur und durch die Routine einer versierten Praxis weitgehend vorprogrammiert, typisiert und sogar formularisiert. Dieses Handlungsschema ist auch für die organisatorisch wie personell mitunter recht aufwendigen Zweige der internen Personalverwaltungen, etwa der Schulverwaltung oder der Polizei, Justiz, Finanz, Bahn, Post oder Bundeswehr typisch. Nicht anders laufen die Dinge im Grunde bei vielen Formen subventionierender Leistungen wie Darlehen, Beihilfen und Zuschüsse aus öffentlichen Mitteln. Nehmen wir als Prototyp den öffentlich geförderten und sozialen Wohnungsbau. Selbst wenn für fachtechnische Bewertungsfragen ein Fachmann, also der Bautechniker, der Ingenieur oder wer sonst noch mitzusprechen hat, so läßt auch diese Tätigkeit sich recht weitgehend in technischen Bewertungsnormen oder gesicherten Erfahrungssätzen einfangen.

Dieser ganze Sektor streng gebundener Aufgabenerledigung macht quantitativ in der Leistungs- wie in der hoheitlichen Verwaltung den Hauptanteil der Arbeitsbelastung und der Entscheidungstätigkeiten bei den hier ins Auge gefaßten Behörden aus. Er bindet auch das meiste Personal. Genauere Verhältniszahlen zu geben, bliebe einer subtilen

Untersuchung überlassen, die meines Wissens in dieser Form noch nicht vorliegt. Aber für eine nordrhein-westfälische Bezirksregierung möchte ich schätzen, daß der mittlere Dienst so gut wie vollständig, der gehobene Dienst zu sicher 75 %, eher mehr, und der höhere Dienst ebenfalls noch zum überwiegenden Teil von dieser Funktionskategorie absorbiert wird.

Was bedeutet nun in diesem Funktionsbereich Aufgabenkomplikation? In der Regel offensichtlich doch wohl nicht, ständig Neuartigem und Nochnichterfahrenem gegenüber gestellt zu sein, das erst erkundet und in seinen komplexen Auswirkungen bewertet und entschieden werden müßte. In diesen Aufgabenbereichen ist dies Sache der Zentralinstanz oder sollte es wenigstens sein. In der Praxis kommt auf die eigentlichen Vollzugsbehörden in der Form von Anträgen, Widersprüchen, Beschwerden und Anfragen auf den einzelnen Sachgebieten eine Masse von Einzelfällen zu, die tunlichst in der Reihenfolge ihres Eingangs, also im wahrsten Sinne und als typprägend zu verstehen, gewissermaßen reihenweise durch Auslegung bindender Vorschriften ohne großen Spielraum zu entscheiden sind. Ob man den Lastenausgleich, die Wiedergutmachung, auch bauaufsichtliche Verfahren oder bestimmte finanzielle Förderungsmaßnahmen nimmt, überall ist es dasselbe Bild. Bereitet dies Schwierigkeiten im Sinne der Aufgabenkomplikation? Ich glaube, die Kennzeichnung des wesentlichen Tatbestandes ist schnell gegeben. Aufgabenkomplikation bedeutet in diesem Fall bei solchermaßen installierten Aufgabengebieten den sattsam bekannten Perfektionismus in der rechtlichen und formellen Ausgestaltung, wie er sich in den gegebenen Vorschriften gesetzlicher oder verwaltungsmäßiger Art niederschlägt. Was dadurch nicht erfaßt wird, erhält seine weitere komplizierende Verfeinerung durch die Usancen der praktischen Handhabung in der Ausnutzung der sich ansammelnden Erfahrungen und weiter — gerade in diesen Sektoren — oft durch die Maximen einer sich festigenden oder fortschreitenden Rechtsprechung. Ich glaube, dies im Detail nicht weiter ausführen zu müssen. Jeder weiß auch, wie sehr es darauf ankommt, sich in einem Arbeitsgebiet der hier dargestellten Art gehörig umzutun, um sich wirklich sicher darin auszukennen. Ob das in der Praxis immer der Fall ist, ist eine zweite, eine personelle Frage.

Dies führt uns nun unmittelbar an die Art des Sachverstandes heran, die hier von den Bediensteten gefordert wird. Es ist das intensive Durchdringen der rechtlichen, verwaltungsmäßigen oder technischen Grundlagen eines sachlich wie organisatorisch meist scharf umgrenzten Spezialgebietes, das mindestens den Grad des Schlagwortes „Uns kann keiner" erreichen muß. Dieser Sachverstand ist auf die mehr oder weniger streng vorgeschriebene sachgerechte, überaus versierte Behandlung des Einzelfalles gerichtet. Was dazu gehört, muß bis in das letzte Detail beherrscht werden; darüber hinausgehende Bezüge gehören grundsätzlich nicht mehr zum Blickkreis des Bearbeiters. Dafür ist er und fühlt er sich nicht mehr zuständig und infolgedessen auch nicht mehr verantwortlich. Dieser Sachverstand hält sich also in dem genau vermessenen Koordinatensystem seines Fachgebietes, in dem der Einzelfall in seinem Ergebnis vorweg schon durch materiellrechtliche, formelle und erfahrungsgesicherte Meßpunkte eines Entscheidungsprogramms entsprechend den vorgeschriebenen Regeln definierbar und handhabbar gemacht ist. Originäre Problemlösungen komplexer Art, etwa politische, wirtschaftliche und fachtechnische Grundentscheidungen, werden von dieser Art des Sachverstandes nicht verlangt. Kurzum, der Sachverstand der hier gemeinten Art ist bei aller notwendigen Versiertheit im Umgang mit dem materiellen Rüstzeug kasuistisch und in der Bandbreite relativ ausschließlich auf die Bedürfnisse des speziellen Arbeitsgebietes begrenzt. Ich möchte ihm nicht jede schöpferische Initiative oder Phantasie absprechen. Aber als eine besondere Qualität von herausragender wissenschaftlicher Art ist er nicht zu deuten; und unverkennbar sind ihm die eigentümliche Selbstgenügsamkeit hochgezüchteten Spezialistentums und eine gewisse Statik eigen. Aber gerade dieser Sachverstand ist es, der den typischen Sachbedürfnissen der hier in Frage stehenden streng reglementierten Aufgabenbereiche adäquat ist und ihn in aller Regel befähigt, mit den vorkommenden Anforderungen auch tatsächlich fertig zu werden.

Es gibt hier auch keine hervorstehenden Koordinierungsprobleme inner- oder interbehördlicher Natur. Natürlich können sich zahlreiche Beteiligungen anderer Sachgebiete innerhalb derselben Behörde oder anderer Behörden ergeben. Aber das erstreckt sich überwiegend auf bestimmte Teilaspekte einer Einzelentscheidung, die in einen anderen rechtlich oder organisatorisch vorgeschriebenen Zuständigkeitsbereich fallen. Etwa wenn in einem Personalfall oder in einer Versorgungs- oder Rentenangelegenheit das Urteil des Mediziners einzuholen ist, in einer Vertriebenensache Fragen der Staatsangehörigkeit eine Rolle spielen oder bei einem Fall der Bauaufsicht technische Fragen zu beurteilen sind. All das sind im Grunde seit alters her geläufige und in der Sache nicht sonderlich belangvolle Vorgänge, die regelmäßig einen in sich abgegrenzten Einzelfall ohne allgemeine Bedeutung betreffen, mit einem Wort: Es ist Routine, mag die Einzelentscheidung auch noch so große Widerborstigkeiten haben.

Organisatorisch können sich allerdings unter bestimmten Voraussetzungen besondere Komplikationen ergeben. Übersteigt der quantitative Arbeitsanfall nicht die Kapazität der Behörden, so werden sie damit in der Regel mit den klassischen Mitteln der Organisationstechnik, also des zweckgemäßen Einsatzes von Menschen, so wie sie vorhanden sind, und sächlichen Hilfsmitteln wenigstens grundsätzlich fertig. Nun entwickeln sich aber die Verhältnisse häufig so, daß die Dimensionen des Arbeitsanfalles einen Grad erreichen, der mit den herkömmlichen Mitteln selbst eines massiven Personaleinsatzes und straffster Arbeitsteilung in der Einzelbehörde nicht mehr bewältigt werden kann. Wir haben derartige Erscheinungen in der Vergangenheit vielfach erlebt; in noch mehr Fällen stecken wir mitten in diesem Problem. Ich möchte ein typisches Beispiel mit den Verhältnissen auf dem Gebiet der Besoldung und Versorgung herausgreifen, wo etwa ab der zweiten Hälfte der fünfziger Jahre die gehalts- und versorgungsfestsetzenden Behörden nicht nur in der inneren Verwaltung, sondern auch in den Sonderverwaltungen mit großem Personalbestand, wie Finanz, Justiz, Bahn und Post infolge der sich überschlagenden Neuregelungen am Ende ihrer Arbeitskapazität waren, nicht so sehr am Ende ihres sachverständigen Lateins. Ähnliche Verhältnisse ergeben sich vielfach, wo schematische und repetitive Arbeitsvorgänge in enormen Maßen anfallen, in unerträglicher Weise Personal binden und über kurz oder lang die Verwaltungsproduktion verstopfen: In der Steuerverwaltung, in der Vermessungs- und Katasterverwaltung, in der Material- und Gebührenverwaltung von Bahn, Post und Bundeswehr und im Rentenwesen der Versorgungs- und Versicherungsanstalten. Hier ist der Massenanfall Ursache der Komplikation. Das weist weniger in die Richtung des Sachverstandes und der Verantwortung unserer Behörden und gehört genau genommen zu dem Komplex der Einführung neuartiger Bearbeitungsformen (Mechanisierung und Automatisierung) im Kampf gegen die beängstigende Aufblähung der Behörden, insbesondere ihrer Intendanturdienste.

Es geht mir hier nicht um die Details. Worauf es mir hier ankommt, ist folgende typische Einsicht: Diese neuartigen Formen der Aufbereitung von massenhaft anfallenden und repetitiven Entscheidungsgrundlagen wurde gerade nicht von den Behörden, um die es in diesem Referat geht, vorgedacht, entwickelt und aktiv vorangetrieben. Im Gegenteil: Nach meinen Erfahrungen stehen sie solchen Vorgängen eher zurückhaltend, im Einzelfall sogar feindselig gegenüber. Nun ist es verständlich, daß allein schon wegen der grundsätzlichen Bedeutung, aber auch wegen der in Frage stehenden Investitionen die Planung und Einführung solcher Entwicklungen der Zentralinstanz vorbehalten bleiben muß. Hinzu kommt aber noch, daß hierfür ein hochspezialisierter Sachverstand notwendig ist, der mit den theoretischen, technischen und wirtschaftlichen Voraussetzungen der Mechanisierung und Datenverarbeitung vertraut ist, ein Sachverstand, der für die Lösung solcher Problemkomplexe nur zentral, nicht dezentral oder regional zu organisieren ist. Damit wiederum ist eine typische und institutionell bedeutsame Erscheinung verbunden. Denn regelmäßig steuert ein solcher hochspezialisierter Sachverstand in der Zentrale, der sich geradezu als Domäne geriert, auf die Verselbständigung seines Zweiges in der Form einer möglichst zentral zuständigen Oberbehörde als Sondertyp hin. Zentrale Besoldungs- und Versorgungsämter sind hierfür ein bezeichnendes Beispiel.

Was besagt das alles bei der Kategorie streng vorschriftengebundener Funktionsbereiche für die Verantwortung der Behörden? Darunter verstehe ich zunächst einmal die Frage: Können sie unter Anspannung ihrer Kräfte mit den vorkommenden Schwierigkeiten fertig werden, und werden sie es tatsächlich? Meine Antwort für beide Teile der Frage: Grundsätzlich ja! Wo dies im Einzelfall nicht zutrifft, liegt die Ursache in behebbaren Unzulänglichkeiten des Systems, nicht aber in der Aufgabenkomplikation als solcher oder in der grundsätzlichen Überforderung des Sachverstandes. Denn machen wir uns eine wichtige Erfahrung klar: Die Aufgabenkomplikation verliert jeweils mit dem „Älterwerden" einer Verwaltungsaufgabe ganz erheblich an Gewicht. Rollt nämlich eine neue Aufgabe der hier erörterten Kategorie mit ihren massenhaften Einzelfällen neu auf die Verwaltung zu oder ändert sie sich im Laufe der Zeit plötzlich wesentlich, so haben die Behörden anfangs mit den auftretenden Verzwicktheiten der Materie gewiß erheblich zu kämpfen. Aber in oft erstaunlich kurzer Zeit hat sich regelmäßig die Organisation eingespielt, der Sachverstand gebildet, ist der Weg freigeschlagen für die Routine. Der Einzelfall mag dann auch weiterhin seine Tücken haben und den Sachbearbeiter oder Dezernenten schrecklich plagen, aber er bleibt grundsätzlich in diesem Rahmen der Handhabbarkeit. Dieser Prozeß der Routinisierung eines ganzen Aufgabenbereiches, diese Fähigkeiten unserer Behörden, Aufgaben und Probleme in solcher Art „unter die Füße zu treten", um mit ihnen fertig zu werden, ist gewiß nichts Neues. Aber dies in solchem Ausmaß und mit einer solchen Adaptionskraft zuwege gebracht zu haben, wie es seit dem zweiten Weltkrieg mit der auf uns gekommenen Aufgabenflut der Fall gewesen und an vielen Beispielen nachweisbar ist, das scheint mir doch ein bemerkenswertes Phänomen zu sein.

Aber damit ist nur ein Teilaspekt der Frage nach der Verantwortung beantwortet. In den hier in Frage stehenden vorschriftengebundenen Funktionsbereichen geht die Handlungsmaxime nach den politischen Zielvorstellungen des Gesetzgebers oder der Regierung sowie nach der materiellen Ausgestaltung der Rechtsgebiete bewußt auf eine egalitäre Lösung aller Einzelfälle. Darauf — und das kann gar nicht anders sein — ist der spezifische Sachverstand von vornherein eingestellt. Dieser Sachverstand liebt nicht die Ausnahme, den etwas aus der gewohnten

Reihe liegenden Fall. Er kann zum Problem, ja zum Ärgernis werden. Daraus kann sich in dem jeweiligen Sachgebiet leicht ein allzu mechanistisches Handlungsklima entwickeln, dem die Spontaneität und die Phantasie abgeht, gelegentlich einmal die eingefuchsten Bahnen zu ignorieren und etwas zugunsten des Hilfe oder Rat suchenden Bürgers auf die eigene Kappe zu nehmen. Für den Bürger ist ja die Kompliziertheit des ihn betreffenden Vorschriftenwustes schon Schicksal genug, und eine starre wie unterkühlte Behandlung seiner Anliegen stärkt nicht gerade sein Verständnis für den Wertgehalt rechts- und sozialstaatlichen Handelns der Behörde.

Also mehr Kontrolle, so könnte man folgern, dieses Sachverstandes, der ja regelmäßig mit der tatsächlichen Verantwortung in der Person des entscheidenden Beamten zusammenfällt! Gewiß, aber es könnte ja immerhin sein, daß diese Situation zum Teil wenigstens das Ergebnis eines schon zu fein gesponnenen Systems ist. In welchem Netz sitzt denn der entscheidende Beamte, wen und was hat er alles im Rücken? Da hantiert er mit dem mehr oder weniger dicken Paket seiner Vorschriften, die er peinlich zu beachten hat, dafür sorgt die behördeneigene Hierarchie, die Fachaufsicht und — oft geht es um das Geld des Staates — die mitunter ziemlich weitab vom Schuß reagierende Rechnungsprüfung. Dafür sorgt aber auch die in diesen Funktionsbereichen meist durchgängig gewährleistete Möglichkeit einer verwaltungsgerichtlichen Überprüfung, die in der Praxis bekanntlich sehr weitgehend in der Form „antizipierter Streitentscheidung" in das Kalkül der Entscheidungsvorbereitung einbezogen wird. Und dann hat sich dieser Beamte überall dort, wo es etwas vom Staat zu holen oder zu gewähren gilt, eigentlich permanent rücksichtsloser, mitunter schamloser Pressionen potenter Interessen aller Schattierungen zu erwehren. Besonders weit kann es in diesen Bereichen mit der Herrschaft des Sachverstandes und der Macht der Bürokratie also nicht her sein. Und das Wort vom Übermut der Behörden, das so oft einer erstaunten Öffentlichkeit verkündet wird, deckt hier nicht die Wirklichkeit. Wer genauer hinsieht, erkennt viel Resignation, die sich den Panzer der Gleichgültigkeit angezogen hat. Wen will es wundern, daß sich der Beamte auf das I-Tüpfelchen seines Sachverstandes zurückzieht? Denn das verlangt das System von ihm. Sollte man hier nicht — und ich verhehle nicht die Herausforderung in dieser Frage — eher von verstärkter Rückendeckung für den Sachverstand und die ihn vertretenden Bediensteten sprechen, ehe man weitere Kontrollen sucht? Auch das, so scheint mir, gehört zur Verantwortung der Behörden.

Wenden wir uns nun der zweiten Kategorie von Vollzugsaufgaben zu, d. h. dem Funktionsbereich, in dem den Behörden in den nachgeordneten Ebenen ein mehr oder weniger großer Spielraum eigener

Gestaltung im Rahmen des Gesetzesvollzuges belassen ist. Das sind einmal solche Entscheidungen, die sich nicht auf einen individuell oder materiell konkret umgrenzten Einzeltatbestand beschränken, sondern räumlich weitläufige und sachlich vielfach wechselbezügliche Lebensverhältnisse betreffen mit Auswirkungen mitunter erheblichen Umfanges für den Zustand eines ganzen Verwaltungsgebietes. Es kann sich aber auch um einen speziellen Einzelfall handeln, dessen Dimensionen eine allgemeine und komplexe Bedeutung gewinnen oder von technischer Sonderart sind. Für solche Sachgebiete seien folgende Beispiele angeführt: Raumordnung, Strukturförderung, Bauleitplanung, Reinhaltung der Luft und des Wassers, Verkehrsplanung, Krankenhausförderung, Schulbauförderung u. a. m. Man wird mit einigen Vorbehalten sagen können: Das Merkmal des Verwaltungshandelns in diesem Funktionsbereich unserer Behörden besteht im allgemeinen in vorausschauender Planung fachtechnischer Art und bedürfnisabwägender Entscheidung mit meist, jedoch nicht immer, raumwirksamen Folgen. Diese Funktionskategorie bindet im Verhältnis zu dem reglementierten Aufgabenbereich unserer Behörden nur den geringeren Teil des Personals, ist aber von eminenter verwaltungspolitischer Bedeutung.

Was bedeutet hier Aufgabenkomplikation? Sie ist bedingt durch das Ineinandergreifen der Bedürfnisse vieler Lebensbereiche, deren Gestaltung den Behörden rechtlich als Aufgabe gestellt ist. Der einzelne Fachbereich kann nicht autonom nach seinen speziellen Bedürfnissen reagieren, sondern muß seine Entscheidungen den Bedingungen anpassen, die aus anderen Fachbereichen herüberwirken.

Damit wird die Entscheidung selbst ein Spiegelbild der komplizierten Sachverhalte des technisch industrialisierten Zeitalters. Zugleich wird aber auch klar, wie sehr jedes der dabei zu bedenkenden Blickfelder je für sich zunächst einmal in den ganzen technischen Bezügen seines eigenen Sachbedürfnisses zu erfassen ist und dann mit den ebenfalls im Rennen liegenden anderen Fachgesichtspunkten abgestimmt werden muß, wenn Fehlplanungen und Fehlentscheidungen mit all ihren abträglichen Folgen vermieden werden sollen.

Der Grad der Aufgabenkomplikation ist selbstverständlich unterschiedlich, je nach der Vielgestalt der Auswirkungen von Verwaltungsmaßnahmen. Er wächst, je mehr künftige Entwicklungen und Tendenzen zum Komplex der Entscheidungsvorbereitungen gehören und erreicht schließlich eine besondere Höhe, je entwickelter und damit anfälliger für alle Eingriffe und Initiativen der Verwaltung die soziologischen, wirtschaftlichen und sonstigen strukturellen Bedingungen eines Verwaltungsbezirks sind. Eine Binsenweisheit? Gewiß, aber wie oft wird sie mißachtet, z. B. wenn mehrere Behörden des gleichen Typs, aber mit völlig unterschiedlicher Struktur in ihren personellen wie organisatorischen Bedürfnissen ohne Rücksicht auf ihre strukturellen Bedürfnisse über einen Leisten geschlagen werden.

Für all dies einige Beispiele:

Förderung gemeinnütziger und kommunaler Krankenhäuser und Altersheime mit staatlichen Zuschüssen. Ich will nur ganz bestimmte Bezüge ansprechen.

Zunächst einige knappe Zahlen. Im Regierungsbezirk Düsseldorf standen für diesen Zweck alles über alles im Rechnungsjahr 1965 knapp 80 Mio DM zur Verfügung. Für 1966 wird sich der Betrag in ähnlicher Größenordnung bewegen. Durch die Jahre hindurch sind bislang etwa 320 Bauvorhaben in die Förderung einbezogen worden. 1966 werden etwa 40 Objekte anfinanziert. Auf die Eigenarten des Förderungsverfahrens in unserem Land komme ich in anderem Zusammenhang noch zurück. Ich will auch nicht die zweifellos erheblichen bautechnischen und medizintechnischen sowie die finanziellen Fragen ansprechen, die es hier zu bewerten gilt. Nur die Frage, wo und welche Art von Anstalten soll gefördert werden, interessiert hier, also die Frage nach dem Bedarf. Ich gehe einmal von der Hypothese aus, daß diese Frage nicht von vornherein durch das Gießkannenprinzip überspielt wird. Dann setzt sie doch wohl einen beachtlichen sachgerechten Prüfaufwand voraus. Wie sehen in dem fraglichen Einzugsgebiet die Bedürfnisse der Krankenhausversorgung nicht nur heute, sondern im Ablauf der voraus zu projektierenden Jahre aus? Wie entwickelt sich wenigstens nach den wichtigsten einschlägigen Daten die Bevölkerungsstruktur, ihre Vitalsituation, das jetzige und das künftig notwendige Ausmaß der ärztlichen Versorgung? Was sieht die Landesplanung, die Städteplanung vor? Alles das und noch vieles andere mehr ist gewiß nicht leicht unter einen Hut zu bringen und erfordert ein gehöriges Maß spezieller Einsichten, sollen nicht Millionen einfach in den Sand geworfen werden, bloß weil es einem Träger und seinem Interessenverband in den Kram paßt.

Nehmen wir ein anderes Beispiel aus dem Bereich des Staatshochbaues. Einer Bezirksregierung ist die bautechnische Betreuung einer Kernforschungsanstalt in eigener Zuständigkeit übertragen. Hier geht es um die Errichtung von Forschungsstätten und Versorgungseinrichtungen zum Teil von ungewöhnlicher Art, die aus dem Rahmen der üblichen Aufgaben unseres Staatshochbaues völlig herausfallen, und es ist sicher, daß die verantwortlichen Baubeamten weder in ihrer Ausbildung noch nach ihrem Werdegang mit den hier auf sie zugefallenen Anforderungen jemals etwas zu tun hatten. Wann ist beispielsweise auch schon ein Staatshochbaubeamter für den Bau einer Dekontaminierungsanlage zur Strahlenentseuchung zuständig? Auch hier dasselbe

Bild wählbarer Beurteilungsmöglichkeiten und das Zusammentreffen vieler zu bedenkender Gesichtspunkte fachtechnischer, spezialwissenschaftlicher, sicherheitstechnischer und wirtschaftlicher Art.

Ein weiteres Beispiel, das erheblichen Ärger verursachen kann und landesplanerisch, strukturpolitisch, fachtechnisch und gesundheitspolitisch außerordentlich differenziert liegen kann: Nämlich ein Verkehrsflughafen überdurchschnittlichen Ausmaßes in einem Ballungsraum. Hier schlagen selbstverständlich die wichtigen Entscheidungen durch die Instanzen bis zur Zentralinstanz durch. Trotzdem bleiben für die zuständigen Bezirksbehörden eine Menge Probleme in eigener Zuständigkeit zu lösen, wie der fachtechnische Ausbau der Anlagen, die verkehrsmäßige Erschließung, die Abwendung von gesundheitlichen Gefahren und nicht zuletzt die komplizierten Probleme der Bauleitplanung in den umliegenden Gemeinden.

Ein anderes Beispiel berührt den Bereich der Gewerbeaufsicht, und zwar aus der Genehmigungs- und Erlaubnispraxis nach den §§ 16 und 25 der Gewerbeordnung. Dabei geht es hier jetzt nicht um völlig normal liegende Einzelfälle. Wichtig scheint mir zu sein, daß die allgemeine Tendenz der Genehmigungs- und Erlaubnispraxis einen kaum abschätzbaren Einfluß auf die gesamte industriell-technische wie wirtschaftliche Entwicklung eines Verwaltungsbezirks haben kann. Ob die Gangart hart und restriktiv ist, um nicht zu sagen stur, oder ob sie sich anpassungsfähig gegenüber dem technischen Fortschritt erweist, was nicht mit Laxheit zu verwechseln ist, — in jedem Falle werden hier Wirkungen ausgelöst, die sich auf die allgemeine wirtschaftliche und technische Struktur des Verwaltungsbereichs oft erst in einem längeren Zeitablauf und regelmäßig untergründig so oder so auswirken. Denn es kann kein Zweifel sein, daß die Industrie in ihrer Investitionspolitik die Tendenz einer solchen Praxis sehr nüchtern in ihr Kalkül aufnimmt.

Ähnlich verwickelte Probleme werfen in industriellen Ballungsräumen die Ausweisungen von Wasserschutzgebieten auf mit ihren Raumbeanspruchungen und deren Folgen für die Entwicklung eines ganzen Gebietes.

Technisch außerordentlich kompliziert und wirtschaftlich folgenreich erweisen sich die Maßnahmen gegen die industrielle Luftverschmutzung, ganz abgesehen davon, daß sich hier in der 3. Dimension, nämlich in der Luft, ein kommunalpolitisches Kampfesfeld ersten Ranges zu entwickeln beginnt. Denn keiner Stadt, etwa im Ruhrgebiet, mit einer übermäßigen Vorbelastung ihres Raumes kann es für ihre Einwohner, aber auch für ihre eigenen kommunalen Entwicklungsinteressen wirtschaftlicher Art gleichgültig sein, welche Dreckerzeuger sich in der auf sie zukommenden Windtrift neu ansiedeln.

Sicherheitstechnische Überlegungen ganz besonderer Art sind auch bei den offenbar in Schwang kommenden Benzinleitungssystemen anzustellen, von den Erdöl- und Erdgasleitungen ganz zu schweigen. Ähnlich liegen die Bedingungen bei der Anlage hochfrequentierter Straßentunnels von vielen hundert Metern.

Das alles ließe sich beliebig fortsetzen, soll aber hier genügen.

Was bedeutet hier nun Sachverstand? Offensichtlich seiner Natur nach etwas anderes als der Sachverstand in den streng reglementierten Funktionsbereichen. Er reicht hier wesentlich darüber hinaus, weil das, was von ihm als richtig oder falsch beurteilt werden muß, sich nur bedingt in irgendwelchen Vorschriften vorgedacht bestimmen läßt. Dieser Sachverstand ist nicht rezeptiv; er muß sich gegebenenfalls in einer schöpferischen Weise neue technische Wege erschließen und darf nicht der eigenen Phantasie und Initiative entbehren. Er muß den Grad wissenschaftlichen Expertentums erreichen und zugleich äußerst reagibel den komplexen Problemstellungen begegnen. Wie oft muß sich gerade hier der Sachverstand der Behörden mit den hochqualifizierten Experten der jeweils auf den Plan gerufenen Interessen hart auseinandersetzen, eine Situation, in der nur die überzeugende Leistung und Argumentation, nicht die amtliche Stellung des Behördenvertreters zählt.

Es ist nicht zu übersehen, daß bei diesen Aufgabenformen die Behörden in verschiedener Beziehung an die Grenzen ihres Vermögens stoßen können.

Das kann einmal dann eintreten, wenn bei den Behörden für ihre Entscheidungen der nötige Sachverstand entweder überhaupt nicht oder nur unzulänglich institutionell vertreten ist. Sind z. B. bei Landschaftsschutzfragen geologische Fachfragen im Spiel, wird ein Regierungspräsident in der Regel das geologische Landesamt zu Rate ziehen müssen. Ähnliches wiederholt sich häufig auf anderen spezialtechnischen Wissensgebieten, wo etwa für technische Prozesse oder Zustände besondere Prüfanstalten und Gutachterstellen zuständig sind. In Angelegenheiten des Strahlenschutzes kann es durchaus vorkommen, daß auch der Spezialist der Behörde, so er überhaupt da ist, überfragt ist. Ferner, ob die von einem Flughafen ausgehende Lärmbelästigung oder die durch eine Verkehrsanlage ausgelösten Beeinträchtigungen gesundheitsgefährdend sind oder nicht, oder falls ja, mit welchen technischen Kniffs und Vorkehrungen sie unter den Grad der Gefährlichkeit herabgemindert werden können, das kann im Einzelfall durchaus eine Überforderung der Behörde darstellen. Die Entscheidungsbehörde ist also auf eine Ergänzung ihres Sachverstandes von außen angewiesen. An dieser Stelle treffen wir auf eine Frage, die noch Gegenstand eines besonderen Referates sein wird, so daß ich sie hier nur andeuten möchte, nämlich die Frage, wie diese sachverständige Einwirkung von außen den Beurteilungsvorgang sowie die Wahlmöglichkeiten der entscheidenden Behörde und damit ihre Verantwortung berührt.

Eine weitere Schwierigkeit für den Sachverstand ergibt sich aus dem praktischen Alltag unserer Behörden. Ich möchte sie unter dem Blickwinkel einer unzureichenden Entscheidungsvorbereitung sehen. Das greift zwar bereits auf die personelle Seite hinüber, hat aber auch funktionelle Bedeutung. Es ist einmal die Überlastung unserer verantwortlichen Beamten, mögen sie nun Beamte einer Sonderlaufbahn, also Fachbeamte sein, oder Beamte der allgemeinen oder inneren Verwaltung, also in erster Linie Juristen, die in der Inanspruchnahme mit zahllosen und stark absorbierenden Routineaufgaben liegt. Wann gelingt es einem solchen Beamten, insbesondere des höheren Dienstes, wenn es in einem komplex liegenden Fall wirklich darauf ankommt, über das Alltägliche hinaus von den eigentlichen Grundlagen seines Fachgebietes her eine Lösung von überzeugender Schlüssigkeit zu entwickeln und zu finden? Wie oft geht in der Hektik des Alltags oft auch in einer wichtigen Sache alles hopplahopp, nur um die Sache vom Tisch zu bekommen? Wie oft zeigt er sich dann dem von außen kommenden, besser präparierten Sachverstand anderer Behörden und privater oder verbandsmäßiger Interessen eben nicht gewachsen?

Zu diesem Problemkreis gehört aber auch die manchmal geradezu lächerliche Ausstattung unserer Behörden mit sächlichen Mitteln für die Entscheidungsvorbereitung, z. B. hinsichtlich der Literatur oder der statistischen und katastermäßigen Unterlagen, wie sie für die Entscheidungsvorbereitung unumgänglich nötig sind.

Zum besseren Verständnis für eine weitere Erschwernis vergegenwärtigen wir uns einen kurzen Augenblick lang den Verfahrensablauf bei der Vorbereitung von Gesetzen und Verwaltungsvorschriften von einiger Wichtigkeit in den Regierungen und Parlamenten des Bundes und der Länder. Wer spricht bei diesem Prozeß der Meinungsbildung und Entscheidung nicht alles mit, in amtlicher oder nichtamtlicher Eigenschaft, auf Grund gerechtfertigter oder auch nur angemaßter Zuständigkeit, sachverständig und unverständig? In diesem Gewirr von Beteiligungen sind die Prioritäten der Sachbeiträge und Meinungen oft nicht mehr sicher auszumachen, auch nicht, wer wem die Verantwortung zuschiebt oder wegnimmt. Die Eigenschaft als „federführendes Ressort“ wird dann leicht zu einer fragwürdigen Angelegenheit.

Wenn auch in der Dimension kleiner, aber im Prinzip nicht anders, spielen sich oft die Entscheidungsvorgänge im Rahmen dieser Funktionskategorie bei den nachgeordneten Behörden ab.

Das bedingt stets ein ganzes Geflecht notwendiger Abstimmungen, wodurch die Bewältigung der einzelnen Aufgabe erheblich kompliziert werden kann. Man darf dies nicht nur organisations- oder verfahrenstechnisch verstehen. Darin liegt auch eine echte sachliche Komplizierung, insofern nämlich, als ganz zwangsläufig immer wieder neue Gesichtspunkte die Anforderungen an eine sachverständige Lösung höher schrauben, aber auch insofern, als mit der Zahl der tatsächlichen Einflußnahmen sich auch die Angriffsflächen für handfeste und alles andere als sachgerechte Interessen vermehren. In dieser Hinsicht hat sich, wie man weiß, der Sachverstand oft schrecklich seiner Haut zu wehren und nicht gerade selten bleibt er nur zweiter Sieger.

Diese Sachverhalte weisen auf die Koordinierungsprobleme hin, die sich als Erschwernis für das Verwaltungshandeln der Behörden unterhalb der Zentralinstanz in verschiedenartigster Ausprägung ergeben können. Schon innerhalb der Entscheidungsbehörde selbst, vor allem wenn sie mehrere Fach- und Rechtsgebiete bündelt, wie das bei den Regierungspräsidenten der Fall ist, können sich die notwendigen Abstimmungen außerordentlich häufen. Was muß da nicht alles mitgezeichnet, zur Kenntnis gebracht und verhandelt werden und in welcher Weise geschieht es tatsächlich? In großen Behördeneinheiten solcher Art sind diese geschäftigen Beteiligungen häufig genug in ihrem substanziellen Gehalt fragwürdig. Oft bleiben sie in einer nur formellen Koordinierung stecken, die auch hier wieder dem Grundsatz huldigt, eine Sache möglichst schnell vom Tisch zu bekommen, statt kritisch einzusteigen und sich nicht davor zu scheuen, kontrovers liegende Fachfragen und Rechtsauffassungen genau und erschöpfend abzuklären. Dasselbe wiederholt sich in der horizontalen Ebene zwischen mehreren Behörden, die an einer Entscheidung beteiligt sind. Noch mehr aber sind die in der Vertikalen verlaufenden Koordinierungen zwischen der Zentralinstanz und den nachgeordneten Verwaltungsstufen zu bedenken. Gerade in unseren Funktionsbereichen relativ eigener Gestaltungs- und Entscheidungsmöglichkeit für die unteren Instanzen entwickeln sich hier in der Praxis zahlreiche und in der Sache eminent einschneidende Wechselbeziehungen, die gewissermaßen unter der Decke und ungeachtet der formellen Zuständigkeitsregelungen einen erheblichen Einfluß auf die Entscheidungen haben können.

Auf dem Papier steht zwar, daß diese oder jene Behörde der Mittel- oder Unterstufe für eine bestimmte Entscheidung zuständig ist, aber die tatsächliche oder vermeintliche Bedeutung einer Sache drängt dann doch den Fall faktisch in die Zentralinstanz hinein. Das mag dann daran liegen, daß ein potenter Interessenvertreter für diese Hochzonung sorgt. Oder es ist der Ehrgeiz eines Ministerialreferenten, den die praktische Verwaltungsarbeit im Einzelfall mehr reizt als das Brüten über

Schubladenentwürfen für allgemeine Vorschriften. Die Ursache kann aber auch in der Verantwortungsscheu der nachgeordneten Instanz liegen, eine Entscheidung nicht ohne ministerielle Rückendeckung zu treffen. Schließlich und endlich mag es aber auch ein zwingendes Sachbedürfnis sein, das wegen seiner grundsätzlichen Bedeutung die Entscheidung durch die Spitze erheischt.

Wenn ich aus meinen eigenen Erfahrungen sprechen soll, dann möchte ich diese Tendenzen einer tatsächlichen Hochzonung von Einzelfällen in die Zentralinstanzen außerhalb ihrer normierten Entscheidungsvorbehalte zumindest als recht ausgeprägt bezeichnen. Das kann stellenweise so weit gehen, daß nachgeordnete Behörden oder Sachgebiete bei genauem Zusehen auf den Status von Außenstellen der zentralen Fachsparte herabgedrückt werden.

Welche Folgen ergeben sich aus alledem für die Verantwortung der Behörden? Hier sind nun zunächst einige Anmerkungen zur Frage der Kontrolle zu machen. Ob bei den Entscheidungskomplexen alles seine Ordnung hat, ob also der Bürger in seinen Rechten geschützt und nicht beeinträchtigt wird, kann wohl nur bis zu einem gewissen Grade von der verwaltungsgerichtlichen Überprüfung erfaßt werden. In einem Fall überschaubarer Dimension ist dies kein besonderes Problem. Bei großen und verwickelten Entscheidungsprojekten aber mit zum Teil erst Jahre später offenbar werdenden Folgen tun sich ja schon die Sachverständigen in der Beurteilung außerordentlich schwer. Wie soll dann der Einzelne die Zusammenhänge übersehen, um seine rechtlichen Interessen richtig abschätzen und ggf. wahren zu können? Er wird den Weg zum Verwaltungsgericht, so weit er ihm auch geöffnet sein mag, erst gar nicht beschreiten, sondern mehr oder weniger duldsam hinnehmen, was ihm die Verwaltung verordnet, zumal dann, wenn ihm eine etwaige Beschwer zwar legitimerweise, aber dennoch sehr kurzerhand mit einem entsprechenden Preis abgekauft werden kann.

Was wirklich an die Verwaltungsgerichte zur Streitentscheidung gelangt, ist tatsächlich nur das Wenigste von dem, was sich an gewichtigen Aktionen in den Behörden abspielt. Selbst dort, wo ein Betroffener von seinen Finanzen und sogar vom Sachverstand her keinen Grund hätte, einem Streit mit den Behörden aus dem Wege zu gehen, ist der Gang zum Gericht selten, einfach weil oft zu zeitraubend. Im Regierungsbezirk Düsseldorf werden jährlich mehr als hundert Anträge nach den §§ 16 und 25 GewO bearbeitet. Es ist eine Tatsache, daß so gut wie kein Antrag, dem die Regierung Bedenken entgegensetzt, gerichtlich durchgefochten wird. Solche Anträge werden, wenn sie überhaupt gestellt werden, im vorhinein „stimmend" gemacht. In den letzten 10 Jahren wollte ein einziger Antragsteller seinen Kopf durchsetzen. Das Verfahren hat 9 Jahre gedauert. Auch Klagen von sogenannten Einsprechern sind eine Rarität. Bei uns läuft eine einzige dieser Art. Sie ist 5 Jahre jung.

Ich möchte nicht mißverstanden werden. Die verwaltungsgerichtliche Kontrolle hat durchaus ihre Wirkung, nur offenbar bei weitem nicht in dem Maße, wie man dies im allgemeinen voraussetzt. Das Recht oder die Pflicht zur Erstaktion der Behörden bedingt die Möglichkeit umfassender Erstinterpretation der fachlichen und rechtlichen Entscheidungsgrundlagen. Gerade in der Funktionskategorie eigener Gestaltungsfreiheit ist diese Kausalkette durch die nachvollziehende gerichtliche Überprüfung, die sich womöglich nur an einem Detail eines ganzen behördlichen Handlungskomplexes entzündet, nur sehr schwer aufzubrechen. Die Kontrolle erfaßt nur einzelne Linien des Spektrums, nicht das ganze System und ist damit von vornherein in der Hinterhand. Der Sachzwang des Gesamtkomplexes drückt auf die Entscheidung des Details. Und im übrigen: Ist eigentlich die Frage des Tagungsthemas vom Sachverstand, sprich fachtechnischer Sachverstand, und von der Verantwortung für die Gerichte weniger problemhaft als für die Behörden?

Also Ergänzung der Kontrolle durch die zentrale Fachaufsicht, so kann man fragen. Auch hier ist in gewissen Grenzen die Antwort bejahend. Aber es ist eben nur eine „Fach“-Aufsicht, die sich in den gleichen Gedankengängen bewegt und dieselbe Sprache spricht, wie der beaufsichtigte Fachbereich und daher an umfassender Sorge für die allgemeine Richtigkeit des behördlichen Handelns kaum mehr leisten kann, als unten versäumt wird. Zudem ist die Zentralinstanz häufig zu sehr selbst in das Einzelgeschehen verfilzt, als daß sie den gehörigen Abstand hätte. Ein Beispiel: In unserem Land wird jeder einzelne Krankenhausbau in der Förderung vom ersten Beginn der Planung an von drei Ministerien emsig betreut. Vom Arbeits- und Sozialministerium, das das Geld gibt, vom Bauministerium, das sich um die bautechnischen Spezialfragen kümmert und vom Innenministerium, das die medizinischen Belange vertritt. Dazu kommen die einschlägigen drei Fachdezernate der örtlich zuständigen Bezirksregierungen, die wiederum in verschiedenen Abteilungen liegen. Allesamt treten bei den sogenannten Zielplanbesprechungen für das einzelne Objekt treulich in geschlossenem Pulk in Aktion. Wer kontrolliert hier wen? Man kann auch fragen, wer verläßt sich auf wen? Und wer entscheidet denn eigentlich und verantwortet das, was dabei herauskommt? Mir geht es in diesem Moment gar nicht darum, an dieser Verfahrenspraxis Kritik zu üben. Sie mag sogar ihre Gründe haben. Ich will nur auf ein wichtiges Problem hinweisen, das sich hier auftut. Nämlich die Undurchschaubarkeit des Systems und des Geschehens oft für die Handelnden selbst und die sich daraus entwickelnden Freizügigkeiten der jeweils sich am stärksten erweisenden Fachinteressen. Es ist nicht immer eindeutig auszumachen, ob es der Sachzwang der komplizierten Lebensverhältnisse ist, der den Sachverstand herausfordert, oder ob es nicht der Sachverstand ist, der diesen Sachzwang erst auslöst. In dem Bewußtsein jedenfalls, daß heute für die Technik beinahe nichts mehr unmöglich ist, können sich aus der Deckung des Sachverstandes heraus viele Zentren autonomer Einflußnahmen und Macht für einzelne Akteure entwickeln, wenn das Band kontrollierender und am Recht und allgemeinen Wohl orientierter Koordination zu schwach ist. Das gilt besonders bei reichlicher Ausstattung mit Haushaltsmitteln. Für einen solcherart agierenden Sachverstand müssen meist der Bürger oder ganze Bevölkerungsteile unwissend hinnehmen, was da für sie und ihren vermeintlichen Nutzen geplant und entschieden wird.

Unser Beispiel der Krankenhausfinanzierung beleuchtet auch die Grenzen behördeneigener Selbstkontrolle durch die interne Hierarchie. Was kann hier ganz allgemein die Behördenleitung (Präsident, Vizepräsident, Abteilungsleiter) gegen die Phalanx des Sachverstandes aus der Ministerialinstanz und sogar aus der eigenen Behörde ernstlich ausrichten, wenn sie es darauf anlegen sollte? Hinzu kommt, daß mit jeder Stufe in der Leiter der Hierarchie der Umfang der Information im einzelnen und des Sachverstandes rapide abnimmt. Das ist ein Umstand, der gerade bei Behörden mit vielen Fachzuständigkeiten und von einer bestimmten Größenordnung an besonders stark in Erscheinung tritt, der wiederum zur Folge hat, daß in solchen Behörden die eigentliche institutionelle Verantwortung weit nach unten verlagert ist. Dazu trägt noch eine weitere Erscheinung des Alltags bei. Angesichts des notwendigen Koordinierungsaufwandes, wie ich ihn erläutert habe, und angesichts auch der permanenten Auseinandersetzungen mit außerbehördlichen Interessen erledigen die gerade in den hier in Frage stehenden Funktionsbereichen eingesetzten Beamten ihr Tagewerk in einer ständigen Abfolge von Konferenzen, Verhandlungen und Einzelbesprechungen, gelegentlich handelnd wie levantinische Teppichhändler, jedenfalls regelmäßig nach der „persuasorischen" Methode. Das läßt sich in großen Behörden nur schaffen, wenn die Verantwortung für die Meinungsbildung grundsätzlich bis zum untersten nur möglichen Punkt in der Hierarchie delegiert ist. Gewiß ist die allgemeine behördeneigene Kontrolle nicht wirkungslos; sie setzt sich gelegentlich nachhaltig durch. Aber sie hat jedenfalls in der jetzigen Form ihre deutlichen Grenzen.

Welche Konsequenzen ergeben sich aus diesen Tatbeständen? Erstens bin ich ein Anhänger des bei den Entscheidungsbehörden installierten Sachverstandes. Daher möchte ich, ohne dem noch folgenden Referat vorgreifen zu wollen, nach dem Motto „Hereinnahme soweit wie möglich und Ergänzung von außen soweit wie nötig" für die Verstärkung des Sachverstandes in den Entscheidungsbehörden plädieren, wo er noch nicht hinreicht. Das geschieht nicht nur aus Gründen der Rationalität und der Vervollkommnung, sondern nicht zuletzt aus Gründen der Kontrolle. Ich stelle gewiß nicht die Existenzberechtigung von Sonderbehörden und spezialwissenschaftlichen Anstalten in Frage, wie sie sich im Laufe der Entwicklung aus sachlichen und organisatorischen Gründen als notwendig erwiesen haben. Aber mir will es nicht recht einleuchten, daß beispielsweise bei den Wasserwirtschaftsdezernaten der Regierungen unseres Landes die Wasserbautechnik gut vertreten ist, die Chemie oder Biologie jedoch nur sehr schwach und auch nur aus besonderem Anlaß.

Zweitens halte ich nicht nur die Beibehaltung, sondern darüber hinaus eine entschiedene institutionelle Stärkung von Einheitsbehörden in der Mittelinstanz gerade für die Funktionsbereiche planender und gestaltender Verwaltung für unabdingbar. Auch hier stehen bei mir die Erwägungen zugunsten einer koordinierenden, ausgleichenden und sanktionierenden Kontrolle gegenüber allen anderen Gründen, etwa der technischen Rationalisierung, im Vordergrund. Es ist ein Unding, wenn die Strukturförderung einer Region bei dieser Behörde, die Verkehrsplanung bei einer anderen Behörde bearbeitet wird und die Landes- und Bezirksplanung wieder ihre besondere Organisation mit einer Vielzahl von Ausschüssen und Beiräten besitzt. Es hat auch den Anschein, als ob die politischen Instanzen, wie uns das noch von den dreissiger Jahren her bekannt ist, zunehmend mit der Figur des ins Land entsandten Generalbevollmächtigten oder Sonderbeauftragten, aber auch mit Sonderinstitutionen der verschiedensten Art für dieses oder jenes liebäugeln. Das mag im Einzelfall jeweils seine besonderen politischen Gründe haben. Aber irgendwie hat das auch einiges damit zu tun, daß unsere Behörden allein schon aufgrund ihrer Konstruktion noch nicht oder nicht mehr auf die jeweils anstehenden Aufgaben hinreichend eingestellt und vorbereitet sind.

Sollte die organisatorische Kapazität einer Einheitsbehörde durch diese Forderung möglicherweise überzogen werden können, so wäre ebenso unbefangen auf der anderen Seite die Entlassung von Aufgabenbereichen aus der Bündelung zu betreiben, wo es immer nur möglich ist. Aufgabengebiete, denen nicht die verwaltungspolitische Komplexität und Wechselbezüglichkeit eigen ist, wie bei den hier zur Debatte stehenden Bereichen, sollten zur Entlastung dann als Sonderverwaltungen organisiert werden (Wiedergutmachung, Vermessungswesen, warum nicht auch der Lastenausgleich?). Ich sähe auch für die Verhältnisse in dem Land, aus dem ich komme, durchaus einen mehrfachen Sinn darin, die Forstverwaltung, allerdings nicht in der Form der früheren Regierungsforstämter, im Zusammenschluß der Staats-, Körperschafts- und Privatforsten zu verselbständigen.

Derartige Entlastungen unter den hier gestellten Voraussetzungen, die von Land zu Land ihr verschiedenes Gewicht haben mögen, und im einzelnen gewiß noch genau zu prüfen sein werden, nicht zuletzt im Hinblick auf die räumlichen und strukturellen Größenordnungen der Verwaltungsbereiche, werden der Mittelinstanz ein neues Gewicht geben und auch neue Perspektiven für die Verwaltungsorganisation in einem Land eröffnen.

In einem ganz engen Zusammenhang damit steht die dringliche und nachhaltige Entlastung unserer Zentralinstanzen durch eine Delegation der Aufgaben, die nicht dorthin gehören. Nach allen Erfahrungen gerade auf diesem Gebiet ist daran jedoch nur zu denken, wenn von der Sache her die Mittelinstanzen in der aufgezeigten Richtung institutionell stärker gemacht werden, als es bisher der Fall ist. Ich bin auch der Meinung, daß dies im Endergebnis die Verwaltung keineswegs teurer macht, sondern im Gegenteil billiger und einfacher.

Drittens scheint mir noch ein Wort zur inneren Organisation unserer Behörden notwendig. Ihre organisatorische Struktur ist heute noch weitgehend von überkommenen Vorstellungen geprägt, die von den Bedürfnissen der hoheitlichen Verwaltungen früherer Zeiten hergeleitet sind. Wir sprechen zwar von den sozialstaatlichen Leistungen der Verwaltungsbehörden und ihren Aufgaben der Daseinsvorsorge, wo immer es sich gut macht. Wir bemühen uns auch redlich, in dieser Richtung zu handeln. Aber organisatorisch hat man noch herzlich wenig davon Kenntnis genommen, daß eben mit diesem Charakter unserer Aufgaben schlechthin die ganze Fülle der technischen, wirtschaftlichen und gesellschaftlichen Problematik unserer Lebensbedingungen auf die Behörden trifft. Das muß sich doch auch irgendwie in der Organisation unserer Behörden widerspiegeln. Ist das der Fall? Wir beschäftigen uns äußerst intensiv mit Stellenplänen, speziellen Arbeitsplatzüberprüfungen, ob dieses oder jenes falsch gehandhabt wird, mit subtilen Dienstpostenbewertungen, mit Fragen des Registraturwesens und der Vordruckgestaltung und vielem anderen mehr, was das Herz eines Organisationsexperten in Begeisterung schlagen läßt. All das ist wichtig und hat seinen Sinn. Aber mir will manchmal scheinen, als ob wir darüber vor lauter Bäumen den Wald nicht mehr sehen und zu wenig beachten, daß es auch organisatorisch — nicht nur in der materiellen Komplizierung der Aufgaben als solcher — heute dort brennt, wo für die Zukunft überlegt und entschieden werden muß. Mit anderen Worten heißt dies: Was nutzt uns der beste Sachverstand in einer Behörde, wenn er auch organisatorisch nicht richtig eingepaßt ist, damit er zu seinem Recht kommt, aber auch richtig koordiniert, ausgeschöpft und gelenkt werden kann. Hier liegt beispielsweise, ohne daß ich das hier im einzelnen ausbreiten kann, ein immer deutlicher werdendes Manko der großen nordrhein-westfälischen Bezirksregierungen.

Zu diesem organisatorischen Komplex gehört ferner, daß wir nicht umhin kommen werden, die streng hierarchische Struktur unserer Behörden kritisch zu überdenken. Ich sprach eben von der faktisch sehr weitgehenden behördeninternen Verantwortungsdelegation nach unten und den daraus sich ergebenden Gefahren. Die vertikale Kontrolle durch die Hierarchie reicht nicht mehr hin. Die horizontale, gewissermaßen die Kontrolle des einen Sachverstandes durch den anderen in der Kooperation muß hinzukommen. Dies gilt auf jeden Fall für die Einheitsbehörde in den hier zur Diskussion stehenden Funktionsbereichen relativ freier Gestaltungs- und Beurteilungsmöglichkeiten. Für Sachgebiete mit personellen Führungsnotwendigkeiten — Prototyp hierfür wäre die Polizei — liegen naturgemäß die Dinge anders. Hier behält der streng hierarchische Aufbau seinen Sinn. Aber bei den planenden und gestaltenden, auf engste Koordinierung und Zusammenspiel angewiesenen Sachgebieten, liegt eine Modifizierung der Hierarchie im Sinne einer Kooperation mehr kollegialer Art in der Luft, und zwar in einer durchaus institutionalisierten Form. Das braucht mit den Grundsätzen rationeller Verwaltungsführung nicht im Widerspruch zu stehen — im Gegenteil. Sicher aber bietet dies die Chance zu einer besser abwägenden und unter das allgemeine Wohl gestellten Kontrolle fachlicher Interessen. Selbst wenn dieser Begriff, worauf bereits heute hingewiesen wurde, letztlich kaum noch definierbar gemacht werden kann, dann wird hierdurch wenigstens das Äußerste an Annäherung herausgeholt. Diese Form der Kooperation kann dazu ausgenutzt werden, die führenden wie die fähigsten Kräfte, den Fachbeamten wie den allgemeinen Beamten, auf die für den jeweiligen Bezirk verwaltungspolitisch wirklich wesentlichen Aufgaben zu konzentrieren und vom Routinekram zu entlasten. Sie entschärft die heute so oft spürbare gegenseitige Fremdheit der einzelnen Fachsparten untereinander und könnte dazu beitragen, daß sich der Sachverstand am Sachverstand besser messen und abklären kann, als es derzeit der Fall ist.

Diese Zielvorstellungen laufen darauf hinaus, das partikularistische Eigenleben der einzelnen Sachbereiche, wie es vielfach zu beobachten ist, in den Funktionsbereichen planender und gestaltender Verwaltung in der Mittelstufe organisatorisch zu überwinden. Von hier aus wird es notwendig sein, die Zuordnung der Aufgabenbereiche innerhalb des Behördengefüges neu zu überdenken und die Formen ihrer Zusammenarbeit unter deutlicher Hervorkehrung des Kollegialprinzips stärker zu institutionalisieren. Im übrigen ist es allenthalben die Praxis selbst, die erkennbar von dem reinrassigen bürokratischen Organisationssystem wegdrängt und nach besseren Formen der internen Kooperation in der Entscheidungsvorbereitung sucht. Diese Entwicklung gilt es aufzufangen, weil hiervon nach meiner Ansicht unter dem Gesichtspunkt der wirkungsvollsten Ausnutzung des behördlichen Sachverstandes, wie auch der notwendigen Kontrolle in den hier in Frage stehenden Funktionsbereichen die Leistungsfähigkeit der Behörden in der Mittelstufe entscheidend abhängen wird. Welche Wege im einzelnen hierbei zu beschreiten sein werden, kann nicht mehr Gegenstand dieser Ausführungen sein, weil dies für sich ein eigenes Referat bedeuten würde.

Bleibt mir nur noch folgendes zu berichten:

In einem Erfahrungsbericht über die Ereignisse anläßlich der Hochwasserkatastrophe im Paderborner Land im vergangenen Jahr hat eine Dienststelle sinngemäß folgendes bemerkt:

Für das öffentliche Bewußtsein unserer heutigen Gesellschaft haben nur zwei Dinge eine Chance, ernst genommen zu werden: Das reibungslose Funktionieren der öffentlichen Dienstleistungen mit der perfekten Befriedigung der Bedürfnisse des Einzelnen einerseits und das Durcheinander sowie die Not der Katastrophe andererseits.

Wir werden den Bürger nicht nur vor dem Letzteren zu bewahren haben, sondern vielleicht auch vor dem Ersteren. Denn es könnte den Preis der Freiheit kosten. Wir werden aber gleichwohl den darin liegenden Anspruch ernst zu nehmen haben und unter der Wahrung eben dieser Freiheit des Einzelnen das Bestmögliche aus unserer Verwaltung machen müssen.

Leitsätze

Das Thema beschränkt sich auf die objektiven Erscheinungsformen der Aufgabenkomplikation in der öffentlichen Verwaltung mit ihren Folgen für den Sachverstand und die Verantwortung der Behörden. Personelle Probleme bleiben außer Betracht. Es werden die staatlichen Behördenformen unterhalb der Zentralinstanz behandelt, in erster Linie ausgehend von der staatlichen Mittelinstanz (Regierungspräsidenten).

1. Im Aufgabenbild der Behörden unterhalb der Zentralinstanz sind zwei Funktionskategorien zu unterscheiden:

   a) Funktionsbereiche mit streng vorschriften- und weisungsgebundenem Aufgabenvollzug. Aufgabenkomplikation bedeutet hier in erster Linie die perfektionistische und subtile Ausgestaltung der materiellrechtlichen und verfahrensmäßigen Regelungen, Sachverstand die Kunst versierter Anwendung dieser Regeln.

   b) Funktionsbereiche mit relativer Gestaltungs- und Entscheidungsfreiheit. Aufgabenkomplikation ist hier die Folge technisch, wirtschaftlich, rechtlich und auch politisch schwieriger Tatbestände. Sachverstand bedeutet in erster Linie qualifiziertes Expertentum fachwissenschaftlicher Prägung.

c) In den Funktionsbereichen zu a), die quantitativ den Hauptanteil ausmachen, entspricht die Leistungsfähigkeit der Behörden im allgemeinen den an ihren Sachverstand zu stellenden Anforderungen.

d) In den Funktionsbereichen zu b) ist mit Überforderungen des Sachverstandes zu rechnen, insbesondere bei komplexen Entscheidungstatbeständen.

2. Aufgabenkomplikation jeder Art und dadurch bedingter Sachverstand drängt organisatorisch zur Spezialisierung und institutionell zur Zentralisierung (zentrale Fachbehörden und -einrichtungen). Dies macht sich auch in sog. Bündelungsbehörden im Verhältnis zwischen den fachlichen Organisationseinheiten (Referate, Dezernate) und den zuständigen Entscheidungsstellen der übergeordneten Fachinstanz deutlich bemerkbar (Tendenz zum Außenstellensystem). Nachteilige Folgen:

a) Gegenüber den vorgeschriebenen Zuständigkeitsordnungen faktische Einschränkungen und Unklarheiten in den Verantwortlichkeiten der entscheidenden Behörde und ihrer Leitung.

b) Minderung der Verantwortungsbereitschaft; Rückversichern bei übergeordneten Instanzen und anderen Dienststellen.

c) Große inner- und interbehördliche Koordinierungsprobleme. (Selbstgenügsamkeit der Fachsparten.)

d) Unverständnis oder gar Mißtrauen des unkundigen Bürgers gegenüber den Maßnahmen der Behörde.

3. Verbesserungen gehen in folgende Richtung:

a) Verbreiterung des behördeninternen Sachverstandes und seine Ergänzung von außen.

b) Kontrolle des Sachverstandes durch intensivere Formen der Zusammenarbeit zwischen den beteiligten Fachsparten und Behördenleitungen unter Modifikationen überkommener Organisationssysteme.

c) Beibehaltung und institutionelle Stärkung der Einheitsbehörden (Bündelungsbehörden), ohne eine unbefangene Beurteilung notwendiger Spezialbehörden für bestimmte Aufgabenbereiche zu beeinträchtigen.

Sachverstand und Verantwortung im Hinblick auf die Aufgabenkomplikation in der Kommunalverwaltung

Von Trudpert Müller

In den vorangegangenen Referaten haben wir davon gehört, daß die Verwaltung in der Ministerialinstanz und in der übrigen staatlichen Verwaltung komplizierter geworden ist.

Ich sehe die Aufgabe meines Referates nicht so sehr in der Frage, warum der Ablauf des Verwaltens sehr viel schwieriger in den letzten Jahrzehnten geworden ist — das ist in den vorangegangenen Referaten dargetan worden —, sondern ich möchte Sie in erster Linie auf die Art und die Folgen der Aufgabenkomplizierung auf der Stufe der Gemeinden hinweisen. Dabei werden anhand einiger Beispiele auch die Ursachen der Komplikation in den Gemeinden sichtbar werden.

Einführung

Das Leben in einem Großteil unserer Gemeinden war bis vor einigen Jahrzehnten einfach und übersichtlich. Die Rechte und Pflichten der Bürger in der örtlichen Gemeinschaft waren für jedes Mitglied klar und leicht begreiflich, weil sie sich gegenseitig bedingten.

Um die wirtschaftliche Existenz der Gemeindebewohner zu sichern, mußten Straßen, Wege und Brücken gebaut und unterhalten werden, Gräben und Bäche waren instandzuhalten, die Errichtung von Brunnen stellte die Wasserversorgung sicher. Alle diese notwendigen Arbeiten konnten vom einzelnen Bürger nicht bewerkstelligt werden. Hier mußten die Gemeindebewohner in ihrer Gesamtheit zugreifen.

Dieser sogenannte „Gemeindefron“ hat schließlich unter der Bezeichnung „Hand- und Spanndienst“ immer noch Einzug in die Gemeindeordnungen der deutschen Länder unserer Tage gehalten.

Diesen Pflichten stand das Recht der Allmendnutzung gegenüber, das heißt, der Nutzung von Wiesen- und Weidegeländen, insbesondere aber von Waldgebieten. Auf einen einfachen Nenner gebracht, hieß das:

Wer Wald und Weiden nützt, muß Wege und Stege errichten und unterhalten.

Ich habe diese etwas romantische Einleitung gewählt, um Ihnen den Gegensatz zur heutigen Gemeinde drastisch vor Augen zu führen.

Die Entwicklung der Technik hat die Sozialstruktur der Gemeindeeinwohner grundlegend verändert, wenn auch nicht verkannt werden soll, daß es auch heute noch Gemeinden etwa im Schwarzwald oder im Allgäu gibt, die ihr Gemeinwesen ohne wesentliche Änderungen bis zum heutigen Tage organisiert haben. Die Bewohner dieser Gemeinden erleben zwar heute ebenfalls den Einbruch der Technik, aber sie reagieren darauf noch nicht mit den Mitteln einer adäquaten Verwaltung. Man denke an den Bau von Wasserleitungen in ländlichen Gemeinden, die regelmäßig vom Staat sehr stark bezuschußt werden. Oft vergessen diese Gemeinden die erforderlichen Anschluß- und Benützungszwangssatzungen zu erlassen, ja mir sind Fälle bekannt, in denen noch nicht einmal Anschlußbeiträge und Wasserzins verlangt werden.

Solche Verhältnisse sind aber die Ausnahme. Die Regel bildet der Wunsch der ländlichen Bewohner, auch in den ländlichen Gemeinden den Komfort des Stadtbewohners zu erhalten. Das heißt, nicht nur Kirche, Rathaus und Schule zu haben, sondern eine Wasser- und Abwasserleitung, damit verbunden der Anschluß an eine Kläranlage, asphaltierte Straßen und Wege, als Energiequellen Strom und möglichst auch Gas, Sportplätze, Turnhalle, Kindergärten, eine Festhalle, eine Schwimmhalle, wenn nicht ein Hallenbad.

Die Stadtbewohner andererseits wünschen sich, da sie alle diese Einrichtungen haben, zusätzlich die ozonhaltige Luft des Schwarzwalddorfes.

Diese Wünsche — sind es nicht schon Ansprüche? — sind auf dem Dorf geweckt durch das Fernsehen, das Pendlerwesen, durch die modernen Verkehrsmittel und nicht zuletzt durch eine immer extensivere Auslegung der Artikel 2 und 3 des Grundgesetzes; zusammengefaßt durch das immer schnellere Wohlstandswachstum des einzelnen Bürgers in Deutschland in den vergangenen 18 Jahren. Mit dem Wachsen des Wohlstands des Einzelnen verringern sich die Ansprüche — das dürfte inzwischen erwiesen sein — an die Allgemeinheit nicht, sondern sie wachsen von Jahr zu Jahr in größere Dimensionen. Das erste Auffangbecken dieser Wünsche ist und bleibt die Gemeinde. Auf diesen noch übersehbaren und zur Not noch beeinflußbaren Bereich konzentrieren sich in erster Linie diese Wünsche.

Der Staat, hier die Länder, unterstützen diesen Trend durch einen länderweise verschiedenen außerordentlich komplizierten Finanzausgleich zwischen Land und Gemeinden. Der Finanzausgleich etwa in Baden-Württemberg, eine Wissenschaft, die im einzelnen kein Gemeinderat, kaum ein Bürgermeister, zur Not noch ein Kämmerer beherrscht, hat insgesamt die schematisierende Tendenz, das Steueraufkommen in den großen und mittleren Städten auf verschiedenen Kanälen und Wegen, jedenfalls zu einem Teil, in die ländlichen Gemeinden zu lenken, um dort die obengenannten Investitionen zu ermöglichen. Man nennt diesen Vorgang Steuerkraftausgleich. Diese nicht gerade städtefreundliche Tendenz des Finanzausgleichs übersieht, daß auch die steuerstarke Stadt heute im allgemeinen nicht mehr in der Lage ist, ihre notwendigen Investitionen zu finanzieren. Sie entspricht aber dem Gebot, möglichst gleiche Verhältnisse für alle Staatsbürger in allen Gemeinden zu schaffen.

Beispiele der Aufgabenkomplizierung

Der in der Nachkriegszeit am stärksten in den Vordergrund gerückte Bereich ist das *Bauen in der Gemeinde*. Auf die verschiedenen Ursachen des Baubooms in Deutschland brauche ich hier nicht einzugehen. Sicher ist, daß keine Generation so viel gebaut hat wie die unsere. Die Bauämter, insbesondere der Städte, haben sich in den letzten 10 Jahren personell vervielfacht, wobei vor allem auch die reinen Verwaltungskräfte immer mehr zugenommen haben. Kaum ein Fachgebiet ist andererseits durch die Bundes- und Landesgesetzgebung so kompliziert und für den Laien wie Architekten und den Verwaltungsfachmann unübersehbar geworden, wie dieses.

Leider wird man aber sagen müssen: Von der Sache her sind nur wenige Gemeinden in der Lage, dieses Sachgebiet verantwortlich zu leiten, weil die personellen Voraussetzungen nicht vorhanden sind, und das sachgerechte Beurteilungsvermögen bei den zur Verantwortung Berufenen fehlt. § 2 Abs. 1 des Bundesbaugesetzes lautet:

> „Die Bauleitpläne sind von den Gemeinden in eigener Verantwortung aufzustellen, sobald und soweit es erforderlich ist.“

Die berufenen Vertreter der Gemeinden pflegen auf diese Verankerung der Planungshoheit als Selbstverwaltungsangelegenheit sehr stolz zu sein!

Wenn ich mir dabei überlege, daß keiner meiner 33 Kollegen im Landkreis Kehl über ein Bauamt verfügt, bedeutet dies, daß die gesamte Planungsarbeit auf dem Hoch- und Tiefbausektor an nichtgemeindliche Kräfte, etwa an freie Architekten oder Ingenieure, übertragen werden muß. Gegen dieses Verfahren sprechen allerdings zunächst keine sachlichen Gründe. Leider gibt es nach meiner Erfahrung aber kaum einen Bereich, in dem Gemeinderäte unsachlicher entscheiden, als bei der Auswahl von Architekten oder Ingenieuren. Es kann also durchaus der Fall sein, daß das Gebiet der Bauleitplanung in schlechte Hände gerät, ohne daß es innerhalb der Gemeinde von jemand bemerkt wird. Ein Blick auf die bauliche Entwicklung mancher Gemeinden in den letzten Jahren zeigt, daß schlecht oder überhaupt nicht geplant wurde.

Kommt später ein Baulustiger und informiert sich über die zulässige bauliche Nutzung des Grundstücks, ein Fachgebiet, das durch die Baunutzungsverordnung des Bundes vom 26. Juni 1962 sehr kompliziert geworden ist, so kann die kleine Gemeinde überhaupt keine verbindliche Auskunft geben; es muß demnach der Weg zu einer übergeordneten Behörde angetreten werden, die andererseits die Verhältnisse im einzelnen nicht kennt.

Ebenso kompliziert ist ein weiteres Teilgebiet des Bauens, nämlich das *Erschließungsrecht*, geworden.

Etwa im früheren Badischen Recht war der Beizug von Grundstücken zu den Kosten der Errichtung von Straßen einfach und für jedermann verständlich geregelt:

Es galt der sogenannte *Frontmetermaßstab*, d. h. die an die Straße angrenzenden Grundstücke wurden nach der Länge herangezogen — Länge mal Einheitspreis pro lfdm —. Die verwaltungsmäßige Bearbeitung warf keinerlei Rechtsfragen auf. Bei stark differenzierter Bebauungsweise, also bei einem Wechsel in der Ausnützung von Grundstükken an derselben Straße, war alllerdings die Belastung der Grundstückseigentümer ungleich.

Das Bundesbaugesetz hat dieses Verwaltungsgebiet sehr viel detaillierter geregelt. Um Widersprüche gegen Erschließungsbeitragsbescheide zu vermeiden, ist heute jede Gemeinde bemüht, den gerechtesten Verteilungsmaßstab, aber auch die gerechteste Verteilungsart zu wählen. Dazu muß sie eine oder mehrere Satzungen erlassen, d. h. Ortsrecht setzen. Im allgemeinen kann man besonders in kleineren Gemeinden beobachten, daß die Gemeinderäte oft gar nicht verstehen, daß sie in diesem Augenblick als Gesetzgeber auftreten. Der Gemeinderat muß also festlegen die Art und den Umfang der Erschließungsanlage, soweit er beitragspflichtig sein soll. Vielfach fehlt es hier am plastischen Vorstellungsvermögen und am technischen Einfühlungsvermögen.

Lassen Sie mich dies am Beispiel eines Absatzes aus der Satzung über die Erhebung des Erschließungsbeitrags unserer Stadt darlegen.

Dieser Absatz lautet:

„Die zulässigen Geschoßflächen der einzelnen Grundstücke im Sinne von Abs. 1 Ziff. 4b und 5b ergeben sich aus den zulässigen Grundrißflächen der Gebäude vervielfacht mit der Anzahl der zulässigen Geschosse. In Gebieten, in denen eine Wohn- und Gewerbenutzung zulässig ist, ist ein Geschoß doppelt zu zählen. In Gebieten, in denen überwiegend gewerbliche Nutzung zulässig ist, sind zwei Geschosse doppelt zu zählen. Bei Grundstücken, für die eine gewerbliche Nutzung ohne Bebauung festgesetzt ist, ist als zulässige Geschoßfläche die halbe Grundstücksfläche anzusetzen. Für Grundstücke, die zur baulichen Nutzung bestimmt sind, deren zulässige Geschoßflächen jedoch im Bebauungsplan nicht festgesetzt sind, ergeben sich die zulässigen Geschoßflächen aus dem Durchschnitt des Maßes der baulichen Nutzung der angrenzenden Grundstücke."

Hier sind wir mitten in unserem Thema: Sachverstand und Verantwortung.

Der Gemeinderat hat mit der Verabschiedung der Satzung eine Regelung zu verantworten, die er in vielen Fällen nicht versteht, vielfach wird sie auch der Bürgermeister, ja nicht einmal in der größeren Stadt der Leiter des Liegenschaftsamts, der sie verstehen sollte, in sich aufnehmen können. Oder nehmen Sie die folgende Satzungsregelung, die in ähnlicher Form in ganz Deutschland in den Gemeindesatzungen steht:

„Die Stadt kann für mehrere Anlagen, die für die Erschließung der Grundstücke eine Einheit bilden, bestimmen, daß der Erschließungsaufwand insgesamt ermittelt wird."

Diese Bestimmung stützt sich auf § 130 Abs. 2 Bundesbaugesetz. Zunächst scheint eine derartige Bestimmung vernünftig und zweckmäßig. Die Rechtsprechung hat sich aber bereits dieser Bestimmung angenommen. Bisher ist man überwiegend noch der Meinung, die Gemeinde könne im Verwaltungswege die Entscheidung über die Bildung eines Erschließungsraumes treffen. Neuerdings wird von Gerichtsseite gefordert, daß die Satzung auch über die Art der räumlichen Ermittlung des Erschließungsaufwandes genaue und eindeutige Bestimmungen enthalten müsse, und zwar aus Gründen der Rechtsstaatlichkeit. Das Bundesverfassungsgericht hat in dem bekannten Beschluß vom 3. 2. 1959 hervorgehoben, die Prinzipien der Rechtsstaatlichkeit erforderten es, daß die Verwaltung nur mit gesetzlicher Ermächtigung in den Rechtskreis des Einzelnen eingreifen dürfe[1]. Aus der Ermächtigung müsse Inhalt, Gegenstand, Zweck und Ausmaß hinreichend bestimmt und begrenzt sein, so daß Eingriffe meßbar und berechenbar werden. Das würde bedeuten, daß die Bildung von Abrechnungseinheiten ausdrücklich — also konkret — in der Erschließungsbeitragssatzung geregelt werden muß. Da zum Beispiel in Baden-Württemberg das Recht, Satzungen zu erlassen, auch in der Großstadt nicht auf Ausschüsse übertragen werden kann, bedeutet dies, daß derartige Satzungen von der Vollversammlung des Rats zu erlassen wären über räumliche Gebiete, die kaum einer der Beschließenden kennt; mit anderen Worten, der

---

[1] BVerfGE 9 S. 137 (147).

Gemeinderat muß sich bei der Darstellung des Sachverhalts auf die Richtigkeit der Äußerungen des Sachbearbeiters in vollem Umfange verlassen, oder was mehr und mehr die Regel wird, auf die Richtigkeit der Formulierung einer Mustersatzung, die bei einem kommunalen Spitzenverband ausgearbeitet worden ist.

Der Bürger ist heute nicht mehr in der Lage, beim Bau eines Hauses den voraussichtlichen Erschließungsbeitrag festzustellen, weil sich die Gemeinde hütet, einen vorläufigen Betrag anzugeben. Regelmäßig führen derartige, wenn auch unverbindliche Auskünfte, später zu Rechtsstreitigkeiten. Den Beitragsbescheid kann der Betroffene auch nur sehr schwer nachprüfen. Wir stehen kurz vor der Einrichtung von privaten Beratungsbüros, vergleichbar den Rentenberatungsstellen, weil der Bürger infolge der Unverständlichkeit des Bescheides der Gemeinde nicht mehr traut.

Auch die neuerdings erlassenen *Gebührensatzungen*, etwa für die Müllabfuhr oder die Abwasserkanalbenutzung und Kläranlagen, sind vorzügliche Beispiele dafür, daß die Rechtsprechung die Aufgaben der Kommunalverwaltung erheblich kompliziert. Diese Gebührensatzungen hatten bis vor einigen Jahren als gebräuchlichen Maßstab den Einheits- oder Feuerversicherungswert der Grundstücke. Dieser Maßstab war für die Verwaltung einfach und gleichbleibend. Derartige Satzungen sind von der Rechtsprechung als rechtsunwirksam bezeichnet worden, weil der Grundsatz der Verhältnismäßigkeit von Leistung und Gegenleistung und der Grundsatz der Steuergleichheit verletzt sei. Die neuen Satzungen, die den von der Rechtsprechung entwickelten Grundsätzen angenähert sind, verursachen bei der Verwaltung erhebliche Schwierigkeiten und Mehrarbeit. Die neuen Satzungen über die Müllabfuhr nach dem sogenannten Tonnenprinzip haben vielfach in der Praxis das Ergebnis, daß wesentlich mehr Müll wild abgelagert wird, um die Anschaffung weiterer Müllgefäße und damit eine Gebührenmehrbelastung zu umgehen. Bei der Abwasserbeseitigung ist die Tendenz zu erkennen, auch den jeweiligen Verschmutzungsgrad des Abwassers in der Satzung zu berücksichtigen.

Alle diese Bestimmungen haben einerseits die Tendenz zur Gerechtigkeitsperfektion, andererseits komplizieren sie die Abrechnung und lassen insbesondere in kleineren Gemeinden bei fehlendem Fachpersonal neue Fehlerquellen zu. In der größeren Gemeinde führen sie zur Einstellung von weiterem Personal.

Lassen Sie mich aus den vielen Beispielen des Subventionswesens das *Wohngeldgesetz* des Bundes herausgreifen. Da dem Wohngeld der Geruch der Fürsorge nicht anhaften soll, wurde die Bearbeitung der Wohngeldanträge aus den Sozialämtern ausgegliedert. Das fachlich geschulte und mit den wirtschaftlichen Verhältnissen eines größeren Bevölkerungsteils vertraute Personal kommt damit für diese Aufgabe nicht in Betracht.

Im Antragsverfahren haben die Bürgermeisterämter bei der Vorprüfung die Vollständigkeit der Angaben zu bestätigen, daß die Zahl und der Familienstand der zum Haushalt des Antragstellers rechnenden Familienangehörigen mit den Eintragungen im Melderegister übereinstimmen und schließlich, daß die Angaben über Wohnfläche, Zahl der Räume sowie die Wohnfläche und die Zahl der Räume, die nicht von den zum Haushalt des Antragstellers rechnenden Personen benutzt werden, glaubhaft sind. Insgesamt sind annähernd 50 Fragen zu beantworten.

Bei der Überprüfung der Angaben in den Städten kann Personenzahl und Familienstand der Haushaltsangehörigen nicht allein aus der Meldekartei entnommen werden, weil oftmals die mitverdienende Ehefrau als „Hausfrau" deklariert wird. Die Nachprüfungen müssen daher auch auf die Lohnsteuerkartenstelle ausgedehnt werden, weil die meisten Meldekarteien nur die Einzelpersonenkartei — nicht aber die geschlossene Haushaltskartei — führen. So können mitverdienende Verschwägerte, die zum Haushalt gehören, aber im Antrag nicht aufgeführt wurden, auch aus der Meldekartei nicht erfaßt werden, da die anderslautenden Familiennamen nicht bekannt sind. Die Erfassung aller Haushaltsangehörigen ist aber zum Zwecke der Einkommensermittlung unerläßlich.

Es gibt eine erhebliche Anzahl von Vermietern und Mietern, die sich auf das Wohngeldgesetz „einmanipuliert" haben. Vor der Antragstellung werden Untermieter abgemeldet. War der Antrag erfolgreich, werden sie wieder angemeldet, denn die Wohngeldgewährung erfolgt für 12 Monate und Nachprüfungen finden in dieser Zeit nicht mehr statt.

Verschiedentlich suchen Vermieter sich auch solche Mieterfamilien aus, bei denen mit Sicherheit eine Wohngeldgewährung zu erwarten ist. Sie kalkulieren dieses Geld bereits im Mietpreis mit ein und gehen damit bis an die Mietobergrenze, auch wenn die Wohnung komfortmäßig diesem Mietpreis nicht gerecht wird. Von einem Mieter ohne Wohngeldberechtigung könnte dieser Mietpreis nicht oder nur ganz selten bezahlt werden. Dies ist möglich, weil die Miet- und Belastungsobergrenzen nach § 43 des Wohngeldgesetzes nicht ausreichend gestaffelt sind. Bei einer kurz nach der Währungsreform erstellten Neubauwohnung kann nicht der gleiche Quadratmetersatz wie bei einer im Jahre 1965 erstellten Wohnung gerechtfertigt sein.

Meine Überprüfung bei der Bewilligungsstelle für Wohngeld eines Landkreises hat ergeben, daß etwa die Hälfte aller Anträge von den kreisangehörigen Gemeinden unvollständig eingereicht werden. Die Bewilligungsstelle ist aber auf die gewissenhafte Vorprüfung der Anträge angewiesen. Oft fehlt es in kleinen Gemeinden an geschultem Personal. Dadurch entstehen entweder falsche oder erheblich verzögerte oder zu späte Entscheidungen.

Mit den verwaltungsmäßigen Schwierigkeiten, die wir zum Beispiel in unserem Lande mit dem gesetzlich geregelten Zuschuß für die Schülerbeförderung und der dadurch hervorgerufenen Kettenreaktion auf die Schülertarife der Verkehrsunternehmen haben, will ich Sie verschonen.

Nicht nur Gesetzgebung und Rechtsprechung komplizieren die Verwaltung und stellen neue Anforderungen an den Sachverstand und die Verantwortung der Bearbeiter, sondern die schnelle *Entwicklung der Technik* bildet eine weitere Ursache. Mit ihr werden neue Methoden der Planung und der Arbeitsausführung erschlossen. Insbesondere die Entwicklung der Automation bietet neue, fast unvorstellbare Möglichkeiten, die aber zunächst erhebliches Umdenken und große geistige und materielle Anstrengungen erfordert.

Bei Arbeitsvorgängen, die in gleichartiger Form massenhaft zu erledigen sind, werden in steigendem Maße elektronische Datenverarbeitungsanlagen eingesetzt (z. B. Gebührenrechnungen der Stadtwerke, Lohn-, Gehalts- und Ruhegehaltsberechnungen). In den meisten Fällen wird hierbei ein beachtlicher Rationalisierungseffekt erzielt. Die Prinzipien, nach denen derartige Maschinen arbeiten, sind jedoch außerordentlich kompliziert und es wissen nur wenige genau Bescheid in den Fragen der Programmierung. Der für die Sachbearbeitung Verantwortliche ist nicht in der Lage, selbst die Maschine zu bedienen oder zu überprüfen und muß sich auf den Spezialisten verlassen. Er ist sehr häufig auch nicht imstande festzustellen, ob der ablochfähige Beleg, der zur Herstellung der als Eingabemittel erforderlichen Lochkarten benötigt wird, richtig gestaltet ist. Bei der Nachprüfung der Richtigkeit der Berechnungsergebnisse der Anlage muß er sich auf Stichproben verlassen. Ein besonderes rechtliches Problem ergibt sich daraus, daß derartige Bescheide keine Unterschrift tragen. Noch schwieriger wird die Situation, wenn mehrere Behörden oder Körperschaften gemeinsam eine Anlage benutzen, die dann gewissermaßen als Dienstleistungsbetrieb für die anderen tätig wird. Es kommt hier zu den obengenannten Schwierigkeiten noch hinzu, daß die Verantwortung für die richtige Handhabung der Maschine außerhalb der eigenen Dienststelle verlagert wird. Da angestrebt werden muß, daß mit zunehmendem Einsatz von elektronischen Datenverarbeitungsanlagen die Rechtsvorschriften, die bei den durch sie erledigten Verwaltungsvorgängen maßgebend sind, „maschinengerecht" gestaltet werden, ergibt sich auch in diesem Bereich eine Diskrepanz zwischen Sachverstand und Verantwortung.

Im Interesse einer rationellen Erledigung massenhaft anfallender Arbeitsvorgänge und einer Befreiung von Arbeitskräften von der Bearbeitung dieser oft stumpfsinnigen Rechnungsoperationen müssen diese Schwierigkeiten jedoch in Kauf genommen werden.

Schlußfolgerungen

Ich habe versucht, Ihnen durch einige Beispiele die Ursachen der Aufgabenkomplikation in den Gemeinden sichtbar zu machen.

Sie liegen in der extensiven Auslegung des Gleichheitssatzes, die zu detaillierter Gesetzgebung und entsprechender Rechtsprechung führt, außerdem in der rapiden Entwicklung der Technik.

Diese Ursachen führen dazu, daß die Verwaltung in der Gemeinde immer komplizierter wird und damit mehr und mehr Spezialisten erfordert. Spezialisten sind jedoch in genügender Anzahl nicht vorhanden oder können in kleineren Gemeinden nicht eingesetzt werden, da keine volle Auslastung möglich und die finanzielle Leistungskraft der kleinen Gemeinden überstiegen würde. Dabei muß man sich klar machen, daß 90 % unserer Gemeinden weniger als 3000 Einwohner haben und die gesamte Verwaltung meistens von einer Kraft erledigt wird. Das Personal muß mit mehreren Fachgebieten befaßt werden. Damit ist der vorhandene Sachverstand teilweise überfordert. Die Verantwortung bleibt jedoch in vollem Umfange bestehen. Die Problematik wird zunehmend größer je kleiner die Verwaltung ist, da dort nur wenige Bedienstete vorhanden sind oder oft einschließlich des Bürgermeisters nur ehrenamtlich oder nebenamtlich Tätige arbeiten.

In dieser Stufe werden Entscheidungen getroffen mit oftmals völlig unzureichendem Sachverstand. Dies gilt auch für die Entscheidungen, die die gewählten Gremien zu treffen haben.

Wir sehen demnach, daß vor allem in der kleinen Gemeinde Gesetzestheorie und Verwaltungspraxis auseinanderklaffen. Der Grundsatz der Universalität des gemeindlichen Wirkungskreises ist in unserem Zeitalter in der kleinen Gemeinde nicht mehr real, weil der erforderliche Sachverstand dort nicht aufgebracht werden kann und die übernommene Verantwortung von den nach dem Gesetz dazu Berufenen nicht übersehen wird.

Abhilfe kann nur geschaffen werden durch den Zusammenschluß von Gemeinden oder durch gemeinsame fachliche Einrichtungen. In unserem Lande kennen wir im württembergischen Landesteil den sogenannten

Gemeinsamen Fachbeamten, früher Verwaltungsaktuar genannt. Es zeigt sich allerdings, daß diese, auf die früheren württembergischen Verwaltungsverhältnisse zugeschnittene Einrichtung im badischen Landesteil nicht angenommen wird.

Auch die Eingemeindung scheint mir ein durchaus legitimes Mittel zu sein, um wieder zu einer gesetzeskonformen Verwaltung zu kommen. Insbesondere glaube ich, daß über den Finanzausgleich ein vielleicht zunächst sanfter Druck zur größeren Gemeinde ausgeübt werden müßte.

Eine andere Möglichkeit, von der der Gesetzgeber zunehmend Gebrauch macht, besteht darin, daß Pflichtaufgaben schwierigerer Art nicht mehr der Gemeinde, sondern dem Landkreis übertragen werden. Diese Praxis vernachlässigt zwar den ursprünglichen Gedanken der Selbstverwaltung, er ist aber unumgänglich, solange die Gemeinden nicht über eine gleichmäßige Verwaltungskraft verfügen. Immerhin muß hierzu bemerkt werden, daß in der Regel ohne Mitwirkung der Gemeinden sich diese Aufgaben vielfach, wie ich am Beispiel der Wohngeldgesetzgebung nachgewiesen habe, nicht erfüllen lassen.

Es zeigt sich ganz allgemein, daß die größere Verwaltungseinheit der heutigen Verwaltungssituation am ehesten gerecht wird. Dort können für jede Aufgabe Fachkräfte eingesetzt werden oder es werden sachverständige Personen in den Ämtern oder Abteilungen zwischengeschaltet.

In den großen Städten sehen wir uns andererseits der Tatsache gegenübergestellt, daß der Dezernatsleiter, etwa der Beigeordnete, seinen Sachbereich wegen des großen Umfanges der Aufgaben und ihrer Auswirkungen nicht mehr in allen Bereichen übersehen kann. Vor allem die mechanisierte und automatisierte Verwaltung bedarf eines besonders geschulten Personals. Bei der stürmischen Weiterentwicklung der Technik veralten die erworbenen Kenntnisse schneller. Sachverständig kann ein Dezernatsleiter nur bleiben, wenn er ständig seine Kenntnisse erweitert, Arbeitsuntersuchungen durchführt, um damit den Verwaltungsablauf so zu lenken, wie dies erforderlich ist. In den großen Städten wächst die Verantwortung, weil der Aufgabenbereich immer größer wird, zuweilen so stark, daß der Sachverstand eines einzelnen nicht mehr alle Angelegenheiten erfassen kann.

Zusammengefaßt wird man sagen können:

1. Eine moderne Verwaltung der Gemeinde kann erfolgreich nur bewältigt werden, wenn sie so groß gemessen ist, daß fachlich geschultes Personal eingesetzt werden kann und ausgelastet ist. Die zu kleinen Einheiten können die Aufgaben des heutigen Rechts- und So-

zialstaates nicht mehr erfüllen. Sie sind auch gesamtwirtschaftlich betrachtet auf die Dauer eine zu große Belastung.

2. Die Stellung des Gemeinderats, der Vertretung der Bürger, der nach dem Gesetz die Stellung des Hauptorgans in der Gemeinde hat, ist fragwürdig geworden. Das Hauptorgan trägt zwangsläufig die Gesamtverantwortung für die Gemeinde. Der Gemeinderat soll die Grundsätze für die Verwaltung festlegen und im Grundsatz über alle Angelegenheiten entscheiden. Die ehrenamtlichen Kräfte sind dabei heute in vielen Fällen überfordert. Die Entscheidung wird nicht gewußt, sondern man glaubt, daß es der Bürgermeister oder der Fachreferent, der den Sachverhalt und den Entscheidungsvorschlag vorträgt, schon richtig machen wird. Man glaubt ihm, weil man ihn kennt. Die Verantwortung verlagert sich damit praktisch von dem gesetzlich zuständigen Organ auf den gesetzlich unzuständigen Fachmann. Der Einfluß der Volksvertretung geht damit zurück. Er kann zwar durch Ausschußarbeit, durch Zuziehung sachverständiger Bürger oder anderer Sachverständiger oder durch Respiziatsbildung innerhalb des Gemeinderats verbessert werden. Das ist eine Frage, die ich im einzelnen hier nicht untersuchen will, weil in einem anderen Referat darüber gesprochen wird. Die Gesamtverantwortung muß aber nach dem Gesetz bei dem politischen Organ verbleiben. Diese Verantwortung ist um vieles schwerer geworden, zumal auch der Sachverstand zuweilen zu überspitzten Ergebnissen führen kann, die einer Korrektur durch das politische Organ bedürfen.

3. Zu befriedigenden Leistungen — mit anderen Worten zu einer möglichst großen Übereinstimmung von Sachverstand und Verantwortung — auf der Gemeindestufe können wir nur kommen, wenn die Gemeinden in ihrer Verwaltungskraft vergleichbarer werden als dies heute der Fall ist. Nur dann ist gesichert, daß bei vermindertem Sachverstand nicht auch die Verantwortung nachläßt und damit das Vertrauen der Bürger in die Gemeindeverwaltung schwindet. Wenn wir auch in der Zukunft die Gemeinde als Grundlage und Schule des demokratischen Staatsaufbaues behalten wollen, muß in absehbarer Zeit mit einer territorialen Reform der Gemeinden begonnen werden.

Leitsätze

1. Die Ursachen der Aufgabenkomplikationen liegen in der extensiven Auslegung der Grundrechtsbestimmungen, die zu detaillierter Gesetzgebung und entsprechender Rechtsprechung geführt haben. Ein weiterer Grund für die Aufgabenkomplikation liegt in der rapiden Entwicklung der Technik. Diese Ursachen führen dazu, daß die Verwaltung in der Gemeinde immer komplizierter wird und damit mehr und mehr Spezialisten erfordert. Spe-

zialisten sind jedoch in genügender Anzahl nicht vorhanden oder können in kleineren Gemeinden nicht eingesetzt werden, da keine volle Auslastung möglich und die finanzielle Leistungskraft der kleinen Gemeinden überstiegen würde.

2. In der kleineren Gemeinde klaffen Gesetzestheorie und Verwaltungspraxis heute auseinander. Der Grundsatz der Universalität des gemeindlichen Wirkungskreises ist in unserem Zeitalter in der kleinen Gemeinde nicht mehr real, weil der erforderliche Sachverstand dort nicht aufgebracht werden kann und die übernommene Verantwortung von den nach dem Gesetz dazu Berufenen nicht übersehen wird.

3. In den großen Städten wächst die Verantwortung, weil der Aufgabenbereich immer größer wird; er wächst teilweise so stark, daß der Sachverstand eines Einzelnen nicht mehr alle Angelegenheiten erfassen kann.

4. Die Stellung des Gemeinderats, der Vertretung der Bürgerschaft, der nach dem Gesetz die Stellung des Hauptorganes in der Gemeinde hat, ist fragwürdig geworden. Der Sachverstand der ehrenamtlichen Kräfte ist heute in vielen Fällen überfordert. Die Verantwortung verlagert sich damit praktisch von dem gesetzlich zuständigen Organ auf den gesetzlich unzuständigen Fachmann.

Wenn in der Zukunft die Gemeinde als Grundlage und Schule des demokratischen Staatsaufbaues beibehalten werden soll, muß in absehbarer Zeit mit einer territorialen Reform der Gemeinden begonnen werden.

Sachverstand und Verantwortung in personeller Hinsicht (Umfang, Grenzen und Gefährdungen) bei Behördenchefs und Verwaltungsjuristen

Von Klaus Müller-Heidelberg

I.

1. Wenn im Rahmen des Aller-Oker-Leine-Planes, um die Hochwasser der Oker besser zu beherrschen, die Wasserführung der Aller zu verbessern und die Grundwasservorräte anzureichern, der Regierungspräsident der Regierung Lüneburg den Bau großer Rückhaltebecken am Einfluß der Oker in die Aller plant und in die Wege leitet, dann ist er zwar für die Zweckmäßigkeit dieses Vorhabens, für die Schlüssigkeit und technische Rationalität der Planung und den wirtschaftlichen Einsatz der bereitgestellten Mittel persönlich voll verantwortlich. Sein technischer Sachverstand in bezug auf dieses Objekt bleibt aber höchst beschränkt, obwohl er alle Aspekte des Vorhabens von der ersten Konzeption bis hin zur Ausschreibung der Bauleistungen sich immer wieder hat vortragen lassen; obwohl er Sachverständigengutachten und Planbeschreibungen gelesen oder wenigstens angelesen hat und er die örtlichen Gegebenheiten aus eigener Anschauung genau kennt.

Sollte den Regierungspräsidenten diese Diskrepanz zwischen Sachverstand und Verantwortlichkeit beunruhigen — ernsthaft wird das kaum geschehen, denn es handelt sich, wie noch darzulegen sein wird, um keine „discrepantia" im Sinne der Typologie von Herrn Staatssekretär Duppré —, so wird er daran denken, daß es dem benachbarten Präsidenten der Wasser- und Schiffahrtsdirektion in Hamburg mit dem Elbe-Seitenkanal nicht viel besser geht: Der ist zwar Diplomingenieur und hatte lange Jahre technischer Praxis, ehe er an die Spitze der Wasser- und Schiffahrtsdirektion berufen wurde, aber trotz aller Leidenschaft für dieses in seinem Bereich einmalige Großvorhaben weiß er sehr viel weniger davon als der Oberbaurat, in dessen Händen seit Jahren die Planung und technische Vorbereitung des Kanalbaues liegt.

Verantwortlich zu sein für Maßnahmen, deren fachlich-technische Bedingungen er selbst nicht voll beurteilen kann, ist das Normalschicksal der Leiter großer Behörden mit vielfältigen und differenzierten Aufgaben. Unser Beispiel zeigt, daß dieses Schicksal in gleicher Weise den Verwaltungsjuristen trifft wie den technischen Fachbeamten, sei er Diplomingenieur, Arzt, Landwirt oder was auch immer. Sie alle unterliegen dem Gesetz, daß, wie *Luhmann* es formuliert hat, „das Ausmaß der Verantwortlichkeit ... mit der formalen Hierarchie übereinstimmen" und mit der Höhe der Stellung wachsen muß; unmittelbare fachliche „Verantwortung und Verantwortlichkeit fallen in großen, formal organisierten Systemen weit auseinander", wie *Luhmann* zutreffend feststellt[1]. Und fühlte sich der Behördenchef dem Druck dieser Verantwortlichkeit nicht gewachsen, so wäre er fehl an seinem Platze und gehörte „in die Linie" der Dezernenten oder Referenten, die nur Sachverantwortung tragen, ohne letztlich formal verantwortlich zu sein.

2. Schon dem Leiter einer Abteilung mit unterschiedlichen Aufgaben geht es nicht anders: Auch er trägt, unter dem Behördenchef, eine abgestufte Verantwortlichkeit für die Gesamtleistung seiner Abteilung und alle Entscheidungen, die von ihr ausgehen. Aber er wäre kaum in der Lage, etwa als Leiter der Polizei- und Hoheitsabteilung einer Regierung die Funktionen und Sachverantwortung des ihm unterstehenden Kommandeurs der Polizei oder des leitenden Dezernenten für das Kataster- und Vermessungswesen zu übernehmen. Ist der Leiter der Schulabteilung Verwaltungsjurist, so hat er auch für das Tun und Lassen seiner schulfachlichen Dezernenten einzustehen, in deren Geschäft, soweit es die sogenannten inneren Schulangelegenheiten betrifft, er sich normalerweise nicht einmischen wird; ist er Schulmann, so wird er sich hüten, dem sogenannten Externdezernenten seine etwaigen beamtenrechtlichen Vorstellungen aufzuoktroyieren oder ihn in haushaltsrechtlichen Dingen zu „überfahren", obwohl er sich in seiner Gesamtverantwortlichkeit für die Abteilung auch für diesen Arbeitsbereich verantwortlich fühlen muß.

3. In besonderem Maße fühlt sich der Verwaltungsjurist dazu berufen, Verantwortlichkeiten zu übernehmen, wo es ihm am fachlichen Sachverstand notwendigerweise fehlen muß. Das gilt nicht nur für die Chefpositionen, die seine beruflichen Leitbilder darstellen und für die er sich daher besonders vorbestimmt fühlt: Landrat/Oberkreisdirektor, (Ober-) Bürgermeister/(Ober-) Stadtdirektor, Regierungspräsident oder wenigstens Regierungsvizepräsident. Das gilt ebenso für die unmittelbare Verantwortung „in der Linie", wenn er etwa als Verkehrsdezernent einer Regierung in einem Planfeststellungsverfahren mit den Fachbeamten von der Bundesbahn um eine technische Lösung ringt,

---

[1] *Niklas Luhmann,* Funktionen und Folgen formaler Organisation, Berlin 1964, S. 182 f.

die das Land oder eine Kommune als mit einem Drittel der Kosten beteiligten Straßenbaulastträger oder die mit ihren Grundstücken betroffenen Anlieger am wenigsten beschwert; oder wenn er sich als Dezernent für Verteidigungsangelegenheiten — ein Beispiel aus dem Regierungsbezirk Lüneburg mit seinen großen Truppenübungsplätzen — mit den artilleristischen Sachverständigen der Bundeswehr über die Gefahren von Außenfeuerstellungen für das überschossene Gebiet auseinandersetzt; oder wenn er als Wirtschaftsdezernent die Bonität und die Entwicklungsmöglichkeiten eines Betriebs und die Qualitäten seiner Inhaber abwägen muß, die sich mit Bundes- und Landeshilfen in einem regionalen Förderungsgebiet ansiedeln wollen.

Nicht ganz selten wird der Verwaltungsjurist erst in der Auseinandersetzung mit seinem Gesprächspartner einige der fachlich-technischen Bedingungen kennenlernen, unter denen dieser steht und die bei einer abwägenden Entscheidung über sein Vorhaben nicht außer acht gelassen werden dürfen. So ist der Verwaltungsjurist, auch wenn er sich als „alten Praktiker" betrachten darf, immer von neuem ein Lernender da, wo er verantwortlich zu entscheiden oder die Entscheidung seiner Behörde verantwortlich vorzubereiten hat.

Dabei wird er häufig auch mit dem sachverständigen Fachbeamten seines Hauses zusammenzuarbeiten haben. Hier fallen fachlicher Sachverstand und die informelle Verwaltungsverantwortung auseinander, wenn auch die formale Verantwortlichkeit beim Behördenleiter liegt, der über beiden steht.

Nicht selten befindet sich der Jurist in der Verwaltung aber auch in der umgekehrten Rolle, mit seinem juristischen Sachverstand an Entscheidungen mitzuwirken, die auf der Dezernentenebene wie in der Behördenspitze von nichtjuristischen Fachbeamten verantwortet werden müssen. Ich denke hier insbesondere an die Oberbehörden der Sonderverwaltungen (z. B. für Straßenbau, Flurbereinigung, Wasserstraßen, Bahn, Post), in denen der Jurist in der Regel eine dienende Funktion wahrnimmt. Hier ist *er* der Träger eines spezifischen, fachlichen Sachverstandes, nämlich des juristischen, und die formale Verantwortlichkeit auch hinsichtlich der rechtlichen Fehlerfreiheit und Zweckmäßigkeit liegt bei dem technischen Fachbeamten. Den Juristen in dieser Funktion als Sachverständigen für Rechtsfragen möchte ich nicht als Verwaltungsjuristen im engeren Sinne des Themas ansehen.

II.

Dieser personale Aspekt des Auseinanderfallens von im Sachverstand begründeter Sachverantwortung und formaler Verantwortlichkeit, wie sie sich aus der inneren und äußeren Struktur der Behördenhierarchie ergibt, macht die Problematik aus, die mir zusammen mit Herrn Kollegen Koch zum Thema gestellt ist.

Es stellt sich die naheliegende Frage, ob nicht ein Verwaltungsaufbau denkbar wäre, in dem Sachverstand und formale Verantwortlichkeit zusammenfallen, also die „coincidentia“ im Sinne der Typologie von Herrn Staatssekretär Duppré hergestellt ist: ein Idealbild, das gewiß große innere Überzeugungskraft hätte.

Der *Verwaltungsjurist,* der sich einer solchen Spekulation überläßt, träumt dabei nach rückwärts in die Vergangenheit, in der der technische Fachbeamte in den Behörden der allgemeinen Verwaltung kaum ein Eigengewicht hatte und zwischen den Verwaltungsjuristen, die das ganze Verwaltungsprestige für sich in Anspruch nahmen, isoliert und ziemlich verloren dastand. Aber der Verwaltungsjurist weiß, daß diese vergangene Verwaltungsstruktur an eine gleichfalls vergangene Struktur von Gesellschaft, Wirtschaft und Staat gebunden war, zu der kein Weg zurückführt.

Wenn der *technische Fachbeamte* (worunter ich auch den Medizinalrat, den Sportrat, den Landwirtschaftsrat, also alle diejenigen zu verstehen bitte, die mit der spezifischen Ausbildung für eine bestimmte fachliche Verantwortung zur Verwaltung gekommen sind) sich eine Verwaltung wünscht, in der in seiner Person Sachverstand und formale Verantwortlichkeit zusammenfallen, dann projiziert er seine Vorstellungen in die Zukunft. Er träumt von Sonderverwaltungen, in denen er mit seinen Spartenkollegen allein das Regiment führt, in denen die dauernde, Zeit und Kraft verzehrende Abstimmung mit den Vertretern anderer Disziplinen und insbesondere mit diesen lästigen Verwaltungsjuristen endlich unterbleiben und die allein vom fachlichen Sachverstand gesetzten Verwaltungsziele eingleisig und ohne innere und äußere Reibungen angegangen werden können. Zwar ist auch in der Sonderbehörde, wie wir vorhin am Beispiel des Präsidenten der Wasser- und Schiffahrtsdirektion gesehen haben, das volle Konzentrat des Sachverstandes nur auf der Basis der Behörde, bei dem federführenden Dezernenten vorhanden, der selbst die Planung ausgearbeitet hat; zwar ist es auch hier eine Fiktion, daß die Behördenspitze die materialiter größte Verantwortung tragen könnte. Diese Diskrepanz von unmittelbarer Sachverantwortung und formaler Verantwortlichkeit wird zwar von dem Dezernenten, der die Entscheidung erarbeitet und dem Behördenchef vorlegt, als „eine Inkonsequenz in der Statusordnung bewertet“[2]; sie wird aber nicht so bitter empfunden und leichter verziehen, wenn es sich bei dem Mann an der Spitze wenigstens um einen Fachkollegen handelt.

---

[2] *Luhmann,* a.a.O. S. 188.

Aber leider ist auch das Idealbild der fachlich eingleisigen Sonderverwaltung eine Illusion, wenn man sich hiervon die Befreiung vom Zwang zur Abstimmung mit anderen Verwaltungen und zur Rücksichtnahme auf widersprüchliche Gesichtspunkte und Interessen verspricht: Die funktionelle vertikale und horizontale Dekonzentration, als welche sich die Schaffung von Sonderverwaltungen darstellt, beseitigt in unserer komplexen Welt, in der fast alles mit allem verzahnt ist und auch schmale fachliche Programme erhebliche Querschnittswirkungen haben, nicht die Notwendigkeit der Koordinierung; sie macht sie nur schwieriger, ja unter Umständen unmöglich. Denn zwischen vertikal organisierten Sonderverwaltungen, die nicht in Mittelbehörden der allgemeinen Verwaltung gebündelt sind, hängt die Koordinierung in aller Regel von der Einsicht und dem guten Willen der Behördenleiter der beteiligten Unter- und Mittelbehörden ab. Gelingt die Abstimmung der unterschiedlichen Gesichtspunkte nicht auf dieser Ebene, so wird sie häufig auch nicht auf der Ministerialebene zustandekommen; denn in Ressortbesprechungen gibt es weder Mehrheitsbeschlüsse noch die Möglichkeit für das federführende Ressort, eine Entscheidung ex autoritate zu treffen. Letzten Endes könnte die Abstimmung nur im Schoße des Kabinetts geleistet werden, und dort würde sie bei der inzwischen eingetretenen Verhärtung der Fronten in der Regel daran scheitern, daß „jeder Minister seinen Geschäftsbereich selbständig und unter eigener Verantwortung" leitet[3]: Das Kabinett steht verfassungsrechtlich nicht über den Ministern! In dieser Überlegung, die leider keine theoretische, sondern durch leidvolle Erfahrung erhärtet ist, liegt eines der entscheidenden Argumente für die Beibehaltung der Bezirksregierungen, ja für ihren Ausbau als Mittelbehörden der allgemeinen Verwaltung durch Unterstellung aller Sonderbehörden der Unterstufe.

III.

Offenbar gehört es also zu den zwangsläufigen „Folgen formaler Organisation"[4], daß selbst in fachlich eingleisigen Sonderbehörden oberhalb der Größenordnung etwa eines Gesundheitsamtes oder Straßenbauamtes der auf ein bestimmtes Vorhaben, der auf die konkrete Einzelentscheidung bezogene Sachverstand und die formale Verantwortlichkeit auseinanderfallen, und zwar um so weiter, je größer die Organisationseinheit ist. „An den Klippen der Arbeitsteilung zer-

---

[3] Art. 65 Satz 2 GG und damit gleichlautend z. B. Art. 28 Abs. 1 S. 2 Vorl.Nds. Verfassung. Vgl. zu diesem Problem *K. Müller-Heidelberg*, Zur Problematik der Verwaltungsreform in unserer Zeit, in: Neues Archiv für Niedersachsen, Bd. 15, Heft 1, S. 7 (23 f.), Göttingen 1966.

[4] *Luhmann*, a.a.O.

schellen", wie Luhmann[5] sagt, „die klassischen Prinzipien der Verantwortlichkeit." Und offenbar können wir aus zwingenden praktischen, ja sogar aus verfassungspolitischen Gründen nicht darauf verzichten, in Behörden der allgemeinen Verwaltung Aufgaben unterschiedlichster Art zum Zwecke der Abstimmung aufeinander und auf die allgemeinen und konkreten Ziele der Staatspolitik zu bündeln mit der Folge, daß der Verwaltungsjurist und der „Techniker" (in dem weiten, oben bezeichneten Sinn) gemeinsam vor den Karren des Gemeinwohls geschirrt werden. Müssen wir deshalb ernsthaft beunruhigt sein?

1. Betrachten wir zunächst die Lage des *Behördenleiters*. Gewiß kann man, je größer die von ihm geleitete Behörde und die von ihm verantwortete Aufgabenfülle ist, von ihm sagen, daß er ein Mann ist, der von immer mehr Dingen immer weniger versteht.

Daß er sie trotzdem verantworten muß, ist ein Teil seines spezifischen Berufsrisikos. Aber der Mensch ist ja nach Wilhelm Busch ein „lederner Sack voller Pfiffe und Kniffe", und so haben Generationen von Behördenleitern gesorgt, daß ihr Risiko und das der Haftpflichtversicherung, bei der sie sich versichert haben, stets ein kalkuliertes bleibt.

Da ist einmal die bürokratische innere Struktur der Behörde, die dafür sorgt, daß über dem Fachbeamten der Linie, der den vollen Sachverstand für das konkrete Einzelrisiko haben oder sich erarbeiten muß, ein Abteilungsleiter wacht, der immer noch einen erheblichen partiellen Sachverstand zur Sache beizusteuern und eine — wenn auch nur innerdienstliche — Mitverantwortung zu tragen hat. Die vorhin erwähnte Querschnittswirkung jeder wichtigen Maßnahme oder Entscheidung hat zur Folge, daß auch noch andere Dezernenten — Fachdezernenten und Verwaltungsjuristen — beteiligt werden müssen, und zwar zwangsläufig um so mehr, je bedeutsamer und weitreichender das Vorhaben ist.

So kann gerade der Leiter einer Behörde, die eine Vielzahl unterschiedlicher Aufgabenbereiche betreut, wie etwa eine Bezirksregierung, darauf vertrauen, daß ein Vorhaben von weitreichender Bedeutung und einschneidenden Folgen in eine Vielzahl von Verantwortungsbereichen hineinstößt und sich der kritischen Prüfung einer entsprechenden Anzahl von Dezernenten unterwerfen muß. Läßt er ihnen dazu Zeit und versammelt er sie dann sämtlich um seinen Tisch, dazu vielleicht auch noch die Leiter beteiligter nachgeordneter oder sonstiger Behörden, kann er sicher sein, alle etwaigen Bedenken zu hören, die in diesem Horizont sachverständiger Erfahrung lokalisiert werden können. Das Ergebnis der Abstimmung aller fachlichen, allgemein-politischen und taktischen

[5] a.a.O., S. 185.

Gesichtspunkte zeigt sich dann bei der abschließenden schriftlichen Fixierung am Fuße der entscheidenden Verfügung in einer breiten „Ordensschnalle“ von Mitzeichnungen, sämtlich Kronzeugen dafür, daß der Chef das Seine getan hat.

Verstehen Sie mich bitte nicht falsch: Natürlich erschöpft sich die Aufgabe des Behördenleiters nicht, und auch nicht in bezug auf das in Frage stehende Vorhaben, in diesem Prozeß der Koordinierung und der Absicherung seiner Entscheidung! Er wird vielleicht der Anreger der Maßnahme sein; er hat widerstrebende Mitarbeiter dafür gewinnen müssen; spätestens nach getroffener Entscheidung muß er sich um Unterstützung bei den Leitern anderer Verwaltungen, in den Ministerien, auf politischer Ebene bemühen. Auch bei der Durchführung der Maßnahme werden seine Dezernenten ihn, wenn innere oder äußere Schwierigkeiten oder auch nur Risiken auftreten, immer wieder als Rammbock oder als Blitzableiter in Anspruch nehmen oder ihn mit seiner Unterschrift in Detailverantwortungen hineinziehen.

Aber diese Funktionen des Behördenleiters gehören nicht zu meinem Thema. Lassen Sie mich zum Thema abschließend wiederholen, was ich kürzlich in anderem Zusammenhang[6] festgestellt habe: Trotz der monokratischen Leitung praktisch aller unserer Behörden entscheidet kein Leiter einer größeren Behörde mit qualifizierten Fachbeamten, ohne seine Fachdezernenten gehört zu haben, und die Entscheidung gegen das Votum des federführenden Dezernenten gehört zu den ganz seltenen Ausnahmen, die man als solche nach Möglichkeit nicht allzu deutlich sichtbar werden läßt.

So hat sich in der Praxis der Arbeitsstil eines „geführten Kollegiums“ herausgebildet, der den Vorteil teamartiger Zusammenarbeit mit dem Vorzug klarer Verantwortlichkeit verbindet.

In dem Buch von Heinz Pentzlin, „Der Mann an der Spitze“[7], das sich, nach seinem Untertitel, mit dem Unternehmer in der Wirtschaft „im Zeitalter der Elektronik“ befaßt, finden sich folgende Absätze, welche die unmittelbare Parallele von Stellung und Funktion des Unternehmers mit dem Behördenleiter herstellen[8]:

„Für die Spitze der Unternehmensführung ergibt sich hieraus die große Aufgabe, die Arbeit der Fachleute, die sie nicht mehr in allen ihren Einzelheiten überschauen kann, zu bewerten und sie gegenüber den Feststellungen anderer Fachleute abzuwägen. Die richtige Auswertung der Leistungen der Spezialisten und ihre gegenseitige Abstim-

---

[6] *Müller-Heidelberg*, a.a.O., S. 24.

[7] Oldenburg und Hamburg 1964.

[8] S. 126 f.

mung — um den schon fast zum Schlagwort abgegriffenen Begriff anzuwenden: Die innerbetriebliche Integration der Spezialisten ist eines der großen Probleme der Unternehmensführung geworden."

„Stets gehört zur Bewältigung dieser Aufgabe eine Übersicht und ein Verständnis für die Arbeit des Spezialisten — wenn auch kein volles Verstehen und Begreifen seiner Tätigkeit — und ein Einfühlen in seine Denkweise. Nur wer über diese Fähigkeiten verfügt, kann die Fachleute richtig einsetzen. Das aber setzt nicht nur eine gute Kenntnis der wirtschaftlich wichtigen Tatbestände voraus, sondern erfordert auch ein sicheres Gefühl für den Wert und die Leistung der Mitarbeiter."

Wir finden also bestätigt, daß die Problematik, die uns auf dem diesjährigen Staatswissenschaftlichen Fortbildungskursus beschäftigt, nicht auf die öffentliche Verwaltung beschränkt ist, sondern, da sie unmittelbar aus unseren sich gegenseitig bedingenden gesellschaftlichen und technisch-wirtschaftlichen Lebensbedingungen herauswächst, auch für den wirtschaftlichen Bereich voll zutrifft. Wir sind nur in der öffentlichen Verwaltung — so darf man wohl sagen — schon früher mit diesem Problem konfrontiert worden, haben fast unmerklich hineinwachsen können, und wir haben es daher fast unbewußt mit unauffälligen Mitteln lösen können, ohne dafür interessante amerikanische Vokabeln zu benötigen, an Hand deren sich die wirtschaftliche Unternehmensführung gern die Techniken zur Lösung ihrer Probleme bewußt macht.

Ihre institutionelle Ordnung hat die Arbeitsweise des behördlichen geführten Kollegiums in den Geschäftsordnungen und in der Technik der Beteiligung gefunden. Dieses System ist nicht neu, aber es bewährt sich auch heute so, daß wohlorganisierte private Verwaltungen es übernommen haben. Es ergänzt den Sachverstand des Behördenchefs und begrenzt zwar nicht der Form, wohl aber der Sache nach seine Verantwortlichkeit oder wenigstens das mit ihr verbundene Risiko. Im gleichen Sinne stellt Fritz Morstein Marx[9] für die seiner Untersuchung zugrunde gelegte „Großorganisation" fest: „Die Entscheidung ist in der Regel das Erzeugnis eines Zusammenwirkens und insoweit einer pluralistischen Gestaltung." Ich möchte lieber sagen: einer pluralistischen Gesamtleistung. Denn „gestaltet" wird die Entscheidung in wichtigeren Fällen eben doch erst durch den Behördenleiter, indem er die Meinungen seiner Abteilungsleiter und Dezernenten wägt, unter ihnen auswählt und in einem Akt der Integration die Meinung und Entscheidung der Behörde bildet, die dann nach innen und außen gilt. Diese Aufgabe des Behördenleiters ist zwar gewiß nicht seine einzige, aber wohl die für den Erfolg seiner Arbeit letzten Endes wichtigste. Sie prägt jeden-

[9] Das Dilemma des Verwaltungsmannes, Berlin 1965, S. 24.

falls den eigentlichen Charakter der „Chefsituation“, die Morstein Marx[10] am Beispiel des amerikanischen Präsidenten dargestellt hat, die aber cum grano salis auch von dem monokratischen, angeblich so souveränen Behördenleiter gilt: Auch er ist „täglich erneut tief in den Kampf um seine eigene Handlungsfreiheit verstrickt; von Problemen bedrängt bedarf er nichts so sehr wie der Hilfe, ohne sich ihr ergeben zu dürfen“.

2. Wenden wir uns nun dem *Verwaltungsjuristen* zu: Welcher Sachverstand kann von ihm erwartet, welche Verantwortung von ihm getragen werden?

a) Zunächst müssen wir wohl fragen: Wer ist denn eigentlich „Verwaltungsjurist“? Gewiß nicht, oder noch nicht, der zum Referendar geprüfte Normal-Absolvent des juristischen Universitätsstudiums, im Vollbesitz der Illusion, daß einige Kenntnis des BGB, des Strafrechts und des Prozeßrechts sowie eine hinlänglich eingeübte Subsumtionstechnik wenigstens zum Juristen, wenn auch noch nicht zum Verwaltungsjuristen, qualifiziere. Aber auch das Regelprodukt der Referendarausbildung mit einigen — häufig sehr distanziert erfahrenen — Einblicken in die Verwaltungspraxis stellt noch keinen Verwaltungsjuristen dar. Manchem — leider viel zu wenigen — werden in einem Semester an der Hochschule für Verwaltungswissenschaften in Speyer, besonders Interessierten und Begabten vielleicht auch schon durch den Umgang mit den Dezernenten einer Bezirksregierung und die konkrete Anschauung in der Kommunalverwaltung, die Augen für die Tatsache geöffnet, daß der Verwaltungsjurist soviel Jurist ist, wie etwa der moderne Naturwissenschaftler Mathematiker ist: Wie dieser die Mathematik für außermathematische, nämlich naturwissenschaftliche Erkenntnisse benötigt, so gebraucht der Verwaltungsjurist juristisches Wissen, juristische Denkkategorien und Argumentation zu zwar rechtlich legitimierten, aber in der Regel außerjuristischen Zielen. Selbst ein Akt administrativer Rechtsetzung wie der Erlaß einer Verordnung der Gefahrenabwehr (Polizeiverordnung) oder einer Naturschutzverordnung hat ja keinen eigentlich juristischen Gegenstand und nur einen minimalen rechtlichen Gehalt. Da es dem angehenden Juristen nicht auf der Universität gesagt und im Examen abgefragt wird, braucht er in der Regel geraume Zeit und glückliche Umstände, bis es in sein Bewußtsein eingeht, daß der Verwaltungsjurist nicht so sehr mit der Entscheidung von Rechtsfragen als vielmehr mit der Erreichung oder Aufrechterhaltung bestimmter, vom Gesetzgeber legitimierter gesellschaftlicher Zustände beauftragt ist[11], wenn auch auf rechtlich geordneten Wegen.

[10] a.a.O., S. 18.

Verwaltungsjurist wird man also noch nicht durch die Aushändigung der Ernennungsurkunde zum Regierungsassessor; sie eröffnet nur den Zugang zum Wege dahin. *Aus*üben administrativer Tätigkeit setzt *Ein*üben voraus, und, so erschreckend dieser Gedanke manchem von Ihnen erscheinen mag, dieser simple Tatbestand würde sich besser im allgemeinen Bewußtsein festigen, wenn er durch eine besondere, am Ende der Assessorenzeit abzulegende Prüfung optisch erhöht würde. Die Laufbahnvorschriften verlangen ja auch von dem fertigen, geprüften und promovierten Arzt ein zusätzliches Examen, wenn er Medizinalrat werden will.

Halten wir jedenfalls fest, daß mancher Oberregierungsrat, der nur als Justitiar tätig gewesen oder in einer Rechtsabteilung verbraucht worden ist, nicht als Verwaltungsjurist im Sinne unseres Themas anzusehen ist. Und wer über lange Jahre nichts anderes als die Durchführung des Lastenausgleichs und damit reinen Vorschriftenvollzug hat betreiben dürfen, ist wahrscheinlich auch kein Verwaltungsjurist im eigentlichen Sinne mehr.

b) Wenn wir nach dem eigentlichen Verwaltungsjuristen und seinem spezifischen Sachverstand fragen, dann meinen wir also nicht den juristischen, den er nach dem Studium und Examen einmal gehabt hat und der ihn, falls er ihn noch hat, lediglich als „juristischen Fachbeamten" qualifiziert. Auch die Kenntnis von Organisation, Struktur und Funktion des Verwaltungsapparats und seiner Leistungsfähigkeit kann kein Spezifikum des Verwaltungsjuristen sein; denn diese Kenntnis müssen wir auch von dem einigermaßen verwaltungsgeeigneten und verwaltungserfahrenen technischen Fachbeamten erwarten dürfen. Schließlich scheint mir auch die Dienstgesinnung, das Bewußtsein, Aufgaben der Gemeinschaft treuhänderisch für diese zu erfüllen, Pflichtgefühl und Redlichkeit in dieser Aufgabe zu schulden, den staatlichen Willen und das allgemeine Interesse dem eigenen voranzustellen, kein Vorbehaltsgut des Verwaltungsjuristen zu sein: Solche Dienstgesinnung muß von allen verlangt werden, die in ihrem Beamteneid auch dieses zu leisten geschworen haben.

Wenn es eine spezifische Prärogative des Verwaltungsjuristen gibt, die ihn vor dem verwaltungspraktischen Know-how des technischen Fachbeamten auszeichnen sollte, dann leitet sie sich ab aus seiner Erfahrung als Jurist, daß es zu jeder Meinung eine Gegenmeinung, zu jedem Argument ein Gegenargument gibt, und daß die Welt des menschlichen Zusammenlebens, mit der die Verwaltung es in erster Linie zu tun hat, mit den Kategorien Richtig und Falsch, in denen der Naturwissenschaftler sein wissenschaftliches Ethos findet, nicht aus-

---

[11] Vgl. *Poul Meyer*, Die Verwaltungsorganisation, Göttingen 1962, S. 19.

kommt. Dem Verwaltungsjuristen ist die Erfahrung selbstverständlich, daß Entscheiden in der Regel ein Abwägen bedeutet, und er wird eine gesunde Skepsis gegenüber der Tendenz der Experten bewahren, an die Stelle des bewußten Entscheidens die statistisch-fachliche Schlußfolgerung treten zu lassen[12] und auch dort mit technischen Gesichtspunkten zu argumentieren, wo dem Votum, vielleicht unbewußt, soziale Wertvorstellungen zugrunde liegen. — Aus seiner juristischen Erfahrung hat der Verwaltungsjurist auch den Blick für das Präjudizielle der Einzelentscheidung gewonnen, der dem Techniker nicht selten abgeht, da dessen Auge verständlicherweise stärker durch das Einzelvorhaben angezogen wird, das seine fachliche Leidenschaft geweckt hat. Und mit all dem hängt die besondere Befähigung des Verwaltungsjuristen zusammen — ich will gewiß nicht sagen, daß sie ihm allein zu eigen sei —, in realen, konkreten Zusammenhängen zu denken, die notwendige Entscheidung in einem ganzen System von Voraussetzungen, Bedingungen und Folgen, auch im Zusammenhang zwischen gestern und morgen, zu sehen.

Diese Fähigkeiten sollten die spezifische Hausmacht des Verwaltungsjuristen sein, und mit diesem Pfunde sollte er zu wuchern wissen. Wo aber sein abgewogenes Urteil den Ausschlag auch vor Expertenmeinungen geben darf, da wird das außer auf diesen Eigenschaften noch auf einer anderen Tatsache beruhen: daß nämlich der Verwaltungsjurist nicht „im Gedränge der funktionellen Interessen"[13] steht, die in ihrer fachlichen Bindung „sich in die einzelnen Streifen der fortschreitenden Spezialisierung" versenken[13]. Er sollte gegenüber den Anwälten der technischen Rationalität als Vertreter der politischen und sozialen Rationalität wirken, die die technische nicht ausschließen darf, sondern sie einzubeziehen versuchen muß. Und das ist eine Kunst, die über das Handwerkliche praktischer Verwaltungsroutine weit hinausgehen kann. Der Verwaltungsjurist, der diese Kunst beherrscht, ist allerdings in besonderem Maße zum Behördenleiter prädestiniert.

Natürlich sind auch Verwaltungsjuristen Menschen — und *nicht einmal* bessere Menschen — und deshalb stets in Gefahr, das Recht ihrer Erstgeburt aufzugeben, um einen bestimmten Verwaltungserfolg zu erreichen. Der Verwaltungsjurist an einer Bezirksregierung, der etwa als Externdezernent der Schulabteilung den Schulbau kräftig vorantreiben möchte, wird in der Einschätzung der finanziellen Leistungsfähigkeit und der Beurteilung der Verschuldensgrenze der kommunalen Schulträger gern großzügiger sein als sein Kollege Kommunaldezernent. Diesen standortbedingten Funktionspartikularismus gibt es

---

[12] *Morstein Marx*, a.a.O., S. 94 f.

[13] *Morstein Marx*, a.a.O., S. 94.

überall, auch unter Technikern der gleichen Sparte, und auf der Ebene des Ressortpartikularismus gehört er zu den verfassungspolitischen Grundtatsachen unseres Verwaltungsalltags. Diese Gefährdung von Sachverstand und Verantwortung gehört zu unserem normalen Berufsrisiko.

3. Wenn ich damit versucht habe, Umfang und Grenzen des Sachverstandes und der Verantwortungsmöglichkeiten des Behördenchefs und des Verwaltungsjuristen zu beschreiben, so habe ich damit zugleich deutlich gemacht, daß in unserer Welt, im industriell-bürokratischen Jahrhundert[14], der eine wie der andere, auf sich allein gestellt, nur wenig sachverständig tun und verantworten könnte. Die Verwaltung als ein zusammenhängendes Ganzes muß ihre Potenz und Aktionsfähigkeit durch die rechte Zuordnung von Verwaltungsjurist und technischem Fachbeamten erhalten und immer wieder neu gewinnen.

Nun warnt Morstein Marx[15] mit guten Gründen den Verwaltungsmann in diesem Dilemma vor den Gefahren der „funktionalen Expertise". Und der Däne Poul Meyer[16] kann sich ihr Verhältnis nicht anders vorstellen als in der Unterordnung des Technikers unter den Nichttechniker, in Deutschland also unter den Verwaltungsjuristen.

Aus meiner Berufserfahrung erscheint mir diese Vorstellung nicht zwingend. Eine wohlgeordnete und gut geführte Verwaltung erzeugt ein Arbeitsklima der Kollegialität, das die naturgegebenen und notwendigen Spannungen zwischen dem technischen Sachverstand des Verwaltungsjuristen überwindet und ihnen die Gemeinsamkeit ihrer Verantwortung bewußt erhält. Wie mit dem Institut der Beteiligung die notwendige Zusammenarbeit gewährleistet, der jeweilige individuell begrenzte Sachverstand durch Integration zum umfassenden behördlichen Sachverstand ausgeweitet und die Verantwortlichkeit des Behördenleiters tragbar gemacht wird, ist dargestellt worden. Jede Stadtverwaltung, jede Kreisverwaltung, jede Bezirksregierung legt, wenn sie gut geführt wird, von der Wirksamkeit dieser Technik Zeugnis ab. Ob die eingleisige technische Fachbehörde das auch kann, diese Frage zu beantworten, muß ich Herrn Kollegen Koch überlassen.

Leitsätze

1. Der Sachverstand des Behördenchefs und seine materiale Verantwortlichkeit (anders die formale) sind primär nicht auf die technische Rationalität oder die Normentreue der von ihm getroffenen Entscheidungen gerichtet.

---

[14] *Müller-Heidelberg*, a.a.O., S. 10 ff.

[15] a.a.O., insbes. S. 92 ff., 151 ff.

[16] a.a.O., S. 106 ff.

Diese werden vielmehr durch die Integrierung des Sachverstandes und der objektbezogenen Sachverantwortung seiner Mitarbeiter gewährleistet.

2. Der nach innen, auf seine Behörde gerichtete Leistungswille des Behördenchefs zielt darauf ab, die ihm unterstehenden Verwaltungsjuristen und technischen Fachbeamten zu einer integrierten Gemeinschaftsleistung zu führen, für deren Erfolg er die Verantwortung trägt. Eine Behörde mit differenzierter Aufgabenstellung arbeitet unbeschadet ihrer monokratischen Organisation und der letztlichen Verantwortlichkeit des Behördenleiters als ein von ihm geführtes Kollegium.

3. Zum Verwaltungsjuristen qualifiziert nicht schon der juristische Sachverstand. Der Auftrag des Verwaltungsjuristen ist nicht so sehr die Entscheidung von Rechtsfragen als vielmehr die Erreichung oder Aufrechterhaltung bestimmter, vom Gesetzgeber legitimierter gesellschaftlicher Ziele auf rechtlich geordneten Wegen.

4. Der spezifische Sachverstand des Verwaltungsjuristen sollte auf die durch keine fachlichen Verengungen und funktionellen Interessen beeinflußte Abwägung von Argument und Gegenargument eingeübt und auf das Denken in realen, konkreten Zusammenhängen gerichtet sein. Seine besondere Verantwortung liegt in der Vertretung der politischen und sozialen Rationalität gegenüber der nur technisch bedingten; seine Verwaltungskunst besteht in der Versöhnung und Integration beider zur technisch und sozial vertretbaren Entscheidung.

Sachverstand und Verantwortung in personeller Hinsicht (Umfang, Grenzen, Gefährdungen) bei nichtjuristischen Beamten des höheren Dienstes

Von Hans Koch

I.

Mir ist im Rahmen dieser Vortragsreihe offensichtlich die Rolle der Opposition zugefallen. Denn wenn ich es auftragsgemäß übernommen habe, als Nichtjurist über Umfang, Grenzen und Gefährdungen des Sachverstandes und der Verantwortung der nichtjuristischen Beamten des höheren Dienstes — noch dazu in personeller Hinsicht — vor so überzeugten Anhängern des Juristenmonopols — wie sich gestern in der Diskussion ergab — zu sprechen, so sehe ich mich in der fast hoffnungslosen Lage des Außenseiters. Bin ich — wenn ich meine Aufgabe richtig sehe, stellvertretend für die große Gruppe der Nichtjuristen hier zu sprechen — denn nicht geradezu verpflichtet, das Juristenmonopol in der öffentlichen Verwaltung anzugreifen? Anlaß dazu könnte allein schon das Arbeitsprogramm dieses Fortbildungskurses sein, das stillschweigend die Monopolstellung des Juristen in der Verwaltung voraussetzt, weil die große Zahl der nichtjuristischen Beamten des höheren Dienstes summarisch den vergleichsweise wenigen Behördenchefs und Verwaltungsjuristen gegenübergestellt wird.

So werden Sie nun wohl von mir erwarten, daß ich für den fachlich ausgebildeten höheren Beamten, den Nichtjuristen, noch mehr Einfluß, größere Verantwortung und die Übernahme leitender Funktionen in der öffentlichen Verwaltung fordere, als er ohnehin schon besitzt, und daß ich dem Juristen bestenfalls die Rolle des Rechtsberaters, des „Justitiars" zubilligen werde.

Ich bekenne nun gleich anfangs, daß ich mich mit dieser gerade von den Nichtjuristen in der Fachverwaltung oft vertretenen Auffassung von der nachgeordneten Rolle des Juristen gewissermaßen als Justitiar nicht identifizieren kann, so wenig ich allerdings dem „Juristenmonopol" das Wort reden will. Denn ich habe in meiner Tätigkeit als nichtjuristischer Beamter in der bayerischen inneren Verwaltung erfahren, daß die Rollen des Nichtjuristen und des Juristen in der öffentlichen Verwaltung nicht in so vereinfachender Weise gesehen werden dürfen.

II.

Wenn es um Sachverstand und Verantwortung des Fachbeamten in personeller Hinsicht geht, so wird man, um zu einem vorurteilsfreien Ergebnis zu kommen, nicht allein von der Aufgabenkomplikation in quantitativer und qualitativer Hinsicht ausgehen müssen — wie das Dr. Kölble gestern so überzeugend dargelegt hat —, sondern vom Strukturwandel der Staatsaufgaben. Forsthoff[1] hat das in seinem Vortrag über den lästigen Juristen treffend ausgeführt und dargelegt, daß in der großen Zeit der Verwaltung im 19. Jahrhundert, die mit den Namen des Frhr. v. Stein in Preußen und des Grafen Montgelas in Bayern charakterisiert ist, der Staat sich mehr und mehr auf die Rolle des Ordnungsgaranten zurückgezogen hatte. Damit war allein dem Juristen, der sich der Ordnung verbunden weiß, wie sie durch Recht und Gesetz geformt ist, ein seinem Wesen entsprechendes Tätigwerden in der öffentlichen Verwaltung zugefallen. Aber schon nach dem ersten Weltkrieg und in noch viel stärkerem Maße nach dem zweiten ist eine tiefgreifende Veränderung der staatlichen Aufgaben eingetreten. Wir haben gestern dafür viele Beispiele gehört. Aus dem im Grunde liberalen, nach außen jedoch polizeistaatlich geführten Staatswesen der Jahrhundertwende ist ein Sozialstaat der Lebensvorsorge, der „Daseinsvorsorge", geworden. Damit hat die Verwaltung nicht nur an Umfang gewaltig zugenommen, sondern es änderten sich auch ihre Anforderungen an den Sachverstand des Beamten im jeweiligen sozialen, wirtschaftlichen und kulturellen Bereich von Grund auf. Das spezifische Fachwissen wurde unabdingbare Voraussetzung für ein sachgerechtes Handeln in der Verwaltung. Wenn Forsthoff zu dem Schluß kommt, daß der heutigen Staatlichkeit der Fachmann im höheren Grade gemäß sei als der Jurist und daß dem Juristen neue und notwendige Aufgaben in der Verwaltungsgerichtsbarkeit zugewachsen seien, so mag man das je nach der eigenen inneren Einstellung bedauern oder begrüßen. Es kennzeichnet jedenfalls treffend den Strukturwandel in der öffentlichen Verwaltung.

Dazu kommt noch ein weiteres. Mit dem Anbruch des technischen Zeitalters war nicht nur ein gewisser Bedeutungsverlust der Juristen in der Verwaltung gegenüber den sozialen, technischen und wirtschaftlichen Berufen verbunden, der Jurist wurde auch zwangsläufig — ebenso wie fast alle anderen Berufe — zum Spezialisten für Sonderzwecke[2]. Das kommt nach Heckel[3] nicht nur in den offensichtlichen Un-

---

[1] *Forsthoff*, Der lästige Jurist, DÖV 1955, S. 648.

[2] *Werner*, Jurist und Techniker, Bundesbaublatt 1954, S. 366.

[3] *Heckel*, Die Rolle des Juristen in der Fachverwaltung, DÖV 1958, S. 29.

terschieden zwischen Verwaltungs- und Justizjuristen in Haltung, Arbeitsstil und Rechtstechnik zum Ausdruck, sondern zeigt sich auch bei einem Wechsel innerhalb der Verwaltung von einem Fachgebiet zu einem anderen. Wer heute als Verwaltungsjurist etwa von der Arbeitsverwaltung in die Kultusverwaltung oder von der Gesundheitsabteilung in die Bauabteilung hinüberwechselt, muß sich von Grund auf in ein neues Spezialgebiet einarbeiten. Verlangt doch heute jedes Rechtsgebiet in der öffentlichen Verwaltung ein eingehendes Studium zahlreicher Spezialgesetze, die sich ständig vermehren, eine gründliche Beschäftigung mit der Rechtsprechung und der kaum noch überschaubaren Fachliteratur und eine fortdauernde Auseinandersetzung mit dem Nichtjuristen, dem Fachbeamten.

III.

Lassen Sie mich an diese allgemeinen Feststellungen namhafter Juristen anknüpfend nun an drei Beispielen aus meinem Arbeitsbereich die Rolle des Nichtjuristen in der öffentlichen Verwaltung darlegen und daraus Folgerungen in personeller Hinsicht ziehen.

Das öffentliche Baurecht, das ich als Beispiel gewählt habe, ist, solange es als Baupolizeirecht allein auf die Abwehr von Gefahren für die öffentliche Sicherheit und Ordnung gerichtet war, überwiegend eine Angelegenheit der Juristen in der Verwaltung gewesen. Heute enthalten die neuen Bauordnungen, die in den vergangenen drei Jahren in einigen Ländern der Bundesrepublik, in Bayern, Baden-Württemberg, Nordrhein-Westfalen, Rheinland-Pfalz und dem Saarland erlassen wurden, über die weitaus schwieriger gewordenen Aufgaben der Gefahrenabwehr hinaus auch noch weitere Staatsaufgaben, insbesondere soziale Aufgaben oder Wohlfahrtsaufgaben, die z. B. in den Anforderungen an Wohnungen und an Arbeitsstätten und in den Vorschriften über Gemeinschaftsanlagen zum Ausdruck kommen.

Daß die Bewältigung dieser z. T. neuen Aufgaben im Bauordnungsrecht — das, nebenbei bemerkt, eine vorbildliche Gemeinschaftsleistung von Nichtjuristen und Juristen in der viele Jahre tätigen Musterbauordnungskommission war — ein auf gediegenes Fachwissen gegründetes technisches Urteilsvermögen voraussetzt, kann wohl nicht bestritten werden.

So kommt auch Thiel[4] zu der Feststellung, daß der überragende Teil der Bestimmungen des öffentlichen Baurechts eine Mischung zwischen Vorschriften rechtlichen und technischen Inhalts sei, die, das werde

---

[4] *Thiel*, Bundesbaublatt 1953, S. 39.

jeder vernünftige Jurist konzedieren, richtiger vom rechtlich gebildeten und verwaltungsmäßig vorgebildeten Techniker gehandhabt werden.

Ich möchte aber noch einen Schritt weitergehen.

Auch wenn es sich darum handelt, die zum Vollzug der neuen Bauordnungen notwendigen Rechtsvorschriften zu erlassen, wird man wegen des unverzichtbaren Fachwissens die Federführung in der Ausarbeitung der Verordnungen wohl besser dem in Rechts- und Verwaltungsfragen erfahrenen Fachbeamten übertragen, wie das auch vielfach bereits geschieht. Ich darf hierfür einige Beispiele aus der bayerischen Praxis nennen:

Die neue Garagenordnung, die an die Stelle der Reichsgaragenordnung getreten ist, die Feuerungsanlagenverordnung, die Bauvorlagenverordnung, die Prüfzeichenverordnung, die Güteüberwachungsverordnung und vor allem die Warenhausverordnung. Alle diese Verordnungen enthalten — wie das schon ihre Bezeichnungen andeuten — umfangreiche Vorschriften technischen Inhalts, über deren Notwendigkeit und Zweckmäßigkeit der Sachverstand des Fachmannes das entscheidende Wort zu sprechen hat.

Auch setzen der Erlaß und die Einführung von technischen Baubestimmungen durch die obersten Bauaufsichtsbehörden, wie z. B. der zahlreichen Baunormen, zur Ausfüllung der in der Bauordnung vielfach verwendeten unbestimmten Rechtsbegriffe bautechnischen Sachverstand in der Verwaltung voraus, der nicht aus Sachverständigengutachten entnommen, sondern, da es sich um einen fortdauernden Vorgang handelt, wohl nur von dem für Rechtsfragen offenen Beamten des höheren bautechnischen Verwaltungsdienstes beigetragen werden kann.

Es will mir deshalb auch ganz und gar nicht einleuchten, was ich bei der Vorbereitung zu diesem Referat in einem Vorschlag zur Verwaltungsvereinfachung[5] gelesen habe. Dort wird die Behauptung aufgestellt, daß für die Ministerialinstanz so gut wie ausnahmslos nur besser qualifizierte Verwaltungsjuristen in Betracht kämen. Die Zahl der technisch und fachlich vorgebildeten Beamten des höheren Dienstes (z. B. Bau- und Vermessungsingenieure, Mediziner, Forstleute und Lehrer) müßte in der Ministerialinstanz auf ein Maß zurückgeführt werden, das bei den das Wesen dieser Instanz ausmachenden Dienstgeschäften die volle Ausnutzung der speziellen Kenntnisse und Erfahrungen ermögliche, aber zur Auslastung nicht die Verwendung auf dem Gebiete der Rechtsetzung und der reinen Verwaltungsangelegenheiten erforderlich mache. Das Feld des fachlich engagierten Beamten liege in der Beurteilung und Bearbeitung des einzelnen Falles und deshalb in der Mittel-, Kreis- und Ortsinstanz.

---

[5] *Geffers*, Zeitschrift für Beamtenrecht 1956, S. 277.

Ich meine, Verwaltungsvereinfachung durch die Neubegründung eines „Juristenmonopols" in der Ministerialinstanz erreichen zu wollen, ist völlig abwegig, weil hier die Verwaltungswirklichkeit offensichtlich verkannt wird.

Es ist nach meiner Auffassung auch nicht richtig, die Schaffung und den Vollzug des Bauordnungsrechts allein dem Verwaltungsjuristen zu übertragen, der während seiner Ausbildung nur wenig mit dem öffentlichen Baurecht in Berührung kommt. Es wäre aber auch falsch, sie dem technisch sachverständigen Beamten zu überlassen, der, von seinen fachlichen Perfektionsvorstellungen geleitet, allzu leicht seine Grenzen übersieht.

Lassen Sie mich diese beiden Behauptungen begründen, beispielsweise, wenn es um Verwaltungsentscheidungen in Fragen der Baugestaltung geht. Der in der Architektur ausgebildete Beamte kann für sich in der Regel eine besondere Schulung und eine besondere Aufgeschlossenheit in ästhetischen Fragen in Anspruch nehmen. Er hat in der Regel seine eigenen konkreten Vorstellungen, die er auch wohl zu begründen vermag. Dieser erhöhte Sachverstand des Fachmanns bedeutet aber zugleich eine Gefährdung für die Verbindlichkeit seiner Urteile. Denn Gestaltungsfragen sind objektiv schwer faßbar; es handelt sich um Fragen der Ästhetik, des Geschmacks, über den sich bekanntlich streiten oder gerade nicht streiten läßt. Wenn es um die gute Gestaltung geht, sind viele voneinander abweichende Urteile vertretbar. Der Fachmann läuft Gefahr, seinen subjektiven Urteilen normative Bedeutung zuzumessen: der oft erhobene Vorwurf der „Geschmacksdiktatur der Bauräte" gibt davon Zeugnis. Eine unterschiedliche Beurteilung gestalterischer Fragen durch die Verwaltung verträgt sich nun allerdings nicht mit rechtsstaatlichen Grundsätzen, insbesondere nicht mit der Vorhersehbarkeit und Bestimmbarkeit hoheitlicher Maßnahmen. Dem Sachverstand des Fachmanns sind hier deshalb vom Recht her deutliche Grenzen gesetzt, wie sie das Bundesverwaltungsgericht in seinem bekannten Urteil zur Baugestaltungsverordnung[6] aufgezeigt hat. Die Verwaltung soll — vereinfacht ausgedrückt — die individuelle Gestaltungsfreiheit des einzelnen nur da zugunsten der Allgemeinheit einschränken, wo „alle" Anstoß nehmen. Nur bei einer solchen Auslegung sind hoheitliche Maßnahmen in Gestaltungsfragen vorhersehbar und bestimmbar. Das Bundesverwaltungsgericht legte deshalb den Zweck der Baugestaltungsverordnung dahin aus, daß durch sie nicht bereits jede Störung der architektonischen Harmonie (die bloße Unschönheit), sondern nur die „Verunstaltung" verhindert werden solle, also ein häßlicher, das ästhetische Empfinden verletzender Zustand. Dabei dürfe

---

[6] Urt. v. 28. 6. 55, Bundesbaublatt 1955, S. 583.

nicht auf den ästhetisch besonders empfindsamen oder geschulten Betrachter abgestellt werden. Aber auch die Ansicht des ästhetischen Eindrücken gegenüber gleichgültigen oder unempfindlichen Menschen dürfe nicht entscheidend sein. Es müsse vielmehr das Empfinden des für ästhetische Eindrücke offenen Betrachters maßgebend sein, also des sog. gebildeten Durchschnittsmenschen, der zwischen diesen beiden Personenkreisen stehe.

Aber auch durch den Kreis der sog. gebildeten Durchschnittsmenschen wird sich schwerlich ein nach rechtsstaatlichen Grundsätzen ausreichend bestimmbarer Maßstab finden lassen[7]. Auch der zur Wertung aufgerufene Richter kann sich im Verwaltungsstreitverfahren nicht mit den Augen und dem Empfinden eines anderen den Dingen gegenüberstellen. Entscheidend ist also sein eigenes Empfinden; weicht es von dem der Behörde ab, so setzt er in Wahrheit seine eigene Beurteilung an die Stelle der behördlichen. Damit aber werden Entscheidungen in ästhetischen Fragen den Verwaltungsgerichten überantwortet. An die Stelle der Geschmacksdiktatur der Bauräte tritt die der Verwaltungsrichter, die für sich wohl in Anspruch nehmen können, zum Kreis der sog. gebildeten Durchschnittsmenschen zu gehören.

Weil dieses Ergebnis unbefriedigend ist, sollte man — so meine ich — auch in den Fragen der Baugestaltung den Sachverstand nicht ausschließen.

So problematisch dieses extrem gewählte Beispiel auch ist, so läßt sich an ihm doch darlegen, daß so schwierige Verwaltungsentscheidungen nicht auf die Meinung eines Einzelnen — sei er nun Fachbeamter oder Verwaltungsjurist — abgestellt werden sollten, sondern auf eine im kollegialen Zusammenwirken von Fachleuten und Juristen zustande gekommene Beurteilung.

Die neue Bayer. Bauordnung gestattet denn auch ausdrücklich die Heranziehung von Sachverständigen zur Prüfung des Bauantrags. Diese Bestimmung ist u. a. die Legitimation für den Landesbaukunstausschuß, der das Bayer. Staatsministerium des Innern als oberste Bauaufsichtsbehörde in baukünstlerischen Fragen von grundlegender Bedeutung und in schwierigen Einzelfragen berät und für die Baukunstausschüsse bei den Kreisverwaltungsbehörden als unteren Bauaufsichtsbehörden. Daß dann das so gefundene Ergebnis vom Juristen auf seine Rechtmäßigkeit hin überprüft werden sollte, bevor es zum Verwaltungsakt erhoben wird, brauche ich wohl nicht mehr besonders zu betonen.

---

[7] *Römer*, Verwaltungsgerichte und Ästhetik, Bauamt und Gemeindebau 1966, S. 6.

IV.

Noch deutlicher werden Umfang und Grenzen des Sachverstandes und der Verantwortung der Nichtjuristen, wenn sie am Beispiel der städtebaulichen Planung dargelegt werden. Wir haben gestern von Herrn Dr. Müller gehört, daß die kleinen Gemeinden mit der ihnen vom Gesetzgeber übertragenen Planungshoheit überfordert sind und die Planungsaufträge an freischaffende Planer vergeben. Anders liegen die Dinge in größeren Gemeinden, die eher über eigene Planungsämter verfügen. Hier ist die Aufstellung eines Bauleitplanes, solange er sich im Stadium der Ausarbeitung befindet, vorwiegend eine Angelegenheit des planungstechnischen Sachverstandes. Architekten, Bauingenieure, Landschaftsgestalter und andere Sachverständige erarbeiten gemeinsam eine zweckmäßige Lösung. Dabei kommt es entscheidend darauf an, daß jeder Fachbeamte die Grenzen seiner Fachdisziplin gegenüber anderen Fachdisziplinen erkennt und den Blick auf das gemeinsame Ziel richtet, die städtebauliche Entwicklung in der Gemeinde durch Bauleitpläne zu ordnen. So werden z. B. die Vorstellungen des Verkehrsplaners von einem perfekten Verkehrsausbau gegenüber der Verpflichtung, öffentliche Grünanlagen und Kinderspielplätze zu schaffen, zurücktreten müssen. Auch werden etwa die Forderungen des Naturschutzes gegenüber denen der Energieversorgung dann zurücktreten müssen, wenn für eine unabweisbare Hochspannungsfreileitung kein anderer Weg als durch ein Naturschutzgebiet gefunden werden kann. Denn das Bundesbaugesetz fordert (§ 1 Abs. 3—5), daß die Bauleitpläne sich sowohl nach den sozialen und kulturellen Bedürfnissen der Bevölkerung, als auch nach ihrer Sicherheit und Gesundheit zu richten haben. Die Pläne haben zudem auch die Bedürfnisse der Wirtschaft, der Landwirtschaft, des Verkehrs und der Verteidigung zu beachten sowie den Belangen des Natur- und Landschaftsschutzes und der Gestaltung des Orts- und Landschaftsbildes zu dienen. Hier ist also eine nicht immer leichte Abstimmung der fachlichen Forderungen untereinander notwendig, die zur Voraussetzung hat, daß jeder Fachbeamte die Grenzen seiner Verantwortung im Blick auf das allgemeine Wohl erkennt und einhält.

In diesem Stadium der Ausarbeitung der Pläne, in dem schwerwiegende Eingriffe in das Eigentum an Grund und Boden vorbereitet werden — aus Ackerland wird Bauland oder eine bestehende bauliche Ausnutzbarkeit muß aus Gründen des Gemeinwohls eingeschränkt werden —, erkennt der für Rechtsfragen aufgeschlossene Planungsfachmann aber auch die Grenzen seiner Verantwortung gegenüber der Rechtsordnung. Allzu leicht geriete er sonst in die Versuchung, ohne Rücksicht auf bestehende Rechtsverhältnisse und in Unkenntnis der Rechtsfolgen, die sein Tun auslösen, einen zwar idealen Plan zu entwickeln, dessen Verwirklichung dann aber u. U. schon im vorgeschriebenen Aufstellungsverfahren scheitern müßte. Das gilt insbesondere für die Änderung von rechtsverbindlichen Bebauungsplänen, die erhebliche Entschädigungsansprüche auslösen kann.

Daß schließlich bei der Behandlung der Bedenken und Anregungen, die gegen einen öffentlich ausgelegten Bauleitplan von jedermann vorgebracht werden können, Planungsfachleute und Juristen zusammenwirken müssen, weil in der Regel nur der Planungsfachmann den sachlichen Gehalt der Einwendungen und der Jurist ihre Rechtmäßigkeit zutreffend beurteilen kann, versteht sich von selbst. So müssen auch auf dem Gebiete der Bauleitplanung Nichtjuristen und Juristen gemeinsam tätig werden. Das setzt aber voraus, daß der Nichtjurist die Grenzen seines Sachverstandes erkennt und sich in die Denkvorgänge des Juristen verständnisvoll einfühlen kann.

Das wird nicht immer reibungslos vor sich gehen, wie die Planungspraxis häufig beweist. Wenn man den Ursachen für solche Reibungen nachgeht, so stößt man, wie Albers[8] in einem Vortrag über Städtebau und Planungsrecht zutreffend ausgeführt hat, auf gewisse strukturelle Verschiedenheiten der Planung und des Rechts. Albers sieht die Schwierigkeiten, die auf diesem Gebiet dem Nichtjuristen in seiner Auseinandersetzung mit dem Recht erwachsen, auf drei Gebieten: In der Spannung zwischen dem Verhütungscharakter des Rechts und dem Gestaltungswillen des Planers, in der Diskrepanz zwischen dem statischen Element des Rechts und der dynamischen Denkweise des Planers und in dem Widerspruch zwischen dem Gleichheitsgrundsatz des Rechts und dem Differenzierungsstreben des Planers. Der frühere Staatssekretär im Bundesministerium für Wohnungswesen und Städtebau, Professor Dr. Ernst, hat das einmal so formuliert: Die Städtebauer hätten am liebsten ein Baugesetz mit zwei Paragraphen:

1. Das Bauen ist grundsätzlich verboten,
2. Ausnahmen bestimmt der Stadtbaurat.

Andererseits wird aber das Wesen des Planens als eines vorausschauenden Denkens und Handelns von vielen — auch von Juristen — offenbar noch nicht richtig erkannt. Sie sehen nicht das notwendige Offenhalten von Entwicklungen, die der Planer im Interesse des Gemeinwohls seinem Plan, auch wenn er bis zu einem gewissen Grade rechtsverbindlich sein soll, zugrunde legen muß. Sie sehen nur das Ergebnis, eben den rechtsverbindlichen Plan. Und doch ist dieser Plan nur eine Augenblicksaufnahme aus einem zusammenhängenden fortdauernden Planungsvorgang. Ein in Planungsfragen sehr erfahrener Jurist hat kürzlich einmal in einem Vortrag bemerkt, daß die Rechtswissenschaft

[8] Stadtbauwelt 8, S. 632.

das Wesen des städtebaulichen Planes noch nicht erfaßt habe; sie könne ihn in ihre Kategorien nicht recht einordnen.

So war es sicher auch kein Zufall, daß in den Beratungen des Bundesbaugesetzes lange Auseinandersetzungen zwischen Nichtjuristen und Juristen darüber geführt wurden, ob der Bebauungsplan wie bisher in Bayern als anfechtbarer Verwaltungsakt oder, wie der Gesetzgeber dann entschieden hat, als Rechtsnorm anzusehen sei. Es ist gewiß nicht leicht, einen den Vorschriften des Bundesbaugesetzes entsprechenden sog. qualifizierten Bebauungsplan aufzustellen, der die Grundlage für die baurechtliche Beurteilung aller Bauanträge in seinem Geltungsbereich bildet, und ihn so auszugestalten, daß er kein starrer, nivellierender Rahmen ist, der die individuelle Gestaltung unvertretbar einengt oder gar unmöglich macht. Hier im Bebauungsplan die richtige Mitte zwischen der allgemeinen Verbindlichkeit einer Satzung und der aus städtebaulichen Gestaltungsgründen unabdingbaren Flexibilität eben dieses selben Planes zu finden, erfordert hohen Sachverstand des Fachbeamten und verständnisvolles Mitgehen des Juristen.

V.

Die Frage nach dem Sachverstand und der Verantwortung des Nichtjuristen in der öffentlichen Verwaltung läßt sich noch an einem weiteren Beispiel veranschaulichen, einem Beispiel aus einem Aufgabenbereich, in dem Nichtjuristen und Juristen gleichfalls eng aufeinander angewiesen sind.

Ich meine das Gebiet der Landesplanung und der Raumordnung, das nicht erst mit dem Raumordnungsgesetz des Bundes vom 8. 4. 1965 in den Vordergrund des öffentlichen Interesses gerückt ist. Hier heißt die Aufgabe, wie sie § 1 umschreibt, das Bundesgebiet in seiner allgemeinen räumlichen Struktur einer Entwicklung zuzuführen, die der freien Entfaltung der Persönlichkeit in der Gemeinschaft am besten dient. Dabei sind die natürlichen Gegebenheiten sowie die wirtschaftlichen, sozialen und kulturellen Erfordernisse zu beachten.

Zur Erfüllung dieser Aufgabe werden im Gesetz selbst Grundsätze der Raumordnung aufgestellt, die unmittelbar für Bundesbehörden und für die Landesplanung in den Ländern gelten. Wenn also — um einen dieser Grundsätze zu zitieren — in Gebieten, in denen die Lebensbedingungen in ihrer Gesamtheit im Verhältnis zum Bundesdurchschnitt wesentlich zurückgeblieben sind oder ein solches Zurückbleiben zu befürchten ist, die allgemeinen wirtschaftlichen und sozialen Verhältnisse sowie die kulturellen Einrichtungen verbessert werden sollen, so sind damit zunächst alle Fachleute angesprochen, die in den jeweiligen Fachverwaltungen tätig sind. Sie alle (Sozial- und Wirtschaftswissenschaftler, Pädagogen, Mediziner, Wasserbau- und Straßenbauingenieure) erarbeiten — ähnlich wie in der Bauleitplanung — auf der Grundlage einer umfassenden Bestandsaufnahme Entwicklungsprogramme und Richtlinien, die sich in regionalen Raumordnungsplänen niederschlagen. Auch wenn in einem Einzelfall eine landesplanerische Entscheidung zu treffen ist, ohne daß solche Raumordnungspläne aufgestellt sind, müssen die Forderungen der Fachverwaltungen gegeneinander und untereinander nach den Zielen der Raumordnung abgewogen werden. Hier werden — wie in der Bauleitplanung — die Grenzen des Sachverstandes und der Verantwortung des einzelnen Fachbeamten deutlich, wenn z. B. die an sich wünschenswerte Ansiedlung eines Industriebetriebes aus Gründen des Gewässerschutzes untersagt werden muß.

Es wird nun immer wieder behauptet, daß für diese Aufgabe der Koordinierung der Fachverwaltungen und der Subordinierung einzelner fachlicher Forderungen der Jurist besser geeignet sei als der Fachmann. Das kam auch gestern in der Diskussion zum Ausdruck, als von der Funktion des Koordinators gesprochen und gefordert wurde, der Jurist müsse die Gedanken des Spezialisten nachdenken können. Ich will gern einräumen, daß der Jurist ebenso gut geeignet sein kann wie der Fachmann, wenn es sich um einen besonders fähigen und an diesen Fragen lebhaft Anteil nehmenden Juristen handelt und nicht um einen, dem es sichtlich eine tiefe innere Befriedigung bereitet, wenn er allem Neuen gegenüber erst einmal schwerwiegende Bedenken anmelden kann. Doch meine ich, daß die Erarbeitung von Planungs- und Entwicklungszielen, wie sie das Raumordnungsgesetz und die Landesplanungsgesetze vorschreiben, nicht ohne konkrete Vorstellungen von den Wechselbeziehungen zwischen allen umweltgestaltenden Faktoren möglich ist. Sie setzt deswegen fachlichen Sachverstand des Planenden auf wenigstens einem beteiligten Gebiet ebenso voraus wie die Kenntnis von den erwünschten und unerwünschten Wirkungen planenden Handelns. Zwar wird der Fachmann sich immer vor einseitig perfektionistischem Handeln hüten müssen, doch scheint mir hier eine geradezu typische Aufgabe für den engagierten Fachmann zu liegen. Um es mit Forsthoff extrem auszudrücken: Der idealtypische Jurist will verwalten und fühlt sich in Ermangelung eines Engagements nicht zur Leitung gedrängt, während der idealtypische Fachmann auf ein zügiges Handeln bedacht ist und nicht verwalten, sondern leiten will.

VI.

Wenn ich in diesen drei Beispielen aus dem Bau- und Planungsrecht dem Fachmann eine entscheidende Verantwortung in der Fachverwaltung und damit auch den Anspruch auf die Führungsrolle zugesprochen habe, so bin ich mir Ihres Widerspruchs von vornherein sicher. Lassen Sie mich deshalb auch noch einiges über die Grenzen und die Gefährdung der Tätigkeit des Nichtjuristen anfügen.

Jeder Fachmann in der Verwaltung neigt — wir wissen es — zur Perfektion. Er ist, wie es insbesondere auch an den beiden letzten Beispielen deutlich geworden ist, immer in der Versuchung, seine fachlichen Vorstellungen gegen jeden Widerstand durchsetzen zu wollen, häufig ohne sich der Rechtsgrundlage seines Handelns ganz bewußt zu werden. Er zieht gern alle Funktionen an sich. Von dem ihm in den Gesetzen zugestandenen Ermessensspielraum versteht er nicht immer den rechten Gebrauch zu machen. Er ist vielfach in der Gesetzesanwendung unsicher und ängstlich oder er setzt sich über bestimmte Vorschriften schlicht und einfach hinweg; denn der Grundsatz der Gesetzmäßigkeit der Verwaltung ist ihm noch nicht in Fleisch und Blut eingegangen. Diese Gefährdung des Nichtjuristen in der öffentlichen Verwaltung findet sich wie in der Bauverwaltung wohl grundsätzlich auch in allen anderen Fachverwaltungen.

Hier bietet sich nun dem Juristen ein dankbares Feld der Mitwirkung in der Fachverwaltung, allerdings nicht in der Rolle des Justitiars oder gar der „Betriebsfeuerwehr" zur Beseitigung eingetretener Pannen, wie zuweilen die Rolle des Juristen in der Fachverwaltung gesehen wird[8], sondern in der Rolle des gleichberechtigten Partners, der den Fachleuten die rechtlichen Bindungen ihres Verwaltungshandelns aufzeigt.

Ich meine also, so wenig der Jurist nur der „Erfüllungsgehilfe" des Fachbeamten sein kann, so sollte umgekehrt auch der Fachbeamte nicht nur als „Erkenntnisgehilfe" des Juristen angesehen werden. Beide sollten in einer Partnerschaft, die ihnen gleiche Pflichten und Rechte zuweist, zusammenarbeiten.

Wenn behauptet wird[9], daß das Zusammenwirken des Fachbeamten mit dem Verwaltungsjuristen bei der Neigung des Fachbeamten zur Absonderung und bei der Schwerfälligkeit des Verfahrens nicht immer leicht zu bewerkstelligen sei, so wird man dem wohl zustimmen können. Denn man braucht nur zu bedenken, daß für eine einzige Bausache außer dem Baurecht und der Bautechnik auch Architektur, Städtebau, Ortsplanung, Landschaftsschutz, Wasserwirtschaft, Straßenbau und Verkehrsrecht, endlich die öffentliche Förderung des sozialen Wohnungsbaues von Bedeutung sein können. Wenn daraus aber der Schluß gezogen wird, daß es notwendig sein könne, den Verwaltungsjuristen zur Wahrung sachgerechter Beiträge nicht in die Fachabteilung einzu-

---

[9] *Michael Fellner*, Grundfragen des Verwaltungsverfahrens, in: Staatsbürger und Staatsgewalt, Karlsruhe 1963, Bd. II S. 345.

gliedern, so muß ich dem widersprechen. Auch die Auffassung, daß der Verwaltungsjurist dem Organisations- oder Verwaltungsakt die äußere Gestalt zu geben habe, vermag ich nicht zu teilen. Ich meine, es hieße den Verwaltungsjuristen unterschätzen, wollte man ihn in der Fachverwaltung nur auf die Formulierungshilfe beschränken und seine Rolle etwa nur darin sehen, Gutachten der Fachbeamten zu inserieren und mit der entsprechenden Rechtsmittelbelehrung und mit seiner Unterschrift zu versehen.

Als Beispiel für ein erfolgreiches Zusammenwirken von Fachleuten und Juristen darf ich hier die Oberste Baubehörde im Bayer. Staatsministerium des Innern nennen, in der Ingenieure, Architekten, Volkswirtschaftler und Juristen als höhere Beamte gemeinsam in denselben Verwaltungsaufgaben tätig sind. Auch in meiner eigenen Gruppe „Planung und Bauordnung" innerhalb dieser Obersten Baubehörde arbeiten seit 15 Jahren im höheren Dienst Juristen, Bauingenieure und Architekten in etwa gleicher Anzahl gemeinsam im Vollzug des städtebaulichen Planungs- und des Bauordnungsrechts so eng und reibungslos zusammen, daß in Verhandlungen mit Dritten häufig die Juristen als technische Sachverständige und die Techniker als Juristen angesprochen werden. Das aber setzt eine mehrjährige Einarbeitung in die komplexen Aufgaben und eine Einfühlung in die Denkvorgänge aller beteiligten Disziplinen voraus.

Lassen Sie es mich mit den Worten des bayerischen Ministerpräsidenten Dr. h. c. Alfons Goppel[10] aussprechen, der in einem Vortrag über Recht und Technik über die Bayerische Oberste Baubehörde folgendes gesagt hat:

> Die Zusammenführung von Technikern und Juristen in einer behördlichen Organisationsform wie der Bayerischen Obersten Baubehörde ist eine fortschrittliche Lösung, die sich bewährt hat und in der Technik und Recht auf dem Gebiet des Bauwesens jedenfalls eine glückliche Ehe führen. Beide erziehen einander, beide lernen voneinander. Der Techniker muß über die theoretischen Grundbegriffe des Baurechts im klaren sein, er darf sich nicht in technischen Einzelfällen erschöpfen, sondern muß lernen und befähigt sein, aus jedem Einzelfall das übergeordnete Gesamtproblem zu erkennen, er muß das Gefühl dafür bekommen, wie weit seine technischen Absichten überhaupt durch gesetzliche Regelungen verwirklicht werden können. Ebenso darf der im Bauwesen tätige Jurist nicht Formalist oder reiner Theoretiker sein, er muß von den Bedürfnissen des Planens und Bauens erfüllt sein; er muß ein großes Einfühlungs-

---

[10] *Alfons Goppel*, Reden, Würzburg 1965, S. 103.

vermögen in die Bestrebungen und Notwendigkeiten der Technik haben, ja er sollte sich sogar durch eine gewisse Begabung und Vorliebe für technische Fragen auszeichnen.

Ausschlaggebend für ein sachgerechtes und rechtmäßiges Handeln in der öffentlichen Verwaltung ist ein reibungsloses Zusammenwirken zwischen Nichtjuristen und Juristen im Sinne eines Bündnisses, einer Partnerschaft, um nicht das abgegriffene Wort Teamwork zu gebrauchen. Das verlangt von beiden Seiten bewußten Verzicht auf persönliche Selbstdarstellung in der Verwaltung. Dafür gibt es außer dem eben erwähnten Beispiel der Bayerischen Obersten Baubehörde sicher noch manche andere im Bereich der öffentlichen Verwaltung.

Leitsätze

1. Der nichtjuristische Beamte des höheren Dienstes sollte schon während seiner fachlichen Ausbildung an den Universitäten und Technischen Hochschulen und insbesondere während seines Vorbereitungsdienstes die Grundzüge des Verwaltungsrechts kennenlernen. Er sollte frühzeitig die Zusammenarbeit mit dem Verwaltungsjuristen suchen, um seine Denk- und Ausdrucksweise, seinen Arbeitsstil, seine Methoden der Rechtsanwendung verstehen zu lernen.

2. Jeder Fachbeamte in unserer spezialisierten Verwaltung sollte die enge Verknüpfung mit den benachbarten Disziplinen und die Wechselbeziehungen zu diesen kennen. Er sollte sich der Gefährdung bewußt sein, die in der Perfektion seines Verwaltungshandelns liegen kann. Und er sollte bereit sein, seine fachlichen Wunschvorstellungen mit denen anderer Fachverwaltungen abzustimmen.

3. In dem Bestreben, auf seinem Fachgebiet führend tätig zu werden, sollte auch der Nichtjurist sich immer die Frage vorlegen: wie handle ich rechtmäßig. Bewege ich mich bei der Ausfüllung des mir gegebenen Ermessensspielraumes noch innerhalb der Legalität oder schon im freien Raum der Willkür?

4. An der Spitze der Fachverwaltung in der unteren, mittleren und in der Ministerialinstanz sollte ein hervorragend qualifizierter, für Rechtsfragen aufgeschlossener Fachbeamter des höheren Dienstes stehen, der sich des Umfangs, der Grenzen und Gefährdungen seines Sachverstandes und seiner Verantwortung durchaus bewußt ist, und der deshalb stets zur Zusammenarbeit mit dem Verwaltungsjuristen bereit ist.

Fachliche Ergänzungen des behördlichen Sachverstandes (insbesondere durch Beiräte Fachausschüsse und Fachgutachten)

Von Helmut Meinhold

Im Hinblick auf die Weite des Themas muß ich von vornherein um Entschuldigung dafür bitten, daß ich nur einen kleinen Bereich daraus behandeln kann. Es gibt zwar eine recht zahlreiche spezielle Literatur über dieses Gebiet, aber wenig, was sich für alle Arten und Fachrichtungen der Beratung gleich eignet. So ist man weitgehend auf die Erfahrungen angewiesen; und meine speziellen Erfahrungen sind in doppelter Hinsicht begrenzt: einmal auf die des Wirtschaftswissenschaftlers, und zweitens auf das Verhältnis des Wirtschaftswissenschaftlers zur Zentrale, also, um unter deutschen Begriffen zu sprechen, zu Bonn. Ich kann also nur über dieses Gebiet wirklich einigermaßen fundiert sprechen und hoffe, daß sich aus der Diskussion dann umso mehr Stoff für das ergibt, was hier fehlt.

Eine fachliche Ergänzung des behördlichen Sachverstandes im engeren Sinne ist die durch unmittelbare Gutachten, die teilweise von einzelnen, teilweise von wissenschaftlichen Beiräten und ähnlichen Gremien den Regierungen erstattet werden. Ich möchte im ersten und kürzeren Teil meiner Ausführungen darüber sprechen. Aber das Thema wäre damit auch nicht annähernd erschöpft, auch nicht in der oben erwähnten Einschränkung, denn gerade in allerneuester Zeit beobachten wir auch in der Bundesrepublik eine Entwicklung, die man nicht unter dem Aspekt fachlicher Ergänzung sehen kann, sondern die die Wissenschaft als fachlichen Berater sehr unmittelbar in den Bereich der Politik stellt; hierher gehören die Gutachten, die z. B. auf dem Gebiet der Wirtschaftswissenschaften von dem Sachverständigenrat jetzt im Tröger-Gutachten über die Finanzreform erstattet worden sind, und ein weiteres soll in diesem Jahre noch fällig werden, das Gutachten der Sozialenquête-Kommission. Es sind das Gutachten, die mindestens ebenso stark in die Politik einwirken sollen, wie in das, was wir als behördlichen Sachverstand bezeichnen können. Es ist daher etwas zweifelhaft, ob gerade darüber im Rahmen des hier gestellten Themas gesprochen werden sollte; ich glaube aber, es sollte geschehen, denn sonst würde allzuviel von dem fehlen, was eigentlich doch nach der öffentlichen Ansicht in diesen Themenbereich gehört. Darüber handelt dann der zweite Teil dessen, worüber ich hier sprechen möchte.

Fachliche Ergänzungen des behördlichen Sachverstandes speziell durch Wirtschaftswissenschaftler haben insbesondere im Verlaufe der zwanziger und dreißiger Jahre dieses Jahrhunderts eine zunehmende Rolle gespielt, und zwar zunächst im engeren Sinne in Richtung auf eine fachliche Ergänzung. Damals hatten wir wirklich noch weitgehend das, was man ein Juristenmonopol nennt (worüber ja auch heute mitunter noch geklagt wird, vor allem bezüglich der mittleren und unteren Verwaltungsebenen). Infolgedessen waren die Verwaltungsbeamten in sehr hohem Maße auf fachliche Beratung durch die Wissenschaft speziell in solchen Bereichen angewiesen, die nicht im engeren Sinne zur Rechtswissenschaft gehören, so auf Beratungen auf dem Gebiet der Technik und auch der Wirtschaftswissenschaft. Das ergab sich schon deswegen, weil der Staat gerade in den zwanziger Jahren immer mehr aus der Funktion des reinen Verwaltens im Sinne des Laissez faire in eine Funktion des unmittelbaren Gestaltens hineinwuchs und infolgedessen dieser fachliche Sachverstand unmittelbar notwendig wurde.

Diese Situation ist, jedenfalls für uns Wirtschaftswissenschaftler, heute vorbei. In den Ministerien — wie gesagt, muß ich mich vor allem darauf konzentrieren, in den Kommunen und den Länderregierungen ist es teilweise noch anders — sitzen heute Volkswirte von ähnlicher Qualifikation wie etwa auf den Lehrstühlen unserer Hochschulen, so daß das grundsätzliche wirtschaftswissenschaftliche Fachwissen dort gegeben ist, und dazu die spezielle Erfahrung und die Informationsmöglichkeit über aktuelle Fragen. So geschieht es sehr oft, daß der auf Spezialfragen eingehende Wirtschaftswissenschaftler von den Behördenvertretern korrigiert werden muß, und damit ist die fachliche Beratung der Behörden auf vielen Gebieten weitgehend sinnlos geworden. Sie beschränkt sich unter den gegenwärtigen Umständen eigentlich auf drei Arten von Gutachten: zum einen gibt es natürlich noch ausgesprochene Spezialgutachten, im Bereich der Wirtschaftswissenschaft freilich verhältnismäßig selten, in der Technik kommt das wahrscheinlich sehr viel häufiger vor. Immerhin haben wir noch die Notwendigkeit einer Reihe von Spezialgutachten, z. B. von Instituten über wirtschaftspolitische Maßnahmen etwa des Auslandes, Spezialanalysen über einzelne Branchen usw.

Mindestens ebenso häufig ist heute eine andere Art von Gutachten — Sie mögen freilich fragen, ob das im engeren Sinne noch fachliche Ergänzung ist —, die darauf gerichtet sind, die Zusammenhänge wirklich zu durchdenken. Wie vorhin schon gesagt, sind die Kollegen in den Behörden fachlich genau so gut geschult wie etwa der Hochschulwissenschaftler, aber sie stehen doch viel stärker unter dem Druck der täglichen Termine und haben infolgedessen sehr oft nicht den Abstand und auch nicht die Möglichkeit, einmal alles zusammen zu sehen. Solche Gutachten zielen also gar nicht, jedenfalls nicht in erster Linie, darauf ab, daß irgendwelche neuen wissenschaftlichen Erkenntnisse erzielt werden oder neues Material verarbeitet wird, das etwa den behördlichen Vertretern nicht bekannt wäre. Hier geht es mehr darum, daß einmal versucht wird, sämtliche Bereiche der Politik, hier speziell der Wirtschaftspolitik, aus einer Schau zu sehen und auf diese Weise Gesichtspunkte herauszuarbeiten, die zwar den Behördenvertretern auch nicht unbekannt sind, die ihnen im Zusammenhang aber doch manche Dinge in anderem Licht erscheinen lassen.

Das dritte und leider mitunter häufigste Feld der Beratung der Behörden speziell durch die Wissenschaft ist das, was ich Autoritätsgutachten nennen möchte. Damit stoße ich zum Teil schon vor in das, was ich im zweiten Teil behandeln möchte, und es ist ein sehr heißes Eisen. Speziell in der Bundesrepublik Deutschland genießt die Wissenschaft immer noch einen recht hohen Ruf; jedenfalls einen höheren, als in der öffentlichen Meinung weitgehend die Politik. Wenn man infolgedessen mit seinen politischen Ansichten nicht durchkommt, dann sucht man sich ein entsprechendes Gremium oder einen entsprechenden Wissenschaftler und läßt sich ein Gutachten von ihm erstatten, das einem dann erlaubt, mit der Autorität der Wissenschaft seine politischen Ziele durchzusetzen. Die Zahl dieser Gutachten, die im Verlaufe der letzten Jahrzehnte erstattet worden sind, ist Legion. Es sind das also Gutachten, von denen die Auftraggeber von vornherein keine fachliche Ergänzung im Sinne dessen, worüber ich heute eigentlich sprechen sollte, erwarten. Oft haben sie sich auf Fachtagungen, in der Wirtschaftswissenschaft, beispielsweise im Verein für Sozialpolitik, oder auch durch Publikationen sehr gut darüber orientiert und orientieren können, welche Ansichten die einzelnen Wissenschaftler vertreten. So suchen sie sich unter denen, die die gewünschte Ansicht vertreten, denjenigen aus, der vermutlich die höchste Autorität besitzt und beauftragen ihn mit der Erstattung eines entsprechenden Gutachtens.

Diese Autoritätsgutachten sind natürlich eine überaus mißliche Angelegenheit, und man kann eigentlich im Grunde genommen nicht scharf genug dagegen Stellung nehmen, einmal wegen der Politik, die ja daran nicht gewinnt, zum anderen aber wegen des Standes der Wissenschaft in der öffentlichen Meinung, der dadurch nur heruntergewirtschaftet werden kann. Es ist wohl nicht ganz möglich, auf diese Autoritätsgutachten zu verzichten. Gerade in der Ministerialbürokratie werden sie schon deswegen oft benötigt, weil davon auszugehen ist, daß die Meinungen in einem Hause keineswegs immer die gleichen sind und jeder sich bei der Wissenschaft die Autorität für seine Argumente zu leihen versucht, weniger im Kampf nach außen als in der Auseinandersetzung innerhalb der Ministerien. Hier mögen solche Autoritätsgutachten auch durchaus die Funktion haben, die Diskussion zu vertiefen und auf die eigentlichen Probleme hinzuführen. Wenn infolgedessen schon die Meinungseinholung von außen gerade für diese internen Auseinandersetzungen wichtig und vielleicht unerläßlich ist, dann sollte aber wenigstens darauf geachtet werden, daß das nicht durch Einzelgutachter geschieht. Das Feld des Einzelgutachters und so auch der Institutsgutachten ist das Spezialgutachten, von dem ich vorhin sprach und das auf einigen Gebieten immerhin noch eine große Rolle spielt. Wenn also schon Autoritätsgutachten, dann nach Möglichkeit solche, die zugleich die Aufgabe des Zusammenschauens erfüllen, und die von bewußt differenziert zusammengesetzten Gremien erstattet werden, so daß von vornherein Vertreter der verschiedensten Ansichten in dem Gremium sitzen und das, was als Gutachten dabei herauskommt, schon einen gewissen Ausklang von Meinungsunterschieden enthält. So zusammengesetzt sind in einem verhältnismäßig hohen Maße die wissenschaftlichen Beiräte in den Ministerien, die wir in der Bundesrepublik seit 1948 kennen und bei denen von vornherein darauf geachtet worden ist, daß dort sehr verschiedene Ansichten vertreten sind.

Freilich hat auch das Nachteile. Wenn man deutlich verschiedene Ansichten in einem solchen Gremium vertreten hat, dann ist das Gebiet dessen, worüber man sich hat einigen können, mitunter verhältnismäßig begrenzt. Wir sind gerade in der Wirtschaftswissenschaft zwar oft selber erstaunt darüber, wie, etwa im Vergleich zu der Zeit vor dreißig oder vierzig Jahren, immerhin ein gewisser Bereich auch des Politischen inzwischen Allgemeingut der Wissenschaft geworden ist, so daß es darüber eindeutige Aussagen gibt. Aber gerade die Spezialfragen, die die Behörden eigentlich interessieren, kommen in den Gutachten oft verhältnismäßig wenig zum Ausdruck. Das liegt einmal daran, daß wir uns gerade in der Bundesrepublik oft sehr stark vor Minderheitsvoten scheuen. Wir sehen die Wissenschaft und infolgedessen auch die wissenschaftliche Beratung noch weitgehend unter dem Gesichtspunkt der, sagen wir einmal, Max Weberschen Werturteilsfreiheit. Man meint, was die Wissenschaft zu liefern habe, müsse von vornherein werturteilsfrei sein, auch wenn es sich um politische Wissenschaften handelt, und infolgedessen dürfe es keine verschiedenen Ansichten geben auf wissenschaftlichem Gebiet, infolgedessen sei die Erstattung irgendeines Minderheitsvotums von vornherein eine entscheidende Schwächung des Gutachtens. Ich möchte meinen, nichts ist irriger als das. Das Gutachten selber leidet darunter, eben weil, wenn man solche Minderheitsvoten vermeiden will, es oft darauf hinausläuft, daß man die entsprechenden Teile, und das sind meist die interessantesten, aus dem

Gutachten streichen muß. Mitunter werden die Gutachten infolgedessen recht inhaltsarm. Sicherlich, es gibt eine Reihe von Minderheitsvoten, die vermieden werden sollten, nämlich dort, wo es sich wirklich um objektive Erkenntnisse handelt, und das ist immerhin ein weiter Bereich von Grundlagen. Über fachlich eindeutige wissenschaftliche Erkenntnisse kann es und sollte es natürlich keine Minderheitsvoten geben. Aber das ist normalerweise nicht der Bereich, auf dem diese Gutachten erstattet werden, sondern es handelt sich weitgehend einmal um diagnostische Arbeiten und zweitens um die Anwendung des wissenschaftlichen Grundwissens auf spezielle ökonomisch-politische Probleme. Auf beiden Bereichen, sowohl auf dem der Diagnose, also der Anwendung des wiederum objektiven diagnostischen Wissens auf die gegenwärtige Lage, wie im Hinblick auf die Anwendung wissenschaftlicher Modelle, wie man es heute zu sagen pflegt, auf wirtschaftspolitische Sachverhalte, gibt es nun einmal Meinungsunterschiede. Ich meine daher, es wäre sehr viel besser, wenn wir diese Scheu vor Minderheitsvoten verlieren und offen zugeben würden: über diese und jene Spezialfragen kann man verschiedener Ansicht sein. Ich glaube auch, daß den Behörden, insbesondere soweit sie politisch tätig sind, mit solchen Minderheitsvoten durchaus gedient sein kann. Wir haben z. B. im Sozialbeirat für die gesetzlichen Rentenversicherungen ganz ausgeprägt die Gewohnheit, solche Minderheitsvoten herauszuarbeiten. Es wird also durchaus das Pro und Kontra gewisser Entscheidungen dargestellt, nachdem das eindeutige und wissenschaftlich ohne Ansichtsfragen Erkennbare vorweggenommen ist, und es scheint sich zu zeigen, daß diese Gutachten jedenfalls einen Erfolg haben. Man kann, wenn man solche Minderheitsvoten zuläßt, dann auch hinzuschreiben: nicht dagegen zulässig ist dieses oder jenes Argument, denn darüber kann man einfach nicht streiten, weil es sich dabei um Wahrheiten und nicht um Ansichten handelt; dadurch kann die politische Diskussion, die dann über diese Dinge stattfindet, weitgehend auf die Probleme gelenkt werden, bei denen man wirklich verschiedener Ansicht sein kann und über die politisch zu streiten notwendig ist.

Der zweite Mangel dieser Gremiengutachten ist oft der, daß, da man eben Minderheitsvoten vermeiden will, sehr häufig der eigentliche Wert in der Diskussion liegt und diese Diskussion weitgehend untergeht. Sie wird im Gremium geführt, einige mehr oder weniger hochgestellte Ministerialvertreter sind dabei. Dort liegt das eigentlich fruchtbare Feld, denn dort werden die Möglichkeiten politischer Anwendung oder verwaltungsmäßiger Anwendung wissenschaftlicher Erkenntnisse mit Für und Wider durchdiskutiert, und das geht zu einem ganz erheblichen Teil für das Gutachten verloren. Es sollte auch infolgedessen und nicht nur um ihrer so oft notwendigen Mitwirkung bei der Diskussion willen sehr viel mehr von der Möglichkeit Gebrauch gemacht werden, daß man die Behördenvertreter zu solchen Beratungen hinzuzieht. Auch davor haben wir aber merkwürdigerweise in der Bundesrepublik im Gegensatz zu vielen anderen Ländern eine gewisse Scheu, weil die Wissenschaft so viel Angst hat, daß sie sich von der Politik vergewaltigen lassen könne. Wenn in einem solchen Gremium dann 10 oder 15 Behördenvertreter sind, dann fühlen sich die Wissenschaftler — die doch in Deutschland so unabhängig gestellt sind wie in kaum einem anderen Lande der Welt, das sehen wir immer wieder — politisch überwacht, und vor allem fürchten sie, man könne ihnen den Vorwurf machen, ihre Gutachten seien durch die Behörden inspiriert. Hier müssen wir uns selber an die Brust klopfen, denn diese Angst haben wir eigentlich gar nicht nötig. Aber es zeigt sich — gerade jetzt wieder im Zusamenhang mit der Sozialenquête-Kommission ist das deutlich geworden: es braucht nur ein einziger Behördenvertreter dabei zu sein, und schon bemächtigt sich jemand in der Presse dieser Tatsache und stellt fest, dieses Gutachten könne ja gar nicht mehr unabhängig sein, denn neben den Wissenschaftlern hat auch ein Behördenvertreter teilgenommen.

Somit ergibt sich, daß in diesem engeren Bereich der Gremiengutachten für fachliche Ergänzung zwar ein recht wichtiger, aber doch nur verhältnismäßig enger Raum ist. Infolgedessen hat man sich in den letzten Jahren in der Bundesrepublik verstärkt zu einer anderen Form der fachlichen Beratung durch Fachausschüsse bekannt, von denen im wirtschaftswissenschaftlichen Bereich der Sachverständigenrat für die Begutachtung der wirtschaftlichen Entwicklung am bekanntesten geworden ist und ja wohl auch politisch die mit Abstand größten Wirkungen gehabt hat. Die Notwendigkeit solcher Ausschüsse, die nicht nur im engeren Sinne wissenschaftliche Gutachten erstatten sollen, sondern wissenschaftlich fundierte Meinungsäußerungen, ist an sich leicht zu erklären, einfach aus der Entwicklung unserer Demokratie heraus. Die Parlamente, und gerade in der Bundesrepublik ist das wiederum sehr merkbar (es ist aber in anderen Ländern nicht anders), sind unter dem Zeichen der pluralistischen Demokratie sehr weitgehend zu Parlamenten von pluralistisch bestimmten Abgeordneten geworden, sie sind zu einem erheblichen Teil nicht mehr im Sinne der Demokratie des 18. Jahrhunderts aus allgemeinen Volksvertreterabgeordneten zusammengesetzt. Das gilt cum grano salis, es läßt sich vielleicht auch im Rahmen einer solchen pluralistisch parlamentarischen Demokratie gar nicht vermeiden; ich möchte damit auch in keiner Weise einen Vorwurf aussprechen, sondern es gilt, einfach diese Tatsache zu konstatieren. Sie ist auch weitgehend mit einem zweiten begründet, nämlich eben durch den immer größeren Abstand, den wir heute von der Laissez-faire-Demokratie, die nur verwaltete, haben, in dem wir immer mehr politisch gestalten, und das bis in einzelne Spezialgebiete hinein. Eben dadurch ist das, was die Parlamente zu tun haben, in ungewöhnlichem Maße kompliziert worden und infolgedessen braucht man als Abgeordnete, oder glaubt es jedenfalls zu brauchen, Fachleute. Infolgedessen wieder ist es nicht nur ein Parlament, bei dem ein großer Teil der Abgeordneten pluralistisch bestimmt ist, sondern ein Parlament, bei dem ein großer Teil Spezialisten sind. Dadurch ist eine Lücke entstanden, indem auch hier die Zusammenschau, das notwendige Zusammensehen der differenziertesten Maßnahmen gar zu oft fehlt. Die Parlamentsarbeit wird in Spezialfragen in den Parlamentsausschüssen durchgeführt. In diese Lücke soll nun weitgehend die Wissenschaft eintreten, indem sie diese Grundschau wieder liefert, die eigentlich nach der Idee des 18. Jahrhunderts und nach der Idee der klassischen Demokratie das Parlament bieten sollte.

Damit ist schon das eine der Probleme dieser Gremien angedeutet: Sie haben einen verhältnismäßig großen Einfluß in der öffentlichen politischen Diskussion, wie man an den beiden bisher erstatteten Gutachten des Sachverständigenrates oder an dem Tröger-Gutachten zur Finanzreform sieht. Aber sie haben im öffentlich-rechtlichen Raum eigentlich keinen Standort. Sie sind nicht Parlament, sie sind nicht Exekutive, nicht auch eine freie Kraft der Gesellschaft. Sie wollen und müssen sich, auch wenn offiziell nur zur Diagnose und allenfalls zur Darstellung von Alternativen beauftragt, mindestens indirekt zu politischen Fragen äußern, denn eine bloße Darstellung der oft zahllosen Alternativen würde nur verwirren und sie würde damit auch nur enttäuschen, denn man erwartet Ratschläge von diesen Gremien. Einen Standort im Rahmen unseres öffentlich-rechtlichen Aufbaues, unseres staatlichen Aufbaues haben sie also nicht, aber sie haben eine deutliche politische Funktion.

Das zweite Problem dieser Gremien geht stärker von der Wissenschaft aus. Wenn wir uns wieder an den Max Weberschen Wissenschaftsbegriff halten, dann stellen wir fest, daß solche Gutachten mit Ratschlägen, mit Meinungsäußerungen zu konkreten politischen Fragen ja eigentlich nicht erstattet werden dürften, denn die Wissenschaft hat, laut Max Weber, werturteilsfrei zu sein, sie hat sich auf den Bereich zu beschränken, in dem es die vorhin zitierten eindeutigen und eindeutig feststellbaren Wahrheiten gibt, und hat sich nicht in den Bereich der Politik hineinzubegeben. Nun hat ja Max Weber in seinem praktischen Wirken auch diese Grenzen wesentlich überzogen, und sie sind überhaupt nicht innezuhalten, gerade in politischen Wissenschaften nicht. Aber werden sie nicht durch diese Gremien, wie wir sie da haben, zu stark überschritten, wiederum mit dem Erfolg, daß man sagen kann, was an diesem Gutachten wissenschaftlich sein könne, sei allenfalls die

Methodik, aber nicht mehr das Ergebnis. Sie hätten den Charakter wissenschaftlicher und im engeren Sinne fachlicher Beratung verloren. Es handle sich nur um eine organisierte politische Meinungsäußerung außerhalb des Bereiches unserer durch die Verfassung gewollten staatlichen Organisationen.

Dieses Doppelproblem — einmal die Problematik der Möglichkeit, solche Gremien öffentlich-rechtlich einzuordnen, zum zweiten die Problematik, die mit dem Wissenschaftsbegriff zusammenhängt — hat in den verschiedensten Ländern zu sehr verschiedenen Lösungen geführt. Ich möchte mich hier darauf beschränken, die beiden eindeutigsten Lösungen zu nennen (der Vergleich der beiden Lösungen ergibt sich dann von selbst), die wir auf diesem Gebiete haben. Das ist einmal die Lösung in den USA und zum zweiten, was uns hier natürlich speziell interessiert, die in der Bundesrepublik Deutschland.

In den USA ist das öffentlich-rechtliche Problem dadurch verhältnismäßig einfach gelöst, daß das erstentstandene von diesen Gremien, der Board of Economic Advisers, beim Präsidenten ressortiert. Das geht zum Teil aus dem Charakter der USA als Präsidialdemokratie, wie man sie bei uns zu nennen pflegt, hervor, wo also die exekutive Macht beim Präsidenten vereinigt ist, in ganz anderer Weise, als wir das etwa kennen; so ist auch der Board of Economic Advisers und das Bureau of Economic Advisers beim Präsidenten verankert. Es gibt selber nur in sehr beschränktem Maße fachliche Gutachten heraus, erstattet im Prinzip seine Gutachten dem Präsidenten, und der Präsident legt sie vor. Damit sind diese Gutachten von vornherein eindeutig charakterisiert als politische Dokumente. Sie beanspruchen gar nicht mehr, wie etwa bei uns das Sachverständigengutachten, ein ausschließlich fachliches Gutachten, eine von außen kommende Ergänzung des behördlichen Sachverstandes zu sein. So hat man dort eine staatsrechtlich eindeutige Lösung gefunden. Man hat die Gremien, die als solche aus Wissenschaftlern, oft Universitätsprofessoren, bestehen und durchaus ähnlich unseren Beiräten sind, hineingeholt in die Bürokratie. Natürlich hat sich das Parlament sofort die Gegenposition geschaffen, die gerade in den USA notwendig war, wo die starke Präsidialbürokratie eine entsprechend starke Kontrolle durch das Parlament erfordert. Diese Gegenorganisation gehört nun wiederum dem Parlament, es ist das, charakteristischerweise von beiden Häusern des amerikanischen Parlaments gegründete, Joint Economic Committee. Beide Gremien beraten nun ihre Organe, auf der einen Seite die Exekutive, auf der anderen das Parlament. Recht häufig sind die Gremien nicht einer Ansicht, aber das schädigt in keiner Weise die Wissenschaft. Die Wissenschaftler sind ja hier als politische Persönlichkeiten berufen worden, und man hat sie aufgrund ihres wissenschaftlichen Ranges in den Board oder in das Joint Economic Committee geholt.

Es ist von vornherein selbstverständlich, daß sie dort als Wissenschaftler das Fundament wissenschaftlicher Methodik zu liefern haben. Das, was sie daraus machen, ist aber eine politische Angelegenheit. Es ist daher auch völlig selbstverständlich, daß diese Gremien mit dem Präsidenten wechseln, der Board of Economic Advisers wird selbstverständlich anders zusammengesetzt, wenn ein Präsident anderer Farbe gewählt worden ist. Damit ist also diese Problematik, die ich vorhin nannte, ausgeschaltet.

Gleichzeitig aber habe ich damit nun gänzlich das Thema meines Referates verlassen, denn das ist ja, wie gesagt, keine Ergänzung des behördlichen Sachverstandes mehr, sondern hier ist dieser Sachverstand von an sich unabhängigen Wissenschaftlern direkt hineingeholt in die Bürokratie. Es ist auch nur erwähnt, weil es die eine der Lösungen dieser Problematik ist. Die andere ist die, daß man unabhängige Gremien schafft, sei es durch Gesetz, wie den Sachverständigenrat, sei es durch Kabinettsbeschluß, wie die Sozialenquête-Kommission. Man schreibt den Gremien dabei etwas vor — das steht sowohl im Gesetz über den Sachverständigenrat wie in dem Kabinettsbeschluß über die Sozialenquête-Kommission —, von dem man von vornherein erwartet oder erhofft, daß sie sich nicht daran halten werden; und damit wird die juristische Problematik dieser Gremien besonders deutlich. Man sagt nämlich, sie haben keine Vorschläge zu unterbreiten. Aber selbst wenn sie sich auf die Darstellung von Alternativen beschränken — läßt es sich überhaupt vermeiden, daß dabei eine Möglichkeit mehr Gewicht gewinnt als die andere? Und wird das nicht auch erwartet? Immer wieder erklären die zuständigen politischen Instanzen, daß sie auf „Vorschläge" dieser Gremien warten — nur daß sie sich natürlich nicht daran gebunden fühlen. Damit also hat man, wenigstens rein formal, versucht, die juristische Problematik zu lösen.

Außerdem sind, beim Sachverständigenrat besonders deutlich, gewisse Werturteile als gegeben anzunehmen, auf denen sich die wissenschaftliche Arbeit aufbaut. Die Werturteile sind im Gesetz über den Sachverständigenrat genau genannt: Das Gutachten hat auszugehen vom Prinzip der Marktwirtschaft, von der Preisniveaustabilität, von der Vollbeschäftigung, vom Zahlungsbilanzausgleich und von einer möglichst gerechten Einkommensverteilung. Auf dieser Basis kann nun die Wissenschaft operieren, ein im wissenschaftlichen Sinne scheinbar durchaus eindeutiges Verfahren, denn die jenseits der Wissenschaft liegenden Werturteile werden also sozusagen hineingegeben, und die Wissenschaft hat zu prüfen, wie man auf der Basis solcher Werturteile, solcher politischen Entscheidungen nun ein sinnvolles Gebäude der Wirtschaftspolitik aufbauen könne. Leider wäre das aber nur dann eindeutig, wenn die Werturteile sich immer ohne Widerspruch voll zueinander fügen würden. Das ist sehr oft nicht der Fall — es ergibt sich, daß, wenn man das eine Ziel vollständiger verfolgt, oft das andere nicht voll erreichbar ist. Aus dieser Problematik heraus entstehen dann die mehrfach erwähnten Alternativen, von deren Notwendigkeit man vor allem in den Niederlanden ausgegangen ist, die aber auch in der Bundesrepublik praktiziert werden. Es werden also zwei oder drei in sich geschlossene, möglichst widerspruchsfreie politische Lösungen erarbeitet, und für jede dieser zwei oder drei Lösungen werden die Vor- und Nachteile, die sich bei ihrer konsequenten und möglichst widerspruchsfreien Verfolgung ergeben, wird der unterschiedliche Grad, in dem die Werturteile dabei berücksichtigt, die Ziele erfüllt werden, wissenschaftlich analysiert und herausgearbeitet. Auch der Sachverständigenrat, und ähnlich wird es auch die Sozialenquête-Kommission tun, hat sich, auch wenn das in der Bundesrepublik nicht direkt gefordert ist, zum Teil dieser Lösung durch Alternativen angeschlossen. Beim Sachverständigenrat wurde das besonders deutlich im vergangenen Jahre, als er feststellte, daß die von ihm eindeutig geforderte Konjunkturpolitik in einem System mit stabilen Wechselkursen, aber autonom von den Ländern betriebener Konjunkturpolitik gar nicht durchführbar ist. Man kann in einem solchen System die Forderung der Preisniveaustabilität gar nicht an die Regierung stellen, weil die Preisniveaustabilität in dem System, in dem Zahlungsbilanzausgleich und Konvertibilität bei stabilen Wechselkursen gegeben ist, weitgehend von den konjunkturpolitischen Maßnahmen anderer Länder abhängig ist. Das ist in engerem Sinne wissenschaftlich eindeutige Erkenntnis. Wenn man also die Werturteile, die im Gesetz vorgesehen sind, nämlich Zahlungsbilanzausgleich, Vollbeschäftigung und Preisniveaustabilität nach Möglichkeit miteinander vereinbaren will, dann muß man ein anderes System wählen. Hierfür kann man nun verschiedene Alternativen vorlegen, wie es der Sachverständigenrat getan hat: nicht ganz vollständig ist die Problematik gelöst, wenn man die Bandbreite, innerhalb deren auch die sog. stabilen Wechselkurse schwanken dürfen, vergrößert; man kann zweitens zu einem System flexibler Wechselkurse übergehen, solches ja als Hauptvorschlag der Sachverständigen im vergangenen Jahr weitgehend verstanden; und man kann drittens, das hat dann die Regierung in ihrer Antwort stärker betont als die Sachverständigen, ein System wählen, das zwar stabile Wechselkurse ohne wesentliche Bandbreiten kennt, dann aber die volle Autonomie der Konjunkturpolitik in den einzelnen Ländern beseitigt, also eine weltweite, jedenfalls international sehr intensiv abgestimmte Konjunkturpolitik begründet. Das sind also drei verschiedene Möglichkeiten.

In Form solcher Alternativen kann man also auch das zweite Problem — wie freilich schon gesagt, nur annähernd — dieser Sachverständigenräte lösen, indem man bei Vorlage solcher Alternativen den Wissenschaftlern nicht den Vorwurf machen kann, daß die Wissenschaft allzu weit in die Werturteile der Politik hineinsteigt und auf diese Weise zur reinen Politik wird.

Ich bin auf diese Art der fachlichen Beratung deswegen so eingegangen, weil sie heute eigentlich im Vordergrund des Interesses, jedenfalls der allgemeinen Politik, steht, und weil hier vielleicht die unmittelbarste Wirkung fachlicher Beratung, jedenfalls zur Zeit, in der Bundesrepublik Deutschland gegeben ist. Zum Teil ist diese besondere Stellung, abgesehen vom Reiz der gewissen Neuheit, zunächst einmal auf die besondere Situation in der Bundesrepublik zurückzuführen, nämlich, daß wir schon seit bald 17 Jahren die gleiche Hauptregierungspartei haben und zumeist die gleiche Koalition, daß also der Wechsel von Opposition und Regierung, der in anderen Ländern charakteristisch ist, bei uns bisher fehlt. Das hat einmal die Folge, daß sich die Opposition sehr schwer tut. Sie kann niemals darauf hinweisen, was sie selber getan hätte, denn sie ist bislang in der Bundesrepublik noch nicht in der Regierung gewesen; und es hat zum zweiten natürlich die Folge, daß die Regierungsparteien in der Gefahr stehen, sich im Hinblick auf ihre Aktivität — bitte nehmen Sie das nicht als Kritik, das ist ein selbstverständlicher Vorgang — etwas verschleißen. Dieser Verschleiß ist mindestens personal deutlich, einfach weil die Exekutive die Menschen frißt, indem sie aus dem Parlament viele hervorragende Köpfe in die Exekutive, die internationale und die deutsche, Zug um Zug herausholt. Unter dieser speziellen Situation der Bundesrepublik gewinnen diese Gutachten leicht ein wenig Oppositionsersatz, denn wenn sie ein logisch geschlossenes, möglichst widerspruchsfreies System entwickeln sollen auf wissenschaftlicher Basis, dann bleibt ihnen gar nichts anderes übrig, als an der Tagespolitik wenigstens indirekt insofern Kritik zu üben, als diese Überlegungen von der Tagespolitik abweichen. Das ist wiederum kein Vorwurf gegen die Tagespolitik, denn eine logisch in sich geschlossene Tagespolitik wird es niemals geben, im besten System der Welt nicht. Es ist auch gar nicht die Aufgabe der Tagespolitik, unter allen Umständen und in jeder Hinsicht logisch geschlossen zu sein. Das würde möglicherweise viel zu weltfern werden.

Aber dennoch wirkt gerade deswegen ein solches Expertengutachten oft wie eine Opposition oder wie ein Oppositionsersatz über die selbstverständlich gewordene Kritik hinaus. Wir können es bei vielen Diskussionen über die Gutachten sehen. Diese Veränderung von der wissenschaftlichen Darstellung und Kritik zum Oppositionsersatz kann aber für die Wissenschaft genau so verderblich werden, wie es für die

Politik nicht richtig ist, denn sie führt wiederum dazu, daß das Parlament weiter verarmt, indem sich Funktionen zu diesen Gremien hinschieben, die keine demokratische Legitimation haben. Es ist zwar auch das besser, als hätten wir diese Gremien nicht, verstehen Sie mich wohl. Zunächst handelt es sich mehr um Gefahr als um reale Mißdeutung, und kein Gremium ist gegen solche Mißdeutungen geschützt, und schon gar nicht soll damit angedeutet sein, diese Gremien wären nutzlos oder gar sie arbeiteten schlecht; genau das Gegenteil ist bisher der Fall. Vor allem kann man auch diesen Oppositionsersatz in zweierlei Hinsicht verstehen, einmal politisch — das ist zum Teil der Fall gewesen, zum zweiten aber als Befruchtung der internen Opposition. Und ich möchte denken, daß gerade auf diesem Gebiet die eigentliche, nicht so offenkundige, aber um so stärkere Wirksamkeit dieser Art der fachlichen Beratung liegt. Das kann einmal insofern der Fall sein, als die treibenden Kräfte innerhalb der Ministerien größeres Gewicht erhalten, die von sich aus in Richtung auf eine stärkere Geschlossenheit der Politik drängen. Sie sind zwar, man beobachtet es mitunter, nicht immer angenehm berührt durch diese Gutachten, denn man hat es nun einmal nicht gern, wenn die interne, oft selbst geübte Kritik von außen kommt. Auf der anderen Seite aber können aus diesen Gremien heraus jetzt die Diskussionen innerhalb der Exekutive verstärkt werden und die Gutachten können dadurch, wie ich annehme, doch sehr stark auf die Meinungsbildung einwirken. Das gleiche, wohl nicht politisch so wirksam, dafür aber öffentlich sichtbarer, geschieht gerade in der regierungsfreundlichen Presse, auch bei den Verbänden usw. Damit verbirgt sich nun freilich wieder die Gefahr, daß es oft nicht die Vertreter der allgemeinen Öffentlichkeit, sondern die Interessentenverbände sind, die sich dieser Gutachten bemächtigen, indem sie jeweils das, was ihnen gut gefällt, aus den Gutachten herausholen, alles übrige stillschweigend übergehen und dann darauf hinweisen, daß sie sich auf den Boden des Gutachtens stellen.

Diese Gefahr wächst, je stärker solche Gutachten alles insgesamt erfassen wollen, was eingangs genannt wurde, nämlich einmal, das sind sie natürlich, Autoritätsgutachten zu sein, zweitens, daß sie Spezialkenntnisse vermitteln und drittens, daß sie die Zusammenhänge sehen. Alles zusammen ist wohl schwerlich vereinbar. Das stellt man auch deutlich fest, wenn man jetzt einmal etwas breiter ins Ausland schaut. Überall, wo man solche Gremien geschaffen hat, Gremien dieser Art mehr politischer als verwaltungsmäßiger Beratung, haben sie zunächst eine sehr starke Wirkung ausgeübt und haben sich dann im Laufe der Zeit in ihrer Wirksamkeit verschlissen. Damit ist ein so überaus wertvolles, wenn auch problematisches Instrument der Beratung der politischen Bürokratie weitgehend verlorengegangen. Zum Teil mag das daran liegen, daß die Politik dieser „Bevormundung“ durch die Wissenschaft müde wird und sich davon absentieren will. Zu einem wesentlichen Teil liegt es aber auch am wissenschaftlichen Ehrgeiz. Die Wissenschaft darf niemals zufrieden sein mit einfachen Wahrheiten, sie muß ständig tiefer gehen und damit notwendig komplizieren. Immer wieder stellt man fest, daß das einfache System, das man bisher verwandt hat, einige Sachverhalte nicht genügend deckt. Infolgedessen wird es mit neuen Vorbehalten, mit neuen Einschränkungen versehen usw., so daß es schließlich so kompliziert wird, daß weder die Bürokratie noch die Politik es mehr voll durchschauen und sich infolgedessen einfach davon selbständig machen.

So mag es manche Gründe geben, warum die Wirksamkeit solcher Gremien sich verschlissen hat. Es scheint so in den Niederlanden gegangen zu sein. Das gilt aber auch für den Board of Economic Advisers in den Vereinigten Staaten, es gilt für das Bureau of the Budget in England, es gilt in Österreich, überall, wo wir hinsehen, zunächst eine sehr große Wirkung, und nachher flaut es ab. Ob auch in der Bundesrepublik damit zu rechnen ist, daß man dieses Instrument mit wissenschaftlicher Beratung nicht mehr in dem Ausmaße als wirksam ansprechen kann, wie es das im Augenblick ist, mag dahingestellt sein. Sehr wesentlich hängt das davon ab, wie die Politik das Gutachten auswertet. Es kann aber auch davon abhängen, ob die Wissenschaft, die hier zu beraten hat, den Mut findet, in den Zusammenhängen einfach zu bleiben, also darauf zu verzichten, solchen Gremien übermäßig viel an Spezialurteilen aufzulasten — ich betone das „übermäßig“. Natürlich ist ein solches Gutachten nicht wirksam, wenn es sich nicht auf Spezialprobleme beziehen kann, wenn es nicht die Spezialprobleme auch sieht und infolgedessen berücksichtigt, sondern im allgemeinen Rahmen bleibt. Es darf über diesen Spezialfragen nur nicht der einfache Zusammenhang verloren gehen. Nur wenn dieser Mut zu den übergeordneten Zusammenhängen auf seiten der Wissenschaft, die berät, und auf seiten der Bürokratie und der Politik, die die Beratung nützt, erhalten bleibt, kann meines Erachtens diese Form der fachlichen Beratung weiterhin eine ähnliche Rolle spielen wie bisher.

Leitsätze

Die fachliche Beratung von Behörden durch Fachgutachter, auch Beiräte und Fachausschüsse, nahm in dem Ausmaß zu, in dem der Staat sich mehr und mehr vom Laissez-Faire abwandte. In dieser Zeit, in der die Behörden fast ausschließlich von Verwaltungsfachleuten besetzt waren, konnte nahezu jede Form fachlicher, speziell wissenschaftlicher Beratung für sie von Wert sein. Das ist längst vorbei. In den Behörden — leider freilich oft nur in den obersten — sitzen heute Fachleute der wichtigsten wissenschaftlichen Fachrichtungen, deren fachliche Qualität im Prinzip die gleiche ist wie an Hochschulen oder anderswo außerhalb der Behörden.

Dennoch nimmt die fachliche Beratung der Behörden von außen eher zu als ab, auch wenn sie ihren Charakter gewandelt hat. Es ist nicht mehr das allgemeine Fachwissen, das die Behörden in Ergänzung ihres eigenen benötigen, sondern dreierlei: Spezialistenkenntnisse sowohl auf besonderen Spezialgebieten wie hinsichtlich neuester wissenschaftlicher Entwicklungen; das Durchdenken zusammenhängender Sachverhalte hinsichtlich eben ihres Zusammenhanges, zu dem den in der Behörde sitzenden Fachleuten zwar nicht das Wissen, zumeist aber die Zeit und oft der Diskussionspartner fehlt; endlich die Autorität des der politischen Beeinflussung weniger verdächtigen Außenstehenden, die der behördliche Fachmann zur Hilfe teils gegenüber Vorgesetzten, teils nach außen benötigt.

Gerade das letztere gibt der Wissenschaftler nur ungern zu, er fühlt sich vor einen Wagen gespannt. Auch kommt hinzu, daß die Behördenfachleute im allgemeinen, besonders durch Fachtagungen, eine recht gute Kenntnis der speziellen Ansichten der verschiedenen Fachvertreter haben. So kommt es nicht selten vor, daß der Verdacht entsteht, ein Gutachter sei nicht gebeten worden, weil das Ergebnis seines Gutachtens interessierte, sondern weil von vornherein bekannt war, daß eben dieses Ergebnis genau dem von vornherein erwünschten entsprach. Einzelgutachter sollten daher, und zwar eben um der Autorität willen, die nur zu leicht verspielt wird, solche als Autoritätsgutachten erkennbaren Gutachten überhaupt nicht erstatten; wenn sie schon heute als unverzichtbar angesehen werden, dann sollten sie von Gremien erstattet werden, die von vornherein aus Vertretern verschiedener fachlicher Richtungen bestehen. Das Feld des Einzelgutachters und ebenso der Institutsgutachten ist vielmehr die Vermittlung von Spezialkenntnissen, zu denen wieder die Gremien schlechter geeignet sind, weil sie selten zusammenkommen und sich dann zumeist nur über Grundfragen einigen können, während die Erarbeitung und Darstellung von Spezialwissen mehr der Schreibtischarbeit und dem Experiment entspringen.

Das Hauptgebiet der Gremien sollte das Durchdenken in Zusammenhängen sein. Hier ist freilich eine bedauerliche Tatsache festzustellen: Mit erfreulichen Ausnahmen enthalten die Gutachten solcher Gremien nur ein relativ dürftiges Resultat der vorangegangenen Diskussion, weil die Gutachten nur das enthalten, worüber sich alle einigen konnten. Die bedauerliche Scheu vor Minderheitsvoten, weil sie die Durchschlagskraft des Gutachtens entwerteten, und davor, zuzugeben, daß sich auch die Wissenschaft in konkreten Fällen des Werturteils oft nicht enthalten kann und daher zu unterschiedlichen Ergebnissen gelangt, läßt die Gutachten oft allzusehr inhaltlich verarmen. Das Wertvollste an der Arbeit dieser Gremien ist daher sehr oft die Diskussion, nicht ihr Ergebnis. Diese Diskussion aber wird zumeist für die Behörden nur dann unmittelbar fruchtbar, wenn die Behördenvertreter daran teilnehmen. Davon aber hält — wiederum freilich mit erfreulichen Ausnahmen — oft wieder die Furcht zurück, die Mitglieder des Gremiums könnten sich beeinflußt fühlen oder der Einflußnahme verdächtigt werden.

Auf die besondere Form der innerhalb der Behörden gebildeten oder behördenähnlichen Fachausschüsse, die in der Bundesrepublik Deutschland leider selten, oft aber sehr fruchtbar sind, wird hier nicht näher eingegangen.

Bericht über die Diskussionsbeiträge

Von Friedrich Fonk

Dem Thema des 34. Staatswissenschaftlichen Fortbildungskursus der Hochschule für Verwaltungswissenschaften am 30. und 31. März 1966 über „Sachverstand und Verantwortung in der öffentlichen Verwaltung" wurde aus den Verwaltungen des Bundes, der Länder und der Kommunen, aber auch aus den Bereichen der Justiz und der Hochschulen, ein reges Interesse entgegengebracht. Dieses Interesse fand zunächst in der großen Zahl von nahezu 450 Tagungsteilnehmern seinen Ausdruck. Vor allem aber trat es in den Aussprachen zutage, die, die Referate ergänzend, in der Vielfältigkeit der vorgetragenen Aspekte die zentrale Bedeutung eines rechten Verhältnisses von Sachverstand und Verantwortung für eine moderne öffentliche Verwaltung noch einmal in Erscheinung treten ließen und den Zuhörern zahlreiche Anregungen mit auf den Weg gaben. Die Veranstaltung stand unter der wissenschaftlichen Leitung von Professor Dr. Dr. Becker in Verbindung mit Professor Dr. Bülck, Professor Dr. Morstein Marx und Professor Dr. Ule.

Der Diskussionsbericht soll einen Eindruck davon vermitteln, welchen Fragen aus dem Themenkreis sich die Tagungsteilnehmer im Rahmen der Aussprachen in besonderer Weise zuwandten.

I.

Zu dem ersten Vortrag von Staatssekretär Duppré über „Sachverstand und Verantwortung, Versuch eine Typologie" sprach eingangs der Diskussion Professor Dr. Arnold Gehlen (Aachen). Von der Komplexität der an die Verwaltung gerichteten Fragestellungen ausgehend, warf er die Frage auf, ob man mit den rein sachlichen Kategorien der Wissenschaft auskomme, oder ob es nicht vielmehr geradezu politischer Hilfslinien bedürfe. Es sei festzustellen, daß die Wissenschaften mit der alten Kompetenz des Bescheidwissens oft keine Lösung anstehender Fragen herbeiführen könnten; der Sachverstand verschiedener Fachrichtungen laufe häufig auseinander. Um die verschiedensten Sachkategorien in Einklang miteinander zu bringen, müsse als ein ordnendes Element ein Zweckvektor in die Sachforschung eingezogen werden, und dieser ergebe sich aus der Politik. Dabei handle es sich um einen Vorgang gegenseitiger Befruchtung von Politik und Sachverstand.

Bei dieser Betrachtung, so meinte Gehlen, könne allerdings ein Begriff von Politik problematisch werden, den man sich vielleicht naiverweise mache. Auch in dem einleitenden Vortrag glaubte er mehrere Vorstellungen von Politik feststellen zu können. Einmal in dem Sinne, daß die Sachen die Politik überflüssig machten; in diesem Falle erfüllten etwa Gutachtergremien den Zweck, die Verantwortlichen zu entlasten. Zum anderen in dem dargelegten Sinne einer die Sachforschung ordnenden Generallinienbestimmung. Der Umstand, daß die Politik heute weitgehend in die Wahltaktik hineingedrängt werde, sei darauf zurückzuführen, daß sie einfach von einem starken Sachandrang besetzt wäre, der einer „reinen Politik" sehr wenig Spielraum lasse. Die Zwangsläufigkeit dieser Entwicklung sei kaum zu übersehen.

Duppré pflichtete den Ausführungen Gehlens bei. Hinsichtlich der Bedeutung des Vektors Politik brauche man jedoch nur den von ihm in seinem Vortrag verwendeten Begriff „telos" zu konkretisieren und mit „Politik" im weiteren Sinne gleichzusetzen, um die Notwendigkeit zu erkennen, Sachverstand und Verantwortung auf sie auszurichten.

Im sachlichen Zusammenhang damit befaßte sich Professor Dr. Dr. Böckenförde (Heidelberg) mit dem Phänomen, daß die Zuständigkeit, Entscheidungen zu treffen, und das Wissen, das erforderlich ist, um diese Entscheidungen treffen zu können, immer mehr auseinanderfallen. Die zunehmende Neigung, sich der Hilfe von Gutachten, Beiräten usw. zu bedienen, so meinte Böckenförde, sei lediglich eine Folge dieses Umstandes, der seinerseits darauf zurückzuführen sei, daß die Beherrschung der technisierten Welt in immer weiteren Bereichen wissenschaftlicher Kenntnisse und Vorbildung bedürfe. Da aber das Fachwissen innerhalb der Verwaltung selbst nicht mehr hinreichend vorhanden sei und nach seiner Meinung auch nicht mehr vorhanden sein könne, ergebe sich das eminent verfassungsrechtliche Problem, wie unter Wahrung des demokratischen Strukturprinzips die Zuordnung von Sachverstand und Verantwortung stattzufinden habe. Denn man müsse von der Forderung ausgehen, daß die Ausübung öffentlicher Gewalt kontrolliert und verantwortlich gegenüber der Volksvertretung geschehe.

Das aber setzt nach der Ansicht des Diskussionsredners zum ersten die Erkenntnis voraus, daß der Sachverstand an sich nicht unpolitisch ist. Die Vorstellung, man brauche eine Angelegenheit nur den Sachverständigen zu überlassen, dann komme schon die richtige und zweckmäßige Entscheidung heraus, treffe nicht zu. Da der Sachverständige nur zu einer speziellen Frage Auskunft geben könne, während die

Verwaltungsentscheidung sich auf das Ganze zu beziehen habe, müsse das Votum des Sachverständigen erst integriert werden. Zum zweiten sei der Sachverstand auch nicht interessenunabhängig. Bei der Kompliziertheit und Verflochtenheit der sozialen Ordnungsprobleme sei es nötig, für bestimmte Forderungen oder Lösungsvorschläge sachverständige Argumente beizubringen, ohne daß damit etwa ein bestimmter Interessenbereich transzendiert sei.

Als ein Beispiel, das dem demokratischen Strukturprinzip widerspreche, bezeichnete Böckenförde den mehrfach erwähnten Sachverständigenrat zur Begutachtung der gesamtwirtschaftlichen Entwicklung, der durch die ihm zugedachte Stellung praktisch ein Initiativrecht für langfristige Wirtschaftspolitik besitze. Damit sei eine Gewalt konstituiert worden, die aus dem Bezug des demokratischen Staatsaufbaus herausfalle.

Ministerialdirigent Dr. Kölble (Bonn) widersprach der Auffassung, daß es keinen unpolitischen und interessenungebundenen Sachverstand gebe. Wenn die These Böckenfördes zutreffe, so argumentierte er, dann sei der Rat des Sachverständigen für Regierung und Verwaltung überflüssig, weil diese für das politische Votum und für die Konkretisierung des Gemeinwohls selbst zuständig seien. Im Gegenteil solle der Sachverständige ein möglichst unpolitisches und interessenunabhängiges Votum beisteuern, um Regierung und Verwaltung die Möglichkeit zu geben, dieses in den Prozeß der politischen Urteilsbildung einzubeziehen.

Zu dem Verhältnis von Sachverstand und Politik stellte Ministerialdirigent Professor Dr. Henle (München) die Frage, ob es für den Politiker einen besonderen Sachverstand gebe — einen Sachverstand der Politik, der den Sachverstand der Sachverständigen korrigieren und harmonisieren könne. Es sei unbefriedigend, zur Beantwortung dieser Frage auf das Gemeinwohl als Ziel der Politik hinzuweisen; denn dieses Gemeinwohl als telos der Politik in einer Weise zu definieren, daß daraus für die täglich zu treffenden politischen Entscheidungen Gestaltungsleitlinien gefunden werden könnten, sei kaum möglich.

In seiner späteren kritischen Auseinandersetzung mit der Tagungsthematik bemängelte Regierungsdirektor Dymarden (Hannover) den Begriff „Sachverstand" und bezweifelte dessen Notwendigkeit. Es gebe keinen Sachverstand, weil die Sache keinen Verstand habe. Er schlug vor, stattdessen Begriffe wie „Sachkenntnis", „Sachkunde", „Fachkunde" u. ä. zu benutzen. Auch hinsichtlich der Verwendung des Begriffes „Verantwortung" müsse man die Bedeutungen klar voneinander abgrenzen. Die politische Verantwortung sei etwas anderes als die Verantwortung des Beamten, und diese wiederum müsse untergliedert werden in die Verantwortung des Behördenchefs, des Dezernenten, des Sachbearbeiters.

Im einzelnen auf die Verantwortung und ihre Unterscheidung eingehend, erklärte Dymarden, daß die Verantwortung des Politikers praktisch nicht existiere. Der Politiker handle in aller Regel im Kollektiv, und dort meist nahezu im Schutze der Anonymität. Im Gegensatz dazu müsse der Berufsbeamte in der Regel mit seiner Person und mit seinem Namen für eine bestimmte Entscheidung einstehen, und zwar nicht nur für die Dauer einer Wahlperiode. Diese Betrachtung sei allerdings nicht nur typologisch, sondern auch unter dem Gesichtspunkt der Verantwortung in personeller Hinsicht von Bedeutung. Regierungsvizepräsident Müller-Heidelberg (Lüneburg) und Professor Dr. Ule (Speyer) hielten dem Einwand Dymardens zur Verwendung des Wortes „Sachverstand" entgegen, daß es sich dabei um einen anerkannten, allerdings nichtjuristischen Begriff handle, dessen inhaltliche Bestimmtheit ausreiche, da man zumindest von einem consensus omnium ausgehen könne, der die Verständigung ermögliche.

Regierungsrat Mallée (Berlin) meinte, bei allen Bemühungen um den Sachverstand und seine Intensivierung dürfe nicht vergessen werden, daß der Mut zur Entscheidung, dessen Vorhandensein man bisweilen gerade bei sehr sachverständigen Personen vermisse, für die Verwaltung oft von größerer Wichtigkeit sei als der Sachverstand selbst. Stadtassessor Beenken (Bad Kreuznach) unternahm es, der phänomenologischen und der induktiven Betrachtung des Gegenstandes von Sachverstand und Verantwortung eine deduktive gegenüberzustellen.

Regierungsdirektor Dr. Oldiges (Düsseldorf) kritisierte die nach seiner Meinung offensichtlich vorherrschende Auffassung, daß die hierarchische Ordnung für die öffentliche Verwaltung das beste Führungssystem darstelle. Vor allem in den Bereichen der gesetzesfreien Verwaltung habe es sich als vorteilhaft erwiesen, auf die Teamarbeit auszuweichen; das gelte erst recht, wenn mehrere Behörden mit der Erledigung eines Vorganges befaßt werden müßten. Der Weg solle jedoch nicht eingeschlagen werden, um den Einzelnen von der Verantwortung zu entlasten, sondern allein im Interesse einer zügigen und schnellen Abwicklung des sonst langwierigen Entscheidungsvorganges. Gegenseitige Absprachen und Ressortbesprechungen seien in Fällen der genannten Art oft nicht mehr ausreichend. Oldiges schlug vor, die Form der Teamarbeit für die in Frage kommenden Verwaltungsbereiche — im wesentlichen die Wirtschaftsverwaltung — zu institutionalisieren.

Dazu bemerkte Duppré in seinem Schlußwort, daß das von ihm gewählte Modell des Kollegiums ohne weiteres durch das Team ausgewechselt werden könne. Typologisch gesehen sei das Team lediglich eine Erscheinungsform der participatio. Da die an dem Modell des Kollegiums aufgezeichneten Grundsätze allgemeine Geltung beanspruchen könnten, hätte es einer besonderen Hervorhebung dieser Sonderform der Zusammenarbeit nicht bedurft.

II.

Im Rahmen der Aussprache über den Vortrag von Ministerialdirigent Dr. Kölble (Bonn) über „Sachverstand und Verantwortung im Hinblick auf die Aufgabenkomplikation in der Ministerialverwaltung" wandten die Diskussionsredner ihre Aufmerksamkeit in besonderer Weise der Zuordnung der Verantwortung, den Quellen des Sachverstandes und der Verantwortung des Juristen zu.

Zur Frage der „Expertokratie" und der institutionellen Zuordnung der Verantwortung im Staate wies Regierungsrat Dr. Siegmund-Schultze (Hannover) auf einen Aufsatz des Naturwissenschaftlers Professor Dr. Häfele (Karlsruhe) hin, der an dem Beispiel des Entscheidungsvorganges bei Großprojekten der öffentlichen Verwaltung das veränderte Verhältnis von Sachverständigen und politisch Verantwortlichen aufzeige (Häfele, Wolf: Die Projektwissenschaften, Radius, 1965, Heft 3, S. 3—13); nicht mehr die Verwaltung oder das Parlament greife die Probleme auf, sondern die Sachverständigen trügen sie an die staatlichen Stellen heran. Im Wechselspiel zwischen den politisch Verantwortlichen und den Wissenschaftlern verändere sich die Fragestellung, bis es zur Lösung des Problems komme. Bei diesem Prozeß könne nicht nur einer der daran Beteiligten die Verantwortung tragen. Die Wissenschaftler treffe auch ein Teil der Verantwortung, ohne daß die Institutionen unserer Demokratie dieser durch die technische Entwicklung veränderten Lage Rechnung tragen würden.

Als einen Fall der discrepantia, des Auseinanderfallens von Sachverstand und Verantwortung, bezeichnete Ule die bisweilen zu beobachtende Erscheinung, daß durch die Art der Zusammensetzung von Sachverständigengremien politische Entscheidungen von vornherein in den Sachverstand hineingelegt würden und die Verantwortung der politischen Entscheidung in starkem Maße beeinflußt werde. Eine derartige Manipulation schade sowohl dem Sachverstand als auch der Politik.

Kölble wandte sich gegen die Bedenken Ules hinsichtlich der Zusammensetzung von Gutachtergremien. Denn auch für die Auftraggeber, so führte er aus, stelle sich doch die Frage, welchen Wert ein Gutachten haben solle, in dem die Sachverständigen nicht ihren Sachverstand, sondern ihre politische Überzeugung hätten sprechen lassen. Allenfalls sei das Bestreben verständlich, durch eine personelle Zusammensetzung eines Gutachtergremiens eine innere politische Neutralisation zu bewirken, um dem Vorwurf der Unparteilichkeit zu entgehen.

Von der Feststellung ausgehend, daß der Sachverstand durch die Schnellebigkeit der Zeit dauernd entwertet werde, vermißte Oldiges eine Antwort auf die Frage, wo der Sachverstand überhaupt herkomme. Er hob hervor, daß es erforderlich sei, den Sachverstand der Verwaltung ständig auf einem den Erfordernissen der Zeit entsprechenden Stand zu halten, und bedauerte es, daß dazu wenig getan werde. Bildungswochen und ähnliche Einrichtungen reichten nicht dazu aus, den erstrebten Zweck zu erfüllen. Besonders in der Wirtschaftsverwaltung glaubte Oldiges den Mangel zu spüren. Er wies darauf hin, daß den Beamten hier in den Personen von Vertretern der Wirtschaft und der Verbände Gesprächspartner gegenüberträten, die durch ein ausgezeichnetes, hinsichtlich der jeweiligen Stellung abgestuftes Schulungssystem immer gründlich vorbereitet seien. Würde sich die öffentliche Verwaltung ein ähnliches System zu eigen machen, so wäre sie vielleicht auch in der Lage, in zahlreichen Fällen auf die Ergänzung ihres Sachverstandes durch verwaltungsextern erstellte Gutachten und dergleichen zu verzichten.

Die mangelhafte Beschäftigung mit der Verwaltungslehre und der Verwaltungspolitik beklagte Landrat a. D. Dr. Hütteroth (Kiel). Er wiederholte die schon oft laut gewordene Forderung, daß bereits die Universitäten ihren Lehrstoff über das Verwaltungsrecht hinaus ausdehnen müßten, um den angehenden Juristen in die Fachbereiche einzuführen, die er kennen müsse, wenn er nicht nur Rechtstechniker und Justitiar bleiben wolle. Der junge Verwaltungsjurist müsse rechtzeitig lernen, über die justizielle Beurteilung eines Falles hinaus auch die übrigen Aspekte einer Angelegenheit, etwa staatspolitischer und wirtschaftlicher Art, zu sehen, in das rechte Verhältnis zueinander zu setzen und mit in seine Entscheidung einzubeziehen. Dieses Verhalten der Zusammenschau, so legte Hütteroth dar, sei bei jeder Entscheidung, auch bei der Anwendung der Ergebnisse von Sachverständigengutachten, dringend geboten, wogegen der Sachverständige sich unbedingt auf die speziellen Aspekte zu beschränken habe.

Henle griff das von Kölble erwähnte Schlagwort vom sogenannten Juristenmonopol auf und führte aus, daß nach seinen Erfahrungen die durch das Training der juristischen Schulung erworbene Fähigkeit, sich in fremde Sachgebiete einzuarbeiten, den Juristen in besonderer Weise auszeichneten und ihn für leitende Stellungen innerhalb der öffentlichen Verwaltung als bevorzugt geeignet erscheinen ließe. Die hervorragenden Merkmale des Juristen in der Verwaltung seien die auf der Erziehung zum Ordnungsdenken beruhende Willkürfremdheit und die

Neigung, im Gegensatz zur politischen Führung das Forum der Öffentlichkeit, die Publicity, zu meiden.

An die vom ihm grundsätzlich gebilligte Auffassung Henles knüpfte Kölble die Bemerkung an, daß der Ministerialbeamte sich heute jedoch nicht mehr ganz in die Anonymität zurückziehen könne. Es werde von ihm vielmehr erwartet, daß er solche Gesichtspunkte, die eine Sachverständigenansicht oder einen politischen Standpunkt ergänzen könnten, auch seinerseits der Öffentlichkeit vortrage, zumal nur er in vielen Fällen dazu in der Lage sei. Das sei um so mehr erforderlich, als es nicht nur eine Versuchung der Mächtigen, sondern auch eine „Versuchung des Sachverstandes" gebe, die in einer Brutalität gegenüber allen anderen Auffassungen zum Ausdruck gelange.

III.

Regierungspräsident Dr. Deinlein (München) setzte sich ausführlich mit dem Vortrag von Ltd. Ministerialrat Zurhausen (Düsseldorf) über „Sachverstand und Verantwortung im Hinblick auf die Aufgabenkomplikation in den Behörden der allgemeinen Verwaltung und der Sonderverwaltungen" auseinander. Zu den beiden von Zurhausen dargestellten Funktionsbereichen des streng vorschriften- und weisungsgebundenen Aufgabenvollzuges einerseits und des mit relativer Gestaltungs- und Entscheidungsfreiheit ausgestatteten Aufgabenvollzuges andererseits wies er noch besonders auf diejenigen Aufgaben hin, die der allgemeinen Mittelbehörde und der Kreisverwaltungsbehörde als unterer staatlicher Verwaltungsbehörde in bezug auf die Beaufsichtigung und Betreuung der Landkreise bzw. der Gemeinden zukommen. Diese Aufgaben nehmen nach seiner Darstellung heute gerade deswegen einen sehr großen Raum ein, weil die Verwaltungskraft und Leistungsfähigkeit der kleinen Gemeinden sehr gering ist. Auch in den folgenden Jahren, so meinte Deinlein, werde sich das Bild kaum ändern, weil nach den ergebnislos gebliebenen Anläufen in der Vergangenheit eine gebietliche Reform der Verwaltungsgrenzen wenigstens in Bayern vorerst nicht zu erwarten sei. Die Beaufsichtigung und Betreuung der Gemeinden erfordere von den Staatsaufsichtsbehörden neben einem weiten und subtilen Sachverstand ein großes Einfühlungsvermögen. Schwierigkeiten ergäben sich beispielsweise immer wieder bei der Bauleitplanung der Gemeinden, wobei die Berufung auf die Planungshoheit das häufigste Argument gegen die Sachgründe der übergeordneten Behörden sei. Einen besonderen Akzent erhielten derartige Erörterungen dadurch, daß es bei kleinen Gemeinden gerade die Interessenten seien, die als Ratsmitglieder über die Ausweisung eines Gebietes als Bauland zu entscheiden hätten. Als ein weiteres Beispiel, das zugleich für die Möglichkeiten einer Aktivierung des behördlichen Sachverstandes instruktiv ist und auch auf die schon früher aufgeworfene Frage nach der Herkunft des Sachverstandes eingeht, nannte Deinlein den von der Stadt München in Angriff genommenen Bau einer Untergrundbahn, für den die Regierung von Oberbayern als technische Aufsichtsbehörde bestimmt worden sei. Die Außergewöhnlichkeit eines solchen Projektes bringe es mit sich, daß auch bei einer großen Behörde keine Kräfte vorhanden seien, die die zur Beurteilung der dabei auftretenden Fragen nötige Sachkunde besäßen. Man habe daher einen Techniker und einen Juristen durch Kontaktaufnahme mit der Planungsabteilung der Stadt, durch gemeinsame Studienreisen mit den städtischen Technikern und auf andere Weise in die Spezialprobleme eingeführt und so mit gutem Erfolg zu Sachverständigen herangebildet.

Gegen die in dem letztgenannten Beispiel Deinleins dargestellte Art der Gemeinsamkeit äußerte Zurhausen allerdings das Bedenken, daß man grundsätzlich darauf achten müsse, die Distanz zwischen den Instanzen zu wahren, damit aus der Aufsicht nicht eine Nachsicht werde.

Im Hinblick auf das Verhältnis zwischen dem außerhalb der Verwaltung stehenden Sachverständigen und dem entscheidenden Amtsträger führte Deinlein in Übereinstimmung mit der auch von anderen Diskussionsrednern zum Ausdruck gebrachten Ansicht aus, daß der Sachverständige sein Gutachten so abfassen müsse, daß es für den Amtsträger verständlich sei und ihn in die Lage versetze, die Alternativen eindeutig zu erkennen.

Als eine spezielle bayerische Variante des Themas „Sachverstand und Verantwortung“ bezeichnete er die Regelung, derzufolge die Stellen der Oberbürgermeister und Landräte nicht an besondere Qualifikationsmerkmale gebunden sind. Von besonderer Bedeutung sei dieser Umstand im Hinblick auf die Landräte, weil diese in einem außerordentlich hohen Umfang ihrer Tätigkeit Staatsverwaltungsangelegenheiten erledigten. Es erscheine daher die Forderung gerechtfertigt, daß die Stelleninhaber auch mit dem Mindestsachverstand ausgestattet seien, den ein an verantwortlicher Stelle stehender Staatsbeamter besitzen müsse. Allerdings habe sich in den vergangenen Jahren mehr und mehr die Tendenz gezeigt, als Nachfolger für aus dem Dienst ausscheidende Landräte solche Personen zu wählen, die die erforderlichen Qualifikationen aufweisen könnten.

Schließlich meinte Deinlein, daß die in die Tagungsthematik fallenden personellen Probleme, die sich als Folge der Aufgabenkomplikation und der Aufgabenhochflut eingestellt hätten, nicht ganz unberücksichtigt bleiben sollten. Trotz der Angriffe gegen die Aufblähung der staatlichen Bürokratie stehe es außer Frage, daß bei einer Vermehrung der wahrzunehmenden Aufgaben auch eine Verstärkung des Personals unabwendbar sei. Der personelle Zuwachs in den anderen Großorganisationen, in der Industrie, beim Handel, bei den Gewerkschaften, stehe hinter dem der öffentlichen Verwaltung nicht zurück. Der moderne Leistungsstaat benötige die Kräfte, um den an ihn gestellten Anforderungen gerecht werden zu können. Es sei an der Zeit, dies auch der Öffentlichkeit klarzumachen.

Wiss. Assistent Dr. Heidenhain (Tübingen) bezweifelte die These Zurhausens, daß im Bereich der streng vorschriften- und weisungsgebundenen Verwaltung die Diskrepanz zwischen Sachverstand und Verantwortung nicht hervortrete, zumal es sich hier in der Regel um Routineangelegenheiten handle. Hinsichtlich der Probleme von Sachverstand und Verantwortung mache es vielmehr keinen Unterschied, ob etwa bei der Entziehung eines Führerscheins die Auswertung eines psychologischen Gutachtens in Frage stehe, oder ob bei der Errichtung eines Krankenhauses besondere fachtechnische Aufgaben zu lösen seien.

Dem Einwand Heidenhains begegnete Zurhausen mit dem Hinweis, daß die von ihm gebildeten Funktionskategorien den Ablauf des Verwaltungshandelns verdeutlichen sollten, also keinen Rechtsbegriff darstellten und sich auch nicht mit den Begriffen „gesetzesakzessorische“ und „gesetzesfreie Verwaltung“ deckten. Es sei durchaus denkbar, daß sich aus dem Gebiet der streng gesetzesakzessorischen Verwaltung ein Fall ergebe, der zur zweiten Funktionskategorie gehöre, weil er in seinem Schwerpunkt aus dem Bereich der reglementierten Verhaltensweisen herausfalle. Das sei allerdings nicht die Regel.

Mit der bedeutsamen, zunächst von Zurhausen behandelten Frage der Einheitsverwaltung setzten sich die Diskussionsredner noch zu einem späteren Zeitpunkt auseinander. Insoweit wird auf die Darlegungen unten S. 151 verwiesen.

IV.

Eine lebhafte Aussprache schloß sich an den Vortrag von Bürgermeister Dr. Müller (Kehl) über „Sachverstand und Verantwortung im Hinblick auf die Aufgabenkomplikation in der Kommunalverwaltung“ an. Als erster Diskussionsredner fügte Beigeordneter Dr. Wagener (Düsseldorf) den Ausführungen des Referenten, denen er ausdrücklich zustimmte, einige provokatorische Anmerkungen hinzu. Unter der Frage nach dem Sachverstand in der kleinen Gemeinde stellte er zunächst die These auf, daß es eine untere Betriebsgrenze für Demokratie gebe. In einer Gemeinde von eintausend oder weniger Einwohnern sei es bei der außerordentlich weitgefächerten Inanspruchnahme des Menschen der Industriegesellschaft — und dazu gehöre heute auch die landwirtschaftliche Produktion — nicht mehr möglich, eine ausreichende Zahl von Personen zu finden, die zu der Übernahme einer ehrenamtlichen Tätigkeit bereit sei und die erforderliche Intelligenz dazu besäße, begründete Entscheidungen zu treffen. Es sei nicht wahr, daß die Demokratie in der kleinen Gemeinde am besten gedeihe, weil hier die Verhältnisse am übersichtlichsten seien. Nachweislich richte sich das Interesse der Wähler in erster Linie auf die Bundesregierung, in zweiter Linie erst auf die Gemeinde. Außerdem erfordere die Möglichkeit, Demokratie auszuüben, ein Bündel von Aufgaben, und dieses setze ein funktionierendes Büro voraus. Dazu aber bedürfe es eines gut ausgebildeten Verwaltungspersonals, das in der Lage sei, der Bevölkerung gute Einrichtungen der Daseinsvorsorge zu liefern. Solange das wirtschaftliche und soziale Sicherheitsbedürfnis der Bevölkerung nicht befriedigt sei, gebe es keine stabile demokratische Einrichtung.

Des weiteren hob Wagener hervor, daß man aus der Verantwortung des Sachverstandes den Mut haben müsse, Grenzen zu ziehen. Lebensfähige kommunale Verwaltungseinheiten müßten mindestens fünftausend bis zehntausend Einwohner haben und einen hauptamtlichen Verwaltungsapparat mit wenigstens zwanzig Beamten und Angestellten besitzen. Alle Hilfskonstruktionen nicht einfacher Art, wie Ämter, Samtgemeinden, Zweckverbände, Verwaltungsaktuare usw. seien nur geeignet, das Bild zuungunsten der einfachen Form der Demokratie zu verwirren, die allein der Industriegesellschaft konform sei. Das Hauptziel sei heute, der Bevölkerung Leistungen anbieten zu können.

In diesem Zusammenhang setzte sich Wagener schließlich mit der Stellung des Juristen in der Kommunalverwaltung auseinander und machte dem Beamten des höheren Dienstes der allgemeinen Verwaltung den für die Verwaltung der Kommune ausreichenden Sachverstand streitig, sofern er sich nicht nach der juristischen Fachausbildung die erforderlichen Kenntnisse auf den Gebieten der Soziologie, der Organisationslehre, der öffentlichen Finanzwirtschaft u. ä. angeeignet habe.

In dem letztgenannten Punkt widersprach Landrat Dr. Haarmann (Bad Oldesloe) dem Vorredner. Aufgrund der Fähigkeit, sich verhältnismäßig schnell in Spezialgebiete einzuarbeiten, seien nach seinen Erfahrungen die juristischen Assessoren auch im Bereich der kommunalen Verwaltung nach einer angemessenen Zeit der Einarbeitung durchaus in der Lage, leitende Ämter zu bekleiden. Demgegenüber betonte Oberkreisdirektor Dr. Wandhoff (Melle), daß für die Ausbildung des leitenden Beamten der juristischen Ausbildung ein weiterer Ausbildungsabschnitt folgen müsse, der darauf abziele, dem Beamten die

Befähigung zu vermitteln, die verantwortungsreiche Funktion des Koordinators als eines Mittlers zwischen den Spezialbereichen zu übernehmen.

Zu der von Müller erörterten Frage nach der Leistungskraft der kleinen Gemeinden und zugleich zu dem von Wagener geschilderten Aspekt, die Demokratie innerhalb der kleinen Gemeinden durch ihre Vergrößerung zu retten, erinnerte Haarmann an die sich schon von sich aus allmählich vollziehende Aufgabenverlagerung von den kleinen Gemeinden auf Ämter und Kreise. Durch die Bildung von Wegezweckverbänden und Schulverbänden, durch die Errichtung von Dörfergemeinschaftsschulen, zentralen Wasserversorgungsanlagen usw. sei der Aushöhlungsprozeß der Zwerggemeinden so weit fortgeschritten, daß sich eine Gebietsreform fast erübrige.

Gegenüber dieser Auffassung machte allerdings Müller unter dem Beifall der Tagungsteilnehmer in seinem Schlußwort geltend, daß die genannten Arten der Zusammenarbeit — so sehr sie im Einzelfall auch Fortschritte bedeuten könnten — im Grunde doch nur als Übergangslösungen anzusehen seien, die letztlich in der Bildung einer neuen, größeren Gemeinde ausmünden sollten.

Die Erwägungen um die Mindestgröße einer Gemeinde und einer Verwaltung fortführend, stellte Wandhoff die allgemeine Frage: Welche ist die Betriebsgröße, die gewährleistet, daß ein ausreichender Sachverstand einerseits schon vorhanden ist und andererseits noch wirksam angeboten werden kann? Die untere Grenze, so meinte der Redner, werde schon durch die Leistungskraft gezogen. Es ergebe sich aber auch eine obere Grenze; denn der Sachverstand einer Vielzahl von Spezialisten könne nur innerhalb eines Aktionsfeldes synchronisiert und koordiniert werden, das für den Koordinator noch überschaubar sei. Dieses Feld zu begrenzen, sei außerordentlich schwierig. Zahlreiche Faktoren seien maßgebend: der Trend der Spezialisierung aller Lebensbereiche und damit auch der Verwaltung, die Komplizierung und die ihr nachfolgende Unübersichtlichkeit aller Lebensbereiche, die Tendenz zum Massenvorgang, die Verflechtung aller Dinge in der Weise, daß die Spezialbereiche ihre trennende Unabhängigkeit verloren hätten und sich gegenseitig beeinflußten und vermengten, und schließlich das zunehmende Tempo der Spezialisierung und der Wandlung aller Vorgänge. Es ergebe sich daraus eine doppelte Konsequenz; einmal für die einzelne Verwaltungsbehörde, die ihre Betriebsgröße den Erfordernissen der Zeit anzupassen habe, und zum anderen für die größere Behördenorganisation in der Weise, daß die verschiedenen Verwaltungsbereiche nach Möglichkeit in einer einheitlichen Behörde zusammengehalten würden. Denn bei der zunehmenden Spezialisierung des

Sachverstandes sei die Funktion des Koordinators, der die spezialisierten Kenntnisse und Interessen zusammenzuführen und miteinander in Einklang zu bringen habe, schlechthin entscheidend. Die beste Lösungsmöglichkeit dazu stelle heute mehr denn je die Einheitsbehörde dar — eine Feststellung, die von Zurhausen nachdrücklich unterstrichen wurde.

Hinsichtlich der Bedeutung von Sachverstand und Verantwortung wies Haarmann darauf hin, daß sich die Begriffe auf der kommunalen Ebene ganz anders darstellten als etwa im staatlichen Bereich. In der Kommunalverwaltung liege die Verantwortung bei den kollegialen Gremien; der Sachverstand werde als eine Eigenschaft des Beamtenkörpers als selbstverständlich vorausgesetzt. Es sei nun die Erscheinung zu beobachten, daß die Bevölkerung nicht nach dem Magistrat, dem Kreisausschuß usw. frage, sondern stets nach dem Oberbürgermeister, dem Landrat usw., und zwar auch dort, wo diesen Personen keine Exekutivgewalt zukomme (Niedersachsen und Nordrhein-Westfalen). Für den Hauptverwaltungsbeamten ergebe sich daraus die Schwierigkeit, die Synthese zwischen Sachverstand und Verantwortung herzustellen und zu einer Einheit zwischen seiner Auffassung und etwa der des Hauptausschusses zu kommen. Im Hinblick auf den Sachverstand in der Gemeinde machte Haarmann noch auf die in den meisten Kommunalverfassungsrechten der Länder enthaltene Regelung aufmerksam, derzufolge die Gemeinde-, Amts- und Kreisvertretungen sachverständige Bürger zu ihren Beratungen hinzuziehen könnten, und zwar als beratende Sachverständige oder als integrierte Mitglieder. Es sei aber zu beobachten, daß von dieser Möglichkeit, sich eines größeren Sachverstandes zu bedienen, kein Gebrauch gemacht werde.

Gegenüber der Ansicht Haarmanns vertrat Verbandsdirektor Dr. Ahrens (Hannover) die Auffassung, daß bezüglich der Verantwortung kein wesentlicher Unterschied zwischen Staatsverwaltung und Kommunalverwaltung bestehe. Denn in der Kommunalverwaltung liege die Verantwortung in den meisten Fällen doch allein in den Händen des Hauptverwaltungsbeamten. Und in den übrigen Fällen sei es so, daß der Hauptverwaltungsbeamte unabhängig von der formalen Verantwortlichkeit der Vertretungskörperschaft die sachliche Verantwortung mittrage. Insgesamt gesehen sei also der Unterschied nicht wesentlich. In der Kommunalverwaltung trete nur noch die Schwierigkeit hinzu, daß der Hauptverwaltungsbeamte im Anschluß an die Koordinierung der Fachgesichtspunkte die Verwaltungsauffassung dem kollegialen Gremium vorzulegen und dieses von deren Richtigkeit zu überzeugen habe.

V.

Dem Vortrag von Regierungsvizepräsident Müller-Heidelberg (Lüneburg) über „Sachverstand und Verantwortung in personeller Hinsicht (Umfang, Grenzen und Gefährdungen) bei Behördenchefs und Verwaltungsjuristen" folgte eine weitgespannte Auseinandersetzung. Regierungspräsident Dr. Emmerig (Regensburg) legte dar, man könne das von dem Referenten behandelte Thema in zweifacher Weise sehen: einmal als die Frage, wie der einzelne Beamte die Spannung zwischen Sachverstand und Verantwortung trage — also die Situation, daß er vielfach Verantwortung habe, ohne über Sachverstand zu verfügen, oder umgekehrt. Zum anderen könne man aber auch fragen: Worauf erstrecken sich Sachverstand und Verantwortung im Hinblick auf die personellen Beziehungen innerhalb der Verwaltungsbehörde? Dabei handle es sich z. B. um Probleme der Führung, der Zusammenarbeit, des Gehorsams und der Fürsorge.

Unter der letztgenannten Fragestellung beschäftigte sich Emmerig insbesondere mit den in personeller Hinsicht bestehenden Gefährdungen. Der Chef einer großen Behörde, so meinte der Redner, sei stets der Gefahr ausgeliefert, daß er sowohl fachlich als auch menschlich in die Isolierung gedrängt werde oder sich auch selbst isoliere. Die Isolierung führe dann zu der Haltung, keinen Widerspruch hochkommen zu lassen. Das Wort von Heuss: „Die Pflicht zum Widerspruch ist im Gehalt mit einbegriffen", habe sich ja noch nicht jeder zu eigen gemacht. Dem so auf sich gestellten Behördenchef entgehe auch der unmittelbare Eindruck von der Atmosphäre, die in seinem Hause herrsche, und die für die Arbeitsergebnisse von großer Bedeutung sei.

Gefährdungen, die die Verantwortung in personellen Angelegenheiten betreffen, seien vor allem bei den Behörden zu beobachten, deren Leiter keine Verwaltungsjuristen seien, insbesondere also bei den schon in anderem Zusammenhang von Deinlein erwähnten Landratsämtern. Bei aller Hochschätzung für die Erfahrung und Bewährung der nicht juristisch vorgebildeten Landräte bestehe die Gefahr, daß diese den parteipolitischen Versuchungen eher ausgeliefert seien als die Juristen, die in der Lage seien, die Konfliktsituation schärfer zu erkennen. Ebenso problematisch sei die Ausschaltung des Verwaltungsjuristen durch den nichtjuristischen Behördenleiter, wenn sie darauf abziele, dessen etwaige rechtliche Bedenken erst gar nicht zu Wort kommen zu lassen. Dazu trete in kleineren Behörden, in denen nur ein Jurist tätig sei, die Gefahr der Vereinsamung, der in diesem Falle nur durch organisiertes Zusammenführen der juristischen Staatsbeamten in Dienstbesprechungen, Fachtagungen usw. begegnet werden könne. Das dadurch zugleich geförderte kollegiale Verbundenheitsbewußtsein stärke außerdem das gerade heute besonders notwendige Element der Stabilität im Staate.

Das von Müller-Heidelberg zur Diskussion gestellte dritte Staatsexamen hielt Emmerig für überflüssig. Denn das, was der junge Jurist dabei vorweisen solle, lasse sich zwar im Laufe einer langen Praxis mühsam erlernen, aber es lasse sich keineswegs prüfen. Notwendig dagegen sei die Entwicklung einer innerhalb der Verwaltungslehre anzusiedelnden Führungslehre, durch die das Erfahrungsgut überliefert werde. Die spezifischen Chefprobleme in den Bereichen des Organisatorischen, der Geschäftsverteilung und der Dienstordnung, die Probleme des „geführten Kollegiums" sowie Fragen der Repräsentation des Staates durch die Behörde, die Kontakte zu Kirchen, Bundeswehr und anderen Behörden, das Verhältnis zur Presse, die Öffentlichkeitsarbeit und vieles andere mehr müßte Gegenstand dieser Darstellung sein, die Hilfen geben könnte, ohne daß sie den persönlichen Stil und die schöpferische Freiheit des einzelnen zu beeinträchtigen brauche. Der junge Verwaltungsjurist müsse über die bloßen Ordnungsaufgaben hinauswachsen. Jedenfalls liege hier die Möglichkeit, sowohl den Sachverstand als auch die Verantwortung zu stärken. Die Einrichtung einer Führungsakademie könne die Entwicklung beschleunigen. Ministerialdirigent Dr. Hofman (Mainz) stimmte den Gedanken zu, wies aber zugleich auf die praktisch kaum zu überwindenden Schwierigkeiten hin, die sich bei der Auswahl der zukünftigen Führungskräfte einstellen würden. Demgegenüber machte Ahrens auf den Vorschlag aufmerksam, daß eine Führungsakademie nur solche Kräfte aufnehmen solle, die bereits leitende Stellungen innehätten. Außerdem müsse diese Einrichtung sowohl Juristen als auch Nichtjuristen zur Verfügung stehen.

Regierungsassessor Dr. Heeb (Böblingen) wandte sich sowohl gegen eine weitere Prüfung als auch gegen den Gedanken der Führungsakademie. Die juristischen Kenntnisse müsse man voraussetzen, und die Erfahrung könne man weder lehren noch prüfen. Da Erfahrungen nichts anderes seien als erkannte gemachte Fehler, solle man den jungen Beamten die Möglichkeit einräumen, Fehler zu begehen, solange sie noch einen niedrigen Dienstrang bekleideten; für die leitenden Herren sei es nicht schwierig, die Fehler wieder auszubügeln. Die Gefahren seien verhältnismäßig gering, weil erfahrungsgemäß jeder schnell in seine Aufgabe hineinwachse. Erste Voraussetzung dazu sei, den jungen Beamten Vertrauen entgegenzubringen. Sehr bald werde es sich dann auch zeigen, wer Initiative, Anpassungsfähigkeit und Menschenkenntnis besitze.

Müller-Heidelberg korrigierte die Auffassung, daß er in seinem Vortrag eine sich auf das Verwaltungsrecht beziehende dritte Prüfung gefordert hätte. Der Verwaltungsbeamte benötige Kenntnisse auf den

Gebieten der Soziologie und der Wirtschaft, und wenn es etwas Prüfungsfähiges für ein weiteres Examen gäbe, dann seien es die Fragen der soziologischen und wirtschaftlichen Zusammenhänge — Fragen, die er unter dem Begriff der „sozialen Rationalität" zusammengefaßt habe. Es müsse ein Weg gesucht werden, den Verwaltungsbeamten diese Kenntnisse zu vermitteln. Bei einer unterrichtsmäßigen Vermittlung sei aber nur derjenige Lehrgegenstand von Nutzen, der auch geprüft werde. Die Erfahrung habe gelehrt, daß die für das Studium an der Universität vorgesehenen volks- und betriebswirtschaftlichen Pflichtvorlesungen praktisch fruchtlos blieben. Außerdem stelle sich im Hinblick auf beide juristischen Staatsexamina sogleich die Frage, ob es überhaupt sinnvoll sei, den Prüfungsstoff noch weiter auszudehnen. Abgesehen davon aber sei es wohl in allen Ländern so, daß der gerade ernannte Regierungsassessor zunächst einmal weiter ausgebildet werde, indem er etwa mehrere Dezernate des Hauses durchlaufen müsse, zuweilen auch selbst vorübergehend ein Dezernat zugewiesen bekomme, eine Zeitlang an eine Kreisverwaltung ausgeliehen werde, um dort an verantwortlicher Stelle tätig zu sein, usw. Vertrauen werde ihm also durchaus entgegengebracht.

An die Bemerkungen Emmerigs zur Bedeutung der Ordnungsaufgabe des Juristen anknüpfend, betonte Müller-Heidelberg noch einmal die Notwendigkeit, daß sich der Verwaltungsjurist in besonderer Weise den Problemen der planenden Verwaltung öffne. Die Ordnungsfunktion, so meinte der Vortragende, falle als eine durchgehende Funktion in gleicher Weise dem Verwaltungsjuristen wie dem nichtjuristischen Fachbeamten zu. Für beide müsse es selbstverständlich sein, in Kategorien der Ordnung zu denken und die Einzelentscheidungen nur unter Berücksichtigung der vielfältigen Verflechtungen des Objekts zu treffen. Neben die hoheitliche Verwaltung, für die das Ordnungsdenken typisch sei, und neben die sogenannte Leistungsverwaltung trete jetzt aber immer deutlicher die planende Verwaltung, und der Verwaltungsjurist müsse sich ihr, wenn er an der Speerspitze der Verwaltung tätig sein wolle, in entscheidendem Umfange widmen.

Im Verlauf der weiteren Diskussion trat Regierungsdirektor Dymarden (Hannover) den von Zurhausen geschilderten „nachteiligen Folgen" zentraler Fachbehörden mit Entschiedenheit entgegen. Es treffe nicht zu, daß gegenüber den vorgeschriebenen Zuständigkeitsordnungen faktische Einschränkungen und Unklarheiten in den Verantwortlichkeiten der entscheidenden Behörde und ihrer Leitung einträten; daß eine Minderung der Verantwortungsbereitschaft, ein Rückversichern bei übergeordneten Instanzen und anderen Dienststellen und eine Selbstgenügsamkeit der Fachsparten festzustellen sei; daß schließlich Unverständnis oder gar Mißtrauen des unkundigen Bürgers gegenüber den

Maßnahmen der Behörde die Folge seien (vgl. Zurhausen, Thesen 2. a) — d). Oben S. 83). Das Gegenteil sei der Fall. Eine gut geleitete Sonderverwaltung sei durch den fast glücklichen Zusammenfall von Sachkunde und Verantwortung in der Lage, den Staatsbürger viel besser zu bedienen als eine Behörde der allgemeinen Verwaltung, bei der im konkreten Fall vielleicht ein Beamter in der landwirtschaftlichen Abteilung tätig werde, der vor kurzem noch seinen Dienst in der Schulabteilung verrichtet habe.

Im Zusammenhang mit der sowohl von Zurhausen als auch von Müller-Heidelberg erörterten Frage der Einheitsverwaltung warnte Dymarden vor der Illusion, daß eine Einheitsverwaltung überhaupt existiere. Solange so große Bereiche wie die Arbeitsverwaltung und die Finanzverwaltung nicht zur allgemeinen Verwaltung gehörten, könne man nicht von einer Einheitsverwaltung sprechen. Auch von der allgemeinen Verwaltung aus wäre es gar nicht möglich, die Zuständigkeiten von Sonderbehörden in sich aufzunehmen. Nicht nur, daß der Verwaltungsapparat unermeßlich anschwellen würde; vor allem könne die Koordinierung in den regelmäßig schwierigen, auch technisch diffizilen Fragen nicht gelingen, denn der Behördenchef würde wegen des Umfangs koordinierungsbedürftiger Geschäfte nicht nur zeitlich, sondern wegen der Spezialität der Geschäfte auch fachlich völlig überfordert sein.

Hofmann griff die Ausführungen Dymardens zum Verhältnis Einheitsverwaltung/Sonderverwaltung auf. Die unausgesprochene Schlußfolgerung aus den Gedanken seines Vorredners, so meinte Hofmann, sei die Auflösung der allgemeinen Verwaltung in Sonderverwaltungen. Er warf die Frage auf, ob damit dem Bürger gedient sei. Denn dieser werde zwar in einem Einzelanliegen durch eine Sonderbehörde vielleicht eine fachlich hervorragende Beratung erfahren können; da die Fragestellungen des Lebens aber unbekümmert um die Zuständigkeitsbereiche der Behörden meist komplex in Erscheinung träten, werde der Ratsuchende im wesentlichen ohne Antwort bleiben. Man fördere daher eine Fehlentwicklung, wenn man eine weitere Aufspaltung der ohnehin schon zu sehr eingeschränkten allgemeinen und inneren Verwaltung befürworte.

In ähnlicher Weise äußerte sich Müller-Heidelberg in seinem Schlußwort. Die Durchführung des Prinzips der Einheit der Verwaltung, so führte er aus, sei heute mehr denn je notwendig. Es möge zutreffen, daß es nicht mehr angebracht sei, das Prinzip extrem zu verwirklichen und ihm alle Bereiche, auch etwa den der Finanzverwaltung, zu unterwerfen. Dieser Umstand spreche jedoch keineswegs gegen die Beibehaltung dieses außerordentlich gesunden Grundsatzes. Beispielsweise lasse sich der Zusammenhang der zuständigkeitsmäßig aufgespaltenen Bereiche von Wasser, Boden, Straßen, Landwirtschaft, Kommunalwesen, Forstwesen und Naturschutz in einer Einheitsverwaltung leichter und mit geringerem Aufwand herstellen als bei einer Vielzahl von Sonderverwaltungen. Es sei anhand zahlreicher, krasser Beispiele zu belegen, daß Angelegenheiten, die nicht innerhalb der allgemeinen Verwaltung und im Rahmen der dort vorhandenen Möglichkeiten der Bündelung und Koordinierung erledigt würden, auf der Ministerialebene nicht mehr koordiniert werden könnten. Dabei stelle er keineswegs in Abrede, daß die Aufgabe der Koordinierung, die bei der Bezirksregierung weit mehr als die Hälfte der Arbeitskraft des Regierungsvizepräsidenten in Anspruch nehme, außerordentlich schwierig sei. Das sei jedoch nichts Außergewöhnliches; in einem großen Wirtschaftsunternehmen sei es nicht anders. Die Mühe mache sich aber bezahlt, indem sie weitgehend die rechtzeitige Abstimmung aller Gesichtspunkte gewährleiste.

VI.

Verbandsdirektor Dr. Ahrens (Hannover) leitete die Diskussion zu dem Vortrag von Ministerialdirigent Koch (München) über „Sachverstand und Verantwortung in personeller Hinsicht (Umfang, Grenzen und Gefährdungen) bei nichtjuristischen Beamten des höheren Dienstes" ein. Sich zunächst dem in den Vorträgen Kochs und Müller-Heidelbergs zutage getretenen Gegensätzen zuwendend, meinte er, daß beide Referenten ihren Ausführungen offensichtlich eine unterschiedliche Auffassung von dem Verwaltungsjuristen zugrundegelegt hätten: Während Müller-Heidelberg den Verwaltungsjuristen als einen Mann bezeichnet habe, der auf der Grundlage seiner juristischen Ausbildung sich vor allem den planenden Aufgaben zuzuwenden habe, habe Koch das Bild eines Juristen vor Augen gehabt, der wahrscheinlich in seiner Sonderverwaltung tätig sei. Die Gegensätze seien nicht unvereinbar. Für die Frage danach, was den Juristen in besonderer Weise zur Übernahme leitender, koordinierender Verwaltungstätigkeit befähige, seien drei Gesichtspunkte maßgebend: einmal seien dem Juristen die Grenzen und Möglichkeiten des Rechts immer gegenwärtig. Dieser Vorzug werde auch von Koch nicht in Abrede gestellt. Die Forderung, daß auch der nichtjuristische Beamte des höheren Dienstes die rechtlichen Grenzen seines Wirkens kennen müsse, habe sich nach seinen eigenen Erfahrungen weitgehend durchgesetzt. Dabei sei nur zu beobachten, daß sich der Nichtjurist mehr der Grenzen des Rechts bewußt sei, während der Jurist auch die Möglichkeiten des Rechts kenne. Zum andern komme den Juristen die Methodik des Denkens zugute, und ihre Beherrschung sei vielleicht die einzige oder die ausschlaggebende Rechtfertigung für ein Juristenmonopol. Sie befähige den Juristen, auf möglichst einfachem Wege das zu erkennen, was für die zu treffende Entscheidung rechtserheblich ist. Schließlich sei die Schulung von Bedeutung, aus Argumenten und Gegenargumenten Schlüsse ziehen zu müssen. In diesem Punkt glaubte Ahrens die Scheidung der Ansichten zu erkennen. Zwar sei auch der nichtjuristische Fachbeamte in der Lage, schiedsrichtend und koordinierend tätig zu sein. Aber dem Juristen falle diese Tätigkeit leichter. In vielen Fällen möge es genügen, wenn sich der nichtjuristische Beamte möglichst früh die Denkweise der Juristen aneigne (vgl. Koch, Leitsätze, Nr. 1. Oben S. 121). Das reiche aber nicht aus, um eine leitende Stellung zu bekleiden. Dazu seien vielmehr neben dem Fachwissen die weiteren Qualitäten erforderlich, die Müller-Heidelberg in seinem Vortrag erläutert habe.

In seiner Stellungnahme dazu erklärte Koch, es sei nicht zu leugnen, daß es für den Nichtjuristen sogar sehr schwierig sei, die Grenzen des Rechts zu erkennen. Er stimme auch darin mit dem Diskussionsredner überein, daß sich der Jurist eher als jeder andere der Möglichkeiten bewußt sei, die ihm die Rechtsordnung zur Verfügung stelle, und daß er besser geschult sei, aus Argument und Gegenargument Schlüsse zu ziehen. Allerdings könne man die letztgenannte Fähigkeit auch den nichtjuristischen höheren Beamten nicht von vornherein absprechen. Jedenfalls widerspreche nichts der von ihm in den Vordergrund der Erörterungen gestellten Notwendigkeit einer Zusammenarbeit und Partnerschaft.

Zu den widerstreitenden Auffassungen über die Stellung des Juristen und des Technikers in der Verwaltung forderte Dymarden, sich von jedem Prestigedenken zu befreien. In einem technischen Zeitalter sei die Zunahme technischer Vorgänge in der Verwaltung unvermeidbar, das personelle Anwachsen des Anteils der Techniker seine notwendige Folge. Allerdings stelle sich die Frage, wem die leitenden Positionen zufielen. Es gehe nicht an, einen Kompromiß in der Weise zu schließen, daß — wie Koch es dargelegt habe — in den sogenannten technisch indizierten Verwaltungen der Jurist als Justitiar geduldet werden solle, und daß man in der allgemeinen Verwaltung den Techniker sozusagen als Garant für technisch konstruktive Gedanken gewähren lasse. Bei der Frage, wem die leitenden Positionen zufallen sollten, müsse allein die Eignung für derartige Stellen ausschlaggebend sein. Von den Beobachtungen in der niedersächsischen Landeskulturverwaltung ausgehend, sei es bei den technischen Beamten allerdings so, daß nicht 10 % davon in der Lage sei, die Behördenleitung zu übernehmen. Hinzu trete der Umstand, daß nach der langen Zeit der technischen Spezialausbildung in aller Regel der Wille fehle, die Spezialkenntnisse veröden zu lassen, um sich den allgemeinen Verwaltungsproblemen zuzuwenden.

Koch widersprach der Deutung, die Dymarden seinem Verständnis vom Juristen gegeben hatte. Er habe keineswegs ein Unterstellungsverhältnis des in der Sonderverwaltung tätigen Juristen unter den Techniker postuliert, sondern herausgestellt, daß weder der Jurist noch der Techniker jeweils zum Erkenntnis- oder Erfüllungsgehilfen des anderen abgestempelt werden dürfte.

Senatspräsident Dr. Schrödter (Lüneburg) setzte sich in der Frage der Stellung des nichtjuristischen Fachmanns in der Verwaltung zu den Ausführungen Kochs in Widerspruch. Er ging dabei von der im Bereich der Gerichtsbarkeit eindeutig getroffenen Regelung aus, derzufolge der Sachverständige Gehilfe des Richters ist und der Richter allein die Verantwortung trägt. Die Feststellung treffend, daß die Entscheidungen, die im Bereich der Verwaltung getroffen werden, heute im wesentlichen zugleich Rechtsentscheidungen seien, und derjenige, der sie treffe, sich gegebenenfalls der Öffentlichkeit und der Gerichtsbarkeit stellen müsse, befürwortete Schrödter die bevorzugte Stellung des Juristen in der Verwaltung. Daher könne der nichtjuristische Fachmann auch nur sein Gehilfe sein.

Anhand von Beispielen aus dem Bau- und Planungswesen versuchte der Diskussionsredner seine These verständlich zu machen. In Anspielung auf die von Koch genannten Beispiele führte er u. a. aus: Unter den unzähligen Bauwerken werde man sehr viele finden, die die jeweilige Eigenart der Landschaft berührten und verunstaltend wirkten. Diese unschönen Bauten seien aber nicht auf die Geschmacksdiktatur der Verwaltungsgerichte, sondern auf Entscheidungen der Baufachleute zurückzuführen. In diesen schwierigen Rechtsbereichen sei es daher besser, wenn der Verwaltungsjurist die verantwortliche Entscheidung treffe und der technische Fachmann ihm als Gehilfe zur Seite stehe. Voraussetzung für diese allein angemessene Rollenverteilung sei allerdings, daß der Verwaltungsjurist stärker als bisher die Chance erhalte, auch in den technischen Bereichen hinreichend geschult zu werden.

Unter Hinweis auf die tragenden Grundsätze seines Vortrages trat Koch den Darlegungen Schrödters entgegen. Er betonte, daß der Jurist erfahrungsgemäß überfordert sei, wenn er in bautechnischen Dingen eine Entscheidung treffen solle. In Prozessen z. B., deren Gegenstand die Verwendung unsachgemäßer Baustoffe gewesen sei, habe der Bautechniker aus der Rolle des Gutachters heraustreten und tatsächlich das entscheidende Wort sprechen müssen. Aber es komme schließlich gar nicht darauf an, ob der Jurist oder der Nichtjurist an der Spitze der Verwaltung stehe, sondern auf die Bereitschaft der Zusammenarbeit. Der Gedanke eines Führungsanspruches müsse bei dieser Betrachtung völlig zurücktreten.

VII.

Die Aussprache zu dem Vortrag von Professor Dr. Meinhold (Frankfurt a. M.) über „Fachliche Ergänzungen des behördlichen Sachverstandes (insbesondere durch Beiräte, Fachausschüsse und Fachgutachten)“ leitete Professor Dr. Morstein Marx (Speyer) ein. Er erklärte, die hauptsächliche Bedeutung der von dem Referenten im einzelnen aufgezeigten strukturellen Verbindung zwischen den Quellen der Beratung aus dem Bereich der Wissenschaft und den Organen der politischen Entscheidung und damit auch der Verwaltung liege nicht zuletzt darin, daß man mit einer überlegten und vertretbaren Begründung an die Öffentlichkeit treten müsse. Dadurch werde die praktische Gegenständlichkeit des demokratischen Prinzips außerordentlich gekräftigt. Der Wert dieser Verbindung trete besonders deutlich zutage, wenn man einmal von der Vorstellung ausgehe, daß eine souveräne Autorität — sei es diejenige einer politischen Struktur oder diejenige einer Pseudo-Wissenschaft — ohne weitere Kritik endgültige Entscheidungen fundieren würde. Es komme darauf an, allen relevanten Rat in den Entscheidungsvorgang einzubeziehen. Die seit dem zweiten Weltkrieg auch in der Bundesrepublik zu beobachtende Entwicklung zur Institutionalisierung dieser Möglichkeiten habe, so glaube er, auch den Vorteil mit sich gebracht, ein erhebliches Maß an Kontinuität in der Ausrichtung der Verwaltung zu schaffen. In der Verbindung von Sachverstand und Verantwortung begegne man natürlich dem alten Problem, für das Handeln eine Grundlage im Wissen zu schaffen. Der Druck wie auch der Zwang in dieser Richtung trete uns in unserer Zeit besonders prägnant im Werk Max Webers entgegen, der die Rolle des modernen Berufsbeamtentums im Begriff der Rationalität angezeigt sah. Für die Verwaltung gelte es heute, diese Rationalität für die Bedürfnisse der industriellen Gesellschaft neu zu sichern. Wenn man allerdings frage, in welchem Umfang hier bereits empirische Fundamente freigelegt worden seien, auf denen man verläßliche Schlußfolgerungen aufbauen könne, werde klar, daß dazu noch massive wissenschaftliche Arbeit zu leisten sei.

Anschließend unternahm Regierungsdirektor Haack (Bonn) den Versuch einer formalen Systematisierung des Gegenstandes. Nach seiner Auffassung wirft die Beteiligung der Beiräte und Fachausschüsse und die Heranziehung von Fachgutachten bei der Beratung von Gesetzesentwürfen in Bund und Ländern sowie bei der Lösung von Verwaltungsaufgaben zwei Hauptfragen auf: 1. In welchem Umfang nimmt die Wissenschaft einen zunehmend stärker werdenden Einfluß auf die politische Willensbildung, und inwieweit liegt bereits eine Rationalisierung der politischen Willensbildung vor? 2. Welchen Umfang hat der materielle Aufwand für die fachlichen Ergänzungen des behördlichen Sachverstandes durch Beiräte usw.?

Dazu führte Haack aus, daß die Beiräte usw. etwa bei der Gesetzgebungsarbeit den dazu berufenen Institutionen weder durch ihre vorbereitende Tätigkeit noch durch ihre beratende Tätigkeit (der eigentlichen fachlichen Ergänzung) die verantwortliche Entscheidung abnehmen sollten oder auch nur könnten. Aber das schließe ihre fachwissenschaftliche Anhörung nicht aus. Die bisweilen erörterte Gefahr der Verlagerung der politischen Verantwortung bestehe nur bei einer übersteigerten Wissenschaftsgläubigkeit der öffentlichen Meinung und der zur Entscheidung Berufenen. An einigen Beispielen, insbesondere an dem Beispiel des Bundessozialhilfegesetzes, an dem eine Reihe von Gremien unter den verschiedensten Gesichtspunkten mitgewirkt habe, zeigte der Redner alsdann die Notwendigkeit und Nützlichkeit einer fachwissenschaftlichen Beteiligung auf. Die Bekanntmachung wissenschaftlicher Gutachten führe, so meinte Haack, in der breiten Öffentlichkeit zu einer echten Diskussion und bilde die Grundlage für eine angemessene Auswertung der Ausschußarbeit. Allerdings sei auch eine Koordination unter den für die Auswertung in Frage kommenden Institutionen (Universitäten, Hochschulen, Behörden) nötig. Auch die Lösung der Aufgaben der Raumordnung hänge nicht nur von der Bereitschaft des Staates und der kommunalen Selbstverwaltung ab, sondern ebenso von den menschlichen Qualitäten aller zur Mitarbeit in Beiräten und Fachausschüssen aufgerufenen Persönlichkeiten des öffentlichen und privaten Lebens, denen gemeinsam die ethische Aufgabe zufalle, der jeweils besten Sacherkenntnis zur Verwirklichung zu verhelfen, selbst wenn dabei auf Tageserfolge Verzicht geleistet werden müsse. Natürlich sei es erforderlich, die Effektivität der zahlreichen Ausschüsse dauernd zu überprüfen, vor allem, wenn man bedenke, daß in einem Bundesressort sogar 400 Ausschüsse und Beiräte beteiligt würden. Eine erfolgreiche, ihre Kosten rechtfertigende Ausschußtätigkeit sei allerdings nicht durch normative Regelungen zu erreichen; sie werde vielmehr in starkem Maße auch durch menschliche Faktoren bestimmt. Angesichts des integrierenden Charakters aller in einem Fachausschuß zur Sprache kommenden Verwaltungsfragen sei es von größtem Wert, die in Ausschüssen und Beiräten geleistete Arbeit möglichst breiten Kreisen zugänglich zu machen.

Im Anschluß an die Ausführungen Haacks äußerte sich Regierungsdirektor Dr. Oldiges (Düsseldorf) zu der Praxis der Vergabe von Gutachten auf Länderebene. Von seinen Erfahrungen im Wirtschaftsministerium des Landes Nordrhein-Westfalen ausgehend, erwähnte er, daß die von den Ländern in Auftrag gegebenen Gutachten offensichtlich eine andere Zielsetzung hätten als die vom Bund vergebenen. Autoritätsgutachten oder solche Gutachten, die hinsichtlich ihres Inhalts wesentlich in den politischen Bereich hineinreichten, seien ihm unbekannt. Die z. B. von dem Wirtschaftsministerium des Landes Nordrhein-Westfalen erteilten Aufträge zur Erstattung von Gutachten bezweckten nahezu ausschließlich die Ergänzung des Sachverstandes der Ministerialbürokratie. Als Beispiele nannte er im Rahmen der Raumordnung notwendig werdende Untersuchungen über die Wirtschaftskraft bestimmter Gebiete oder Untersuchungen über die Kapitalversorgung des gewerblichen Mittelstandes. Eine zweite Kategorie von Aufträgen ziele darauf ab, durch ein zu erstattendes und zu veröffentlichendes Gutachten eine breitere Diskussion zu entfalten, um dadurch weitere Ergebnisse und Anhaltspunkte zu gewinnen.

Meinhold betonte zu den Ausführungen Oldiges, daß es natürlich auch im Bereich des Bundes in erheblichem Umfange Spezialgutachten gäbe, und zwar gerade auch für Kreditfragen, Mittelstandsfragen, zum Zwecke von Bestandsaufnahmen u. ä. An dieser Stelle sei jedoch noch eine allgemeine Bemerkung hinzuzufügen: Sehr oft reiche der Sachverstand der Behörde aus, die an außerhalb der Verwaltung stehende Fachleute vergebenen Gutachten auch selbst zu erstellen; aber es fehle an Zeit dazu. Auf diese Weise trete nicht eine qualitative, aber doch eine quantitative Ergänzung des behördeneigenen Sachverstandes ein, wogegen man keine Einwendungen erheben könne. Bedenklich sei es allerdings, wenn derartige Aufträge kaschierte Subventionen für bestimmte Institute darstellten.

Insgesamt gesehen seien jedoch, so schloß Meinhold seine Stellungnahme zu den Diskussionsbeiträgen ab, die Spezialgutachten ebenso wie alle anderen Arten von Gutachten bei der komplizierten Apparatur der modernen Verwaltung sehr zweckmäßig und wahrscheinlich auch unentbehrlich, weil sie der Rationalisierung der Verwaltung dienten. Nur müsse man sich ihrer Problematik für beide Seiten, sowohl für die Verwaltung als auch für die Wissenschaft, bewußt sein.

Schlußwort

Von Erich Becker

I.

Das Verhältnis des Sachverstandes zur Verantwortung in der öffentlichen Verwaltung wird teils lediglich formal unter den Gesichtspunkten der Struktur der Verwaltungsorganisation und der Verwaltungsfunktion erörtert — ohne die jeweiligen Beziehungen zu den Verwaltungsaufgaben einzubeziehen —, teils aber auch als System wechselseitiger Relationen zwischen Gruppen und Individuen begriffen, die zur Erreichung eines gemeinsamen Zieles zusammenarbeiten. Es kommt also darauf an, ob sich das Problem in Fragen der Zuständigkeit und der Art des Verwaltungshandelns erschöpft oder ob es auch einen sozialpsychologischen Aspekt gibt, der zu beachten ist. Die Meinungsverschiedenheiten hierüber sind recht groß.

Die Begriffe „Sachverstand" und „Verantwortung" bedürfen der differenzierten Interpretation, und zwar sowohl durch den Versuch einer Typologie als auch durch die Ermittlung ihrer abwandlungsfähigen Bedeutung in den verschiedenen Fachbereichen der öffentlichen Verwaltung. Den „Sachverstand" könnte man vielleicht auch durch Sachverständnis, Sachkenntnis oder Sachkunde ersetzen, worauf in der Diskussion hingewiesen worden ist; das Wort hängt mit dem „Sachverständigen" zusammen und ist weder ungebräuchlich noch mißverständlich. Die Umschreibung macht jedoch nicht die Unterscheidung der verschiedenartigen Erscheinungsformen überflüssig. Der Sachverstand wird nicht nur dem sog. gesunden Menschenverstand gegenübergestellt, der für die Bewältigung der Verwaltungsaufgaben allein nicht ausreicht; er kann also auch auf die fachliche Befähigung der Berufsbeamten und auf vertiefte Spezialkenntnisse in einem besonderen Teilbereich gerichtet sein. Wenn jedoch die Anwendung des Begriffes „Sachverstand" oft auf den Spezialisten in der öffentlichen Verwaltung begrenzt wird, sollte doch nicht übersehen werden, welche Voraussetzungen von dem Berufsbeamten im Unterschied zum Ehrenbeamten erwartet werden. Dies kommt nicht nur in der Sachbezogenheit des Amtsauftrags zum Ausdruck, sondern auch in der abgestuften und verschieden abgegrenzten sowie nach außen oder nach innen gerichteten Verantwortung. Sie ist

Gesamtverantwortung oder Teilverantwortung, Kollegial- oder Einzelverantwortung, Verantwortung für eine Verwaltungsentscheidung oder interne Verantwortung für die sachliche Richtigkeit etc.

Das Problem ist nicht auf die öffentliche Verwaltung beschränkt und in Wandlung begriffen. Es findet sich sowohl im privaten Bereich als auch bei Gesetzgebung und Rechtsprechung mit Variationen mannigfacher Art. Innerhalb der öffentlichen Verwaltung interessieren besonders die Verlagerungen von Sachverstand und Verantwortung sowohl im Hinblick auf die Folgen der Aufgabenverantwortung und Aufgabenhäufung als auch mit Rücksicht auf die personellen Probleme, die sich hieraus ergeben. Die wünschenswerte Übereinstimmung von Sachverstand und Verantwortung wird nicht nur immer häufiger durch Arbeitsteilung und Koordinierung abgewandelt, sondern dann praktisch unmöglich gemacht, wenn die formelle Verantwortung von materiellen Vorentscheidungen eines externen Sachverständigen abhängig wird. Im technischen Zeitalter können solche Abhängigkeiten ungeahnte Steigerungen erfahren, wenn die gutachtliche Mitwirkung institutionalisiert und unkontrollierbar wird. Andererseits können auch sachverständige Stellungnahmen ganz oder teilweise unberücksichtigt bleiben, wenn politische, verfassungsrechtliche, gesetzliche, finanzielle Bedenken oder sachgerechte Rücksichtnahmen anderer Art entgegenstehen. Schließlich ist auch eine Zunahme des verwaltungsinternen Sachverstandes in den Behörden durch Fortbildung der Beamten und Eingliederung von Spezialisten zu beobachten, wodurch eine Integration von Sachverstand und Verantwortung angestrebt wird.

In den Referaten ist eine thematische Begrenzung auf Typologie, Aufgabenkomplikation, Organwalterproblem und fachliche Ergänzung durch Dritte erfolgt. Abgesehen von Entsprechungen in anderen Funktionsbereichen, ergeben sich noch weitere Aspekte, die hier entweder nicht behandelt oder nur angedeutet worden sind. Das Problem „Sachverstand und Verantwortung in der öffentlichen Verwaltung" wirft auch Fragen nach Ausbildung und Fortbildung auf, die im Sinne einer Angleichung gelöst werden müssen. Es müßte auch möglich sein, in vergleichenden verwaltungswissenschaftlichen Untersuchungen die z. T. unterschiedlichen Grundauffassungen im anglo-amerikanischen Verwaltungsbereich den französischen und den deutschen Vorstellungen gegenüberzustellen. Auch könnte unter den Gesichtspunkten unseres Hauptthemas die Heranbildung von Führungskräften in den europäischen Gemeinschaftsorganisationen und den Mitgliedstaaten erörtert werden. Unser Problem bietet sicher noch sehr viel mehr Gesichtspunkte als diejenigen, die in diesen zwei Tagen diskutiert worden sind.

Das Verhältnis des Sachverstandes zur Verantwortung ist ungemein differenziert und außerdem ständigen Wandlungen unterworfen, die durch die Entwicklung der öffentlichen Aufgaben der Gemeinwesen und die Veränderung der Leistungserfordernisse der in der Verwaltung tätigen Personen herbeigeführt werden. Sowohl der Einfluß von Wissenschaft, Technik und Wirtschaft als auch die Auswirkungen verfassungsrechtlicher Staatszielbestimmungen wie die eines republikanischen, demokratischen und sozialen Rechtsstaates bewirken erhöhte Anforderungen an Sachverstand und Verantwortung. Strukturelle Veränderungen der Verwaltungsorganisation und qualitative Umschichtungen der Verwaltungsfunktion sind die Folgen. Die Diskussion um den Beraterstab des Behördenchefs und um die vielseitigen Planungen im Verwaltungsbereich sind Beispiele dafür.

Die Sachverstandsvoraussetzungen zur Tragung der Gesamtverantwortung sind anderer Art als der Sachverstand des Spezialisten, für den eine verwaltungsinterne besondere Verantwortlichkeit gilt. Leitung, Arbeitsteilung, Koordinierung, Aufsicht etc. unterscheiden sich grundsätzlich von der Wahrnehmung einzelner Ordnungs-, Sozial-, Kultur- und Wirtschaftsaufgaben, die nach der Kompetenz des Gemeinwesens und der Zuständigkeit der Behörde im Auftrag des Behördenchefs erfüllt werden. Seine politische, rechtliche und fachliche Verantwortung ist unteilbar, auch wenn die innere Verantwortlichkeit der nachgeordneten Mitarbeiter vielfältig abgestuft und begrenzt ist. Sachverstand und Verantwortung gehören also zusammen, auch wenn ihr Inhalt stärksten Differenzierungen unterliegt.

II.

Sowohl in dem Referat über die Typologie als auch bei anderen Gelegenheiten ist im Hinblick auf die Vermehrung, Häufung und Komplikation der Verwaltungsaufgaben deutlich geworden, daß besonders in Großverwaltungen die erstrebenswerte Kongruenz von Sachverstand und Verantwortung nicht mehr in dem erwünschten Umfang realisierbar ist. Überforderungen und Konfliktsituationen können zu einer Überprüfung Anlaß geben. Neben dem Zusammenfall von Sachverstand und Verantwortung kennen wir die Teilhabe im Kollegium, die Ratgebung und das völlige Auseinanderfallen von beiden. Die Verantwortung reicht oft weiter, als sie die Tragweite des Sachverstandes zu stützen vemag.

In der Ministerialverwaltung und in den nachgeordneten Behörden zeigt sich, wie wichtig bei jeder Verwaltungsentscheidung die fachkundige Rücksicht auf Tatsachen, Sachgehalte, Recht, Form, staatspolitische Zielsetzung und Gemeinwohl ist, wenn die Verantwortung nicht fehlerhaft sein soll. Die fachlich begründete Gesamtentscheidung wird oft der Stellungnahme der Spezialisten entsprechen oder ihr aus wohlerwogenen, übergeordneten Gründen widersprechen müssen. Es kann auch zur Überprüfung des Sachverständigengutachtens kommen, indem ein Obergutachten eingeholt wird. Es ist unmöglich, die festgestellten Tatsachen zu leugnen, ohne willkürlich zu handeln; ob allerdings bestimmte Folgen daraus gezogen werden sollen, kann von anderen Umständen abhängen als denjenigen, die der Sachverständige zu übersehen vermag. Aufgabenkomplikationen können zu Verantwortungsproblemen werden, die nur unter Risiko lösbar sind.

Dies zeigt sich auch bei der gebündelten Zuständigkeit der allgemeinen Verwaltungsbehörden und der fachlich spezialisierten Zuständigkeit der Sonderbehörden. Die Berücksichtigung der Auffassung des sachverständigen Spezialisten schafft in der allgemeinen Verwaltung eine ebenso komplizierte Verwaltungslage wie umgekehrt in der Sonderverwaltung, wenn der wissenschaftlich oder technisch hochspezialisierte Chef juristische und soziale Agenden bewältigen muß. Die Kunst, pflichtgemäßes Ermessen bei der Gesetzesausführung auszuüben, und die Vollziehung gestaltender Verwaltungsaufgaben ohne besondere gesetzliche Regelung enthüllen Komplikationen technischer, wirtschaftlicher, rechtlicher und politischer Art. Übersteigerte Spezialisierung und übergroße Zentralisierung können nicht als Auswege anerkannt werden. Die Ministerialbesprechung mit den Dezernenten nachgeordneter Behörden ersetzt die verantwortliche Entscheidung des Chefs dieser Behörden nicht. Der gesetzlich nicht zulässige Selbsteintritt des Fachressorts mindert Sachverstand und Verantwortung der nachgeordneten Behörden, erschwert die Koordinierung und bewirkt Mißverständnisse unter den Bürgern. Statt dessen sollte auf Hebung des Sachverstandes und der Verantwortung sowie auf Intensivierung der Zusammenarbeit Bedacht genommen werden, und zwar sowohl bei den Behörden der allgemeinen Verwaltung als auch bei den Sonderbehörden.

Diese Erfahrungen werden im kommunalen Bereich bestätigt. Die Aufgabenkomplikation zeigt insbesondere rechtliche und soziale, technische und finanzielle Aspekte. Ohne Neuverteilung der kommunalen Aufgaben dürften Finanz- und Verwaltungsreform kaum wirksam werden. Sachverstand und Verantwortung sind gefährdet, wenn die Anforderungen an der kommunalen Leistungsfähigkeit und Verwaltungskraft scheitern. Ehrenamtliche Kräfte sind oft überfordert, was für das demokratische Prinzip nachteilig ist. Eine kommunale Neugliederung und die Neuordnung des kommunalen Aufgabenbereiches erscheinen unerläßlich, wenn die kommunale Selbstverwaltung erhalten bleiben soll. Die kommunale Eigenverantwortung hängt von der Leistungsfähigkeit sachverständiger Aufgabenerfüllung ab, die in weitem Umfang der Reform bedarf.

Umfang, Grenzen und Gefährdungen des Sachverstandes und der Verantwortung erscheinen nicht nur im Hinblick auf Aufgaben, Zuständigkeiten und Behördenorganisation, sondern auch in personeller Hinsicht bei Juristen und Nichtjuristen der öffentlichen Verwaltung. Sozialgestaltung durch Aufgabenerfüllung nach Maßgabe des Rechts ist der Verwaltungsauftrag, der den Behörden obliegt. Die Verantwortung des Behördenchefs ist anderer Art als die seiner Untergebenen. Es werden zwar Verwaltungsjuristen und technische Fachbeamte zu einer integrierten Leistung zusammengeführt, für die der Chef nach außen die Verantwortung trägt. Die Integrierung des spezialisierten Sachverstandes und der objektbezogenen Sachverantwortung interner Natur macht die sachverantwortliche Leitungsfunktion des Chefs nicht überflüssig, sondern notwendig. Die Bindung der vollziehenden Gewalt an Gesetz und Recht erfordert den Verwaltungsjuristen zur Erfüllung gesellschaftlicher Ziele nach der Rechtsordnung. Man hat ihn als „Spezialisten für das Allgemeine" bezeichnet und ihn damit sowohl dem Justitiar als auch dem nicht-juristischen Fachbeamten gegenübergestellt. Die Bezeichnung als „Spezialist für das Allgemeine" wird jedoch leicht Mißdeutungen ausgesetzt, weil seine Funktion nicht nur auf seiner Ausbildung als vielmehr auch auf seiner Erfahrung und Fortbildung beruht. Er koordiniert die technisch und sozial vertretbare Entscheidung nach Maßgabe des Rechts.

So wie der Verwaltungsjurist zur Ergänzung seiner Fachkenntnisse der Mitwirkung spezieller Sachverständiger bedarf, so ist auch der nicht-juristische Fachbeamte auf die Zusammenarbeit mit dem Verwaltungsjuristen angewiesen, z. B. wenn die Grundrechte berührt sind, andere Sachgebiete berücksichtigt werden müssen, finanzielle Fragen zu klären und Rechtsfragen aller Art zu beachten sind. Auch der nicht-juristische Fachbeamte, z. B. der Diplom-Ingenieur, Pädagoge, Arzt, Apotheker, Diplomvolkswirt etc., ist an Gesetz und Recht gebunden; ihre fachlichen Anregungen, Pläne und Entscheidungen müssen den Erfordernissen des sozialen Rechtsstaats entsprechen und den politischen Zielsetzungen eingeordnet sein. Der nicht-juristische Behördenchef hat nicht nur Leitungs- und Koordinierungsbefugnisse in fachlicher Hinsicht, sondern mit der allgemeinen Verantwortung zugleich die Verpflichtung zu jener umfassenden Berücksichtigung aller nicht-technischen Gesichtspunkte, die der allgemeine Verwaltungsbeamte zu beachten hat. Bedenklich ist nicht, daß der Spezialist einer Sonderbehörde Behördenchef wird, sondern daß ihm niemand sagt, welche Pflichten er damit übernimmt und wie er sie bewältigen soll. Der Chef einer Sonderbehörde muß den rechts-, sozial- und kulturstaatlichen Verfassungszielen nicht weniger nachkommen als der Chef einer allgemeinen Verwaltungsbehörde. Deswegen muß er diesen Fragen gegenüber aufgeschlossen sein, die Grenzen seines Sachverstandes und seiner Verantwortung kennen und zur Zusammenarbeit mit dem Verwaltungsjuristen bereit sein.

Schon in den beiden ersten Referaten ist deutlich geworden, wie sehr die Behörden auf Ergänzung ihres Sachverstandes durch Außenstehende verwiesen sein können. Die Zahl der Beiräte und Fachausschüsse ist riesengroß, ihre Wirksamkeit allerdings von sehr unterschiedlicher Bedeutung. Sie reicht von der bloßen Information auf Gegenseitigkeit bis zur Entlastung der behördlichen Verantwortung. In der Regel handelt es sich jedoch um echte Fachberatung und um die Vorbereitung der fachlichen Entscheidung. Dazwischen gibt es viele Zwischenstufen der Ergänzung des behördlichen Sachverstandes. Eine besondere Rolle spielen Einzel-, Instituts- und Kollegialgutachten, die u. U. Gefährdungen ausgesetzt sind. Einzelgutachten zur Ermittlung vertiefter Spezialkenntnisse und Experimentsergebnisse sind angebracht, falls die Behörde selbst nicht sachverständig genug ist. Kollegialgutachten kommen besonders bei vielschichtigem Sachzusammenhang in Betracht, den eine Behörde allein nicht zu bewältigen vermag. Im übrigen sollte man Sachverstand und Verantwortung der Behörden stärken, eine Abwälzung der Verantwortung nicht in Betracht ziehen und die Ergänzungen des behördlichen Sachverstandes auf das unabweisbar Notwendige begrenzen.

Verzeichnis der von der Hochschule für Verwaltungswissenschaften Speyer veranstalteten Staatswissenschaftlichen Fortbildungskurse Internationalen verwaltungswissenschaftlichen Arbeitstagungen und Sondertagungen 1947–1966

A. Staatswissenschaftliche Forbildungskurse

1. Arbeitsverwaltung, Kommunalverwaltung, allgemeine Verwaltung (2. 7. bis 31. 7. 1947)
2. Arbeitslosenversicherung und wertschaffende Arbeitslosenfürsorge (22. 7. bis 25. 7. 1948)
3. Berufsberatung (2. 11. bis 13. 11. 1948)

4.—8. Staats-, verwaltungs- und wirtschaftswissenschaftliche Probleme. Fortbildung für Angehörige des Vereinigten Wirtschaftsgebietes (1. 8. bis 30. 10. 1949)

9. Staats-, verwaltungs- und wirtschaftswissenschaftliche Probleme (16. 1. bis 28. 1. 1950)
10. Staat, Verwaltung und Wirtschaft (23. 4. bis 29. 4. 1950)
11. Staat und Gemeinde (16. 10 bis 27. 10. 1950)
12. Finanzen, Steuern und betriebswirtschaftliche Erwägungen (26. 2. bis 7. 3. 1951)
13. Verwaltungsreform (16. 4. bis 21. 4. 1951)
14. Jugendfragen in Staat und Gesellschaft (8. 10. bis 12. 10. 1951)
15. Innere Organisation, Verwaltungs- und Finanzverantwortung der Gemeinden im Gefüge der Bundesrepublik (6. 10. bis 8. 10. 1952)
16. Ländliche Selbstverwaltung (24. 3. bis 26. 3. 1953)
17. Die öffentliche Verwaltung und die Verwaltungsgerichtsbarkeit (1. 10. bis 3. 10. 1953)
18. Wandlungen der Verwaltungsaufgaben, des Rechtsschutzproblems und der Struktur des öffentlichen Dienstes (23. 3. bis 25. 3. 1954)
19. Strukturwandel des öffentlichen Dienstes (28. 9. bis 30. 9. 1954)
20. Die Leistungen der öffentlichen Verwaltung und ihre Kontrollen (29. 3. bis 31. 3. 1955)
21. Probleme der Sozialordnung (27. 9. bis 29. 9. 1955)
22. Die Neuordnung der Landesverwaltung (Rationalisierung, Organisation, Zuständigkeit, Verfahren) (22. 3. bis 24. 3. 1956)
23. Grundfragen der Verwaltungsreform in Bund, Ländern und Gemeinden (27. 9. bis 29. 9. 1956)
24. Staat und Kultur (27. 3. bis 29. 3. 1957)
25. Öffentliche Sicherheit und Ordnung (25. 9. bis 27. 9. 1957)

26. Europäische Organisationen (24. 9. bis 26. 9. 1958)
27. Kommunale Finanzen (23. 4. bis 25. 4. 1959)
28. Aktuelle Probleme des Verwaltungshandelns (23. 3. bis 25. 3. 1960)
29. Gemeinschaftsaufgaben zwischen Bund, Ländern und Gemeinden (22. 3. bis 24. 3. 1961)
30. Wandlungen der rechtsstaatlichen Verwaltung (11. 4. bis 13. 4. 1962)
31. Aktuelle Probleme der Kommunalaufsicht (3. 4. bis 5. 4. 1963)
32. Staat und Wirtschaft im nationalen und übernationalen Recht (22. 4. bis 24. 4. 1964)
33. Verfassungs- und Verwaltungsprobleme der Raumordnung und Landesplanung (31. 3. bis 2. 4. 1965)
34. Sachverstand und Verantwortung in der öffentlichen Verwaltung (30. 3. bis 31. 3. 1966)

B. Internationale verwaltungswissenschaftliche Arbeitstagungen

1. Die gegenwärtige Lage der Verwaltung und der Stand der verwaltungswissenschaftlichen Forschung in den europäischen Staaten (6. 2. bis 9. 2. 1957)
2. Mitwirkung von Ausschüssen in der staatlichen Verwaltung — Möglichkeiten, Bewährung und Grenzen (6. 3. bis 8. 3. 1958)
3. Die Ausweitung des öffentlichen Dienstes in der staatlichen und kommunalen Verwaltung — Ursachen, Folgen, Abhilfe (24. 9. bis 26. 9. 1959)
4. Gegenwartsprobleme des öffentlichen Haushalts (27. 9. bis 29. 9. 1961)
5. Städteerneuerung und Eigentumsordnung. Verwaltungswissenschaftliche Arbeitstagung mit internationaler Beteiligung (25. 9. bis 27. 9. 1963)
6. Aufgaben, Organisation und Arbeitsweise der Staatskanzleien auf vergleichender Grundlage (19. 10. bis 21. 10. 1966)

C. Sondertagungen

1. Staatswissenschaftliche Probleme der Gegenwart. Lehrtagung ehemaliger Referendare (13. und 15. 9. 1960)
2. Probleme der juristischen Ausbildung in der Verwaltung. Verwaltungswissenschaftliche Arbeitstagung (26. 9. bis 27. 9. 1962)
3. Die Verwaltungsausbildung der Juristen. Verwaltungswissenschaftliche Arbeitstagung (21. 10. bis 23. 10. 1964)
4. Struktur der deutschen Verwaltung (Föderalismus und Probleme der Zentralisation und Dezentralisation). Gemeinsame Tagung der Hochschule für Verwaltungswissenschaften Speyer mit der École Nationale d'Administration, Paris (28. 4. bis 30. 4. 1966)

FSC
www.fsc.org
MIX
Papier | Fördert gute Waldnutzung
FSC® C083411

Kolibri 360 GmbH
Ferdinand-Jühlke-Straße 7
99095 Erfurt, Deutschland
produktsicherheit@kolibri360.de

Druck:
CPI Druckdienstleistungen GmbH
im Auftrag der
Kolibri 360 GmbH
Ferdinand-Jühlke-Str. 7
99095 Erfurt